구속사의 관점에서 본

구약성경 파노라마

사무엘하

증 보 판

구속사의 관점에서 본 구약성경 파노라마

사무엘하(증보판)

Copyright ⓒ 머릿돌 2021

초판 1쇄 발행 2004년 3월 6일
증보판 1쇄 발행 2014년 5월 7일
2쇄 발행 2021년 4월 15일

지은이 유도순
펴낸이 유효성
펴낸곳 머릿돌

등록번호 제17-240호
등록일자 1997년 5월 20일
주소 경기도 성남시 분당구 성남대로 30, 동아그린프라자 501호
Mobile. 010-9472-8327
http://cafe.daum.net/gusoksa
E-mail yoodosun@hanmail.net, yoosh516@hanmail.net

총판 기독교출판유통
경기도 파주시 월동면 통일로 620번길 128
(031) 906-9191

디자인 참디자인 (02-3216-1085)

ISBN 978-89-87600-28-4 03230

구 속 사 의 관 점 에 서 본

구약성경
파노라마

유도순 지음

사무엘하

증보판

머릿돌

머리말

우리는 지금 이스라엘의 역사를 공부하려는 것이 아닙니다. 우리가 구원받아 하나님의 자녀가 되기까지의 하나님께서 구원계획을 어떻게 추진하여 내려오셨으며 완성하시는가 하는 하나님의 비밀의 경륜(엡 3:9)을 배우고자 하는 것입니다. 이 구속사에는 뚜렷한 두 줄기가 흐르고 있는데, "죄의 줄기와 은혜의 줄기"가 그것입니다. 그 근원은 창세기 3장인데, 인류의 시조 아담의 범죄에서 죄의 줄기는 시작이 되었고, "여자의 후손"에 대한 약속에서 은혜의 줄기는 시작이 되었습니다. 우리는 이 두 줄기를 추적함으로 나를 구원하여주신 그 "뿌리"를 알기를 원하는 것입니다. 그리하여 이전보다 더욱 하나님을 사랑하고 경외하게 되기를 기대하는 것입니다.

사무엘하 파노라마를 집필하게 된 동기

사무엘하에는 두 분수령이 있는데 그것이 "7장과 11장"입니다. 7장은 하나님께서 다윗에게 메시아언약을 세워주시는 "은혜 장"이고, 11장은 언약 당사자인 다윗이 엄청난 죄를 범하는 "타락 장"입니다. 구속사란 7장의 "은혜"와 11장의 "죄"의 대결장이라 해도 과언이 아닙니다.

11장에서 다윗 가문에 가공스러운 죄가 침입합니다. 이럴 경우 다윗에게 세워주신 7장의 메시아언약, 즉 은혜가 아니었다면 어떻게 되었을 것인가를 생각해보시기를 바랍니다. 이 죄의 권세를 무엇으로 대항 할 수가 있단 말인가? 인간의 행위로는 절망인 것입니다. 하나님은 이를 아셨기에 7장에서 세워주신 메시아언약, 즉 "은혜"로 막아주신 것입니다. 그리하여 사탄은 메시아의 예표인 다윗을 사울 왕처럼 쓰러뜨리려 하였으나 폐하여지지 않고 우뚝 설 수가 있었던 것이다. 이것이 바울이 선포한, "그러나 죄가 더한 곳에 은혜가 더욱 넘쳤나니"(롬 5:20) 한 은혜의 왕 노릇입니다.

그러므로 사무엘하를 대할 때에 7장과 11장에 나타난 "죄와 은혜", "죄의 왕 노릇과 은혜의 왕 노릇"이라는 "빛과 어둠"을 볼 수 있어야만 합니다. 이 영광스러움은 성경을 구속사라는 관점으로 볼 때만이 가능해집니다. 이 한 가지 주제를 증언하기 위해서 〈사무엘하 파노라마〉는 집필되었다 해도 과언이 아닙니다.

다윗은 하나님을 위하여 집(성전)을 세워드리기를 소원합니다. 그 날 밤 하나님은 나단 선지자를 통하여, "네가 나를 위하여 거할 집을 건축하겠느냐 … 여호와가 너를 위하여 집을 세워주겠다"(7:5, 11)고 말씀하십니다. 그렇습니다. 구원계획이란 인간이 하나님을 위하여 집을 지어드리는 그런 것이 아닙니다. 만일 구원계획이 인간의 힘으로 이루어나가는 것이라면 벌써 실패로 끝났을 것입니다. 이를 단적으로 말해주는 것이 11장인 것입니다.

구원계획은, "여호와가 너를 위하여 집을 이루고"(11) 하신 하나님의 주권적인 7장의 역사인 것입니다. 그리고 이는 다윗의 이야기가 아니라, 11장의 죄의 공격에 직면해 있는 나 자신과 가정과 교회라는 우리들의 이야기입니다. 그때마다 하나님은 7장(처방이 12장에 있다)의 은혜로 대항하게 하심으로 "죄가 더한 곳에 은혜가 더욱 넘치어" 우리가 폐하여지지 않고 설 수가 있는 것입니다.

이처럼 "더욱 넘치는 은혜"를 힘입어 넘어졌다가도 벌떡 일어나 하나님을 찬양하면서 승리의 삶을 살아가는데 이바지한다면 〈사무엘하 파노라마〉의 임무는 다한 것이 됩니다. 저는 이 책을 예수 그리스도와 복음을 증언하기 위해서 썼습니다. 이것은 제가 주님을 처음 만났을 때의 약속입니다.

우리교회 원로목사 유 도 순

목차

The Books of Samuel

사무엘하 파노라마

주제 : 네가 나를 위하여 내가 살 집을 건축하
겠느냐, 여호와가 너를 위하여 집을 짓
고(7:5, 11).

　사무엘하의 내용은 다윗이 통일 왕국의 왕위에 올라 신정왕국을 세우는
것이 중심주제입니다. "다윗이 삼십 세에 위에 나아가서 사십 년을 다스렸
다"(5:4)고 말씀합니다. 〈사무엘하〉는 크게 세 부분으로 나누어집니다.

　㉠ 첫 부분(1–4장)은 다윗이 헤브론에서 7년 반 동안 왕 노릇 하는 내용이고,

　㉡ 둘째 부분(5–10장)은 다윗이 예루살렘을 점령하여 신정왕국의 수도(首都)로 삼
　　고 통일왕국이 수립되는 내용이고,

　㉢ 셋째 부분(11–24장)은 다윗의 범죄로 인한 징벌을 당하는 내용입니다.

　① 사울이 죽자 다윗은 하나님께 묻습니다.

　㉠ "내가 유다 한 성으로 올라가리이까? 올라가라",

　㉡ "어디로 가리이까? 헤브론으로 갈지니라"(2:1) 하십니다.

ⓒ "헤브론으로 올라가라"는 말씀은 대단히 중요한 의미가 있습니다. 그곳에는 아브라함, 이삭, 야곱 등 족장들이 하나님의 언약을 믿고 잠들어 있는 가족 묘지가 있는 "막벨라 밭 곧 헤브론"(창 23:19)이기 때문입니다.

그래서 헤브론은 하나님께서 유다 지파 족장인 갈렙에게, "그의 자손이 그 땅을 차지하리라"(민 14:24)고 약속하셨던 것입니다. 하나님께서 다윗에게 그런 헤브론으로 올라가라 하심은, 다윗이 아브라함에게 세워주신 메시아언약에 근거한 왕이라는 증표였던 것입니다. 그곳에서 7년 반 동안 왕노릇을 합니다.

② 5장에서 이스라엘 모든 지파가 헤브론에 이르러, 다윗을 통일 왕국의 왕으로 추대를 합니다. 그들은 말하기를, "전에 곧 사울이 우리의 왕이 되었을 때에도 이스라엘을 거느려 출입하게 하신 분은 왕이시었고 여호와께서도 왕에게 말씀하시기를 네가 내 백성 이스라엘의 목자가 되며 네가 이스라엘의 주권자가 되리라 하셨나이다"(5:2), 즉 사울 때부터 실제적인 왕은 다윗이었고, 하나님께서 왕으로 택하신 것도 다윗이라는 말입니다.

ⓐ 통일왕국의 왕위에 오른 다윗은 우선적으로 예루살렘을 정복하여 통일왕국의 수도로 삼습니다. 이점은 구속사에 있어서 중요한 의미가 있습니다. 하나님은 아브라함에게, "너는 너의 고향과 친척과 아버지의 집을 떠나 내가 네게 보여줄 땅으로 가라"(창 12:1)고 명하십니다. "지시할 땅"이 가나안 땅이요, 그곳이 그리스도가 탄생할 땅이었던 것입니다.

ⓑ 그 후에, "네 아들 네 사랑하는 독자 이삭을 데리고 모리아 땅으로 가서 내가 네게 일러 준 한 산 거기서 그를 번제로 드리라"(창 22:2)고, 초점이 가나안 땅중에서도 모리아로 맞춰집니다. "한 산 거기"가 그리스도의 모형인 성전이 세

워질 자리요, 주님께서 천하 만민의 구원을 위하여 십자가에 달리시게 될 곳이었던 것입니다.

ⓒ 모세도 죽기 전에 행한 설교에서, "유월절 제사를 네 하나님 여호와께서 네게 주신 각 성에서 드리지 말고 오직 네 하나님 여호와께서 자기의 이름을 두시려고 택하신 곳에서 가서 드리라"(신 16:5-6)고 분부합니다. 택하신 그곳이 어디인가? 성경은 "오직 유다 지파와 그 사랑하시는 시온 산을 택하시고"(시 78:68) 합니다.

그런데 사울 왕은 40년 동안이나 자신의 고향 기브아에서 왕 노릇했을 뿐 예루살렘에 대한 관심이 없었습니다. 이처럼 중요한 의미가 있는 예루살렘에서 여부스 사람을 내어 쫓고 완전히 정복하여 수도로 삼은 것은 다윗 때에 이르러서야 이루어졌던 것입니다.

ⓔ 그런 후에 다윗은 그때까지 방치되어 있던 법궤를 아비나답의 집으로부터 예루살렘으로 운반해(6장) 옵니다. 그때 지은 것으로 인정이 되는 시편 24편은 이렇게 노래합니다.

문들아 너희 머리를 들지어다 영원한 문들아 들릴 지어다
영광의 왕이 들어 가시리로다
영광의 왕이 뉘시냐
만군의 여호와께서 곧 영광의 왕이시로다(셀라)(시 24:7-10).

법궤가 예루살렘으로 옮겨 오게 된 것을 영광의 왕이 들어오시는 것으로, 그리고 보이는 왕은 다윗 자신이지만 진정한 왕은 하나님이시오, 하나님이 통치하신다는 고백이었던 것입니다.

찬송하라 하나님을 찬송하라, 찬송하라 우리 왕을 찬송하라

하나님은 온 땅의 왕이심이라 지혜의 시로 찬송할 지어다

하나님이 뭇 백성을 다스리시며

하나님이 그의 거룩한 보좌에 앉으셨도다(시 47:6-8).

③이렇게 함으로써 하나님의 대리자로 왕을 세우셔서 다스리시는 명실 상부한 신정왕국(神政王國)이 세워진 것입니다. 이점이 사울이 40년 동안 다스린 사무엘상과 다른 점입니다.

㉠ 신정왕국의 의미는 언약궤를 운반하는 과정에서 보여주신 하나님의 뜻에서도 밝히 드러나고 있습니다. 하나님은 "새 수레"를 기뻐하지 않으셨습니다. 소들에 의해 받듦을 받으시고 섬김 받으심을 거부하셨습니다. 그것들과 교제하기를 원하신 것이 아니었습니다. 하나님은 구속함을 얻은 하나님의 백성들에 의해 받들어 섬김 받으시기를 기뻐하셨습니다.

㉡ 뒤늦게 하나님의 뜻을 깨달은 다윗은, "전에는 너희가 메지 아니하였으므로 우리 하나님 여호와께서 우리를 찢으셨다"(대상 15:13)고 이번에는 메어옵니다. 하나님이 원하신 것은 소ㆍ양ㆍ염소 같은 제물도 아니요, 성전이라는 건물이 아니라, 예비하신 "한 몸"(히 10:5)의 대속을 통해서 잃어버린 자기 백성을 찾으셔서 "함께 거하시려는" 바로 "너" 곧 형제를 원하셨던 것입니다.

④7장은 사무엘 상하를 통틀어 핵심 장이 됩니다. 다윗이 왕궁에 평안히 거하게 되었을 때에 하나님께 황송한 마음이 들었습니다. "나는 백향목 궁에 살거늘 하나님의 궤는 휘장 가운데에 있도다"(7:2). 그리하여 하나님의 성전을 건축할 소원을 갖게 됩니다.

㉠ 그러나 그 날 밤 여호와의 말씀이 선지자 나단에게 임합니다.

> "내가 이스라엘 자손을 애굽에서 인도하여 내던 날부터 오늘까지 집에
> 살지 아니하고 장막과 성막 안에서 다녔나니"(7:6) 하십니다. 그러면
> "집과 장막"이 다른 점이 무엇인가? 집은 부동산(不動産)이지만, 장막
> 은 신속하게 움직이는 이동식(移動式)이라는 점이 다른 것입니다.

㉡ 하나님은 안식하는 하나님이 아니라 야전군 사령관처럼 일을 행하시는 하나님
   이심을 나타내는 말씀입니다. 하나님은 다윗 때까지 아브라함 · 모세 · 여호수
   아와 같은 장막에 거하시면서 구원계획을 이루어 오셨습니다. 하나님은 이제
   도 형제의 장막에 거하시면서 일을 행하시기를 원하십니다.

⑤ 그러한 하나님은 다윗에게, "네가 나를 위하여 내가 살 집을 건축하겠
느냐(7:5), 여호와가 너를 위하여 집을 이루고"(7:11) 하십니다. 구속사의
맥락에서 볼 때에 이 한 말씀이 얼마나 중요한 의미를 내포하고 있는지 모
릅니다.

㉠ 미련한 인간은 자신이 하나님의 집을 세워드리는 양 착각을 합니다. 그런데 하
   나님은 "내가 너를 위하여 집을 짓고(이루고)" 하십니다. 그렇습니다. "여호와
   께서 집을 세우지 아니하시면 세우는 자의 수고가 헛되며 여호와께서 성을 지
   키지 아니하시면 파수꾼의 깨어 있음이 헛되도다"(시 127:1) 합니다.

㉡ 하나님께서 다윗을 위하여 집을 세워주시겠다는 뜻은 다윗의 왕위를 폐하시지
   않으시고 주권적으로 계승시켜 나가시겠다는 뜻입니다. 그래서 만일 죄를 범
   할지라도, "내가 네 앞에서 물러나게 한 사울에게서 내 은총을 빼앗은 것처럼

그에게서 빼앗지 아니하리라"(7:15)고 말씀하셨던 것입니다.

⑥ 그리고 언약을 세워 주시기를, "네 수한이 차서 네 조상들과 함께 누울 때에 내가 네 몸에서 날 자식을 네 뒤에 세워 그의 나라를 견고하게 하리라"(7:12) 하십니다. "그는 내 이름을 위하여 집을 건축할 것이요"(7:13) 하십니다.

ㄱ 이 언약이 1차적으로는 솔로몬이 왕위를 계승하게 되고, 그가 성전을 건축하므로 성취됩니다만 그것은 예표에 불과했습니다. 하나님께서 다윗에게 세워주신 언약의 궁극적인 성취는 다윗의 자손으로 오실 그리스도께서 영원한 왕위에 오르실 것과, 그가 하나님이 거하실 참 성전을 건축하게 될 것을 의미합니다. 그러므로 다윗 언약에는 "영원히 견고하리라"는 말이 반복적으로 강조되어 있음을 보게 됩니다. 세상 나라는 "영원히 견고"하지를 못합니다.

ㄴ 하나님께서 다윗에게 세워주신 언약이 다니엘서에서는, "이 여러 왕들의 시대에 하늘의 하나님이 한 나라를 세우시리니 이것은 영원히 망하지도 아니할 것이요 그 국권이 다른 백성에게로 돌아가지도 아니할 것이요 도리어 이 모든 나라를 쳐서 멸망시키고 영원히 설 것이라"(단 2:44)는 말씀으로 계시되어 있습니다.

ㄷ 그리하여 이 언약은 "보라 네가 잉태하여 아들을 낳으리니 그 이름을 예수라 하라 그가 큰 자가 되고 지극히 높으신 이의 아들이라 일컬어질 것이요 주 하나님께서 그 조상 다윗의 왕위를 그에게 주시리니 영원히 야곱의 집을 왕으로 다스리실 것이며 그 나라가 무궁하리라"(눅 1:31–33)에서 성취되었던 것입니다.

ㄹ 이러한 하나님의 구원계획을 다윗도 알고 있었습니다. 오순절에 강림하신 성

령께서는 베드로의 입을 통해서, "그(다윗)는 선지자라 하나님이 이미 맹세하사 그 자손 중에서 한 사람을 그 위에 앉게 하리라 하심을 알고 미리 본 고로 그리스도의 부활을 말했다"(행 2:30-31)고 증언해 주고 있습니다.

⑦ 성전 건축 사명이 다윗에게 허락되지 않고 그의 아들 솔로몬이 지으리라 하심도 궁극적인 성취는 다윗의 자손으로 오실 그리스도에게서 성취될 것에 대한 예시였던 것입니다. 왜냐하면 하나님은 무엇이 부족한 것처럼 사람의 손으로 지은 전에 계시지 않기 때문입니다.

　㉠ 이 예언은 에스겔 선지자를 통해서도 재천명되고 있습니다. "내 종 다윗이 그들의 왕이 되리니 그들 모두에게 한 목자가 있을 것이라"(겔 37:24) 하십니다. 이는 그리스도에 대한 명백한 예언입니다. 그런 후에 이렇게 말씀하십니다. "내가 그들과 화평의 언약을 세워서 영원한 언약이 되게 하고 또 그들을 견고하고 번성하게 하며 내 성소(聖所)를 그 가운데에 세워서 영원히 이르게 하리니 내 처소가 그들 가운데에 있을 것이며 나는 그들의 하나님이 되고 그들은 내 백성이 되리라"(겔 37:26-27)고 하십니다.

　㉡ "여호와가 너를 위하여 집을 세워주겠다"는 이 집이 육신의 장막을 입고 오실 그리스도요, 그리스도의 구속으로 말미암아 세워진 하나님의 교회요, 하나님의 나라였던 것입니다.

이 집은, "너희도 성령 안에서 하나님의 거하실 처소가 되기 위하여 그리스도 예수 안에서 함께 지어져 가느니라"(엡 2:22)고 세워져 나가다가, "보라 하나님의 장막이 사람들과 함께 있으매 하나님이 그들과 함께 계시리니 그들은 하나님의 백성이 되고 하나님은 친히 그들과 함께 계셔서 모든 눈물을 그 눈에서 닦아 주시니 다시는 사망이 없고 애통하는 것이나 곡하는 것이나 아픈 것이 다시 있지 아니하리니 처음 것들이 다 지나갔음이러라"(계 21:3-4)에서 완성이 되는 것입니다. 그런 후에 하나님은, "이루었도다 나는 알파와 오메가요 처음과 나중이라"(계 21:6)고 선언하십니다.

⑧ 다윗은 왕궁에 평안히 앉아 있을 때에 내가 하나님을 위하여 무엇인가를 해 드려야하겠다고 생각했습니다.

㉠ 그러나 "내가 너를 위하여 집을 세워주겠다"는 황공한 말씀을 들은 후에는 보좌에서 내려와 왕궁이 아닌 여호와 앞에 나아가, "주 여호와여 나는 누구이오며 내 집은 무엇이기에 나를 여기까지 이르게 하셨나이까"(7:18) 하고 감복해 했던 것입니다. 구원계획이란 인간이 하나님을 위하여 집을 지어드리는 것이 아니라, 하나님께서 우리를 위하여 집을 이루어 나가시는 주권적인 행사인 것입니다.

⑨ 그럼에도 불구하고 다윗은 11장에서 어처구니 없는 범죄를 저지르는 것을 보게 됩니다. 이것이 다윗만의 문제(問題)라고 말할 수가 있겠습니까? 그런데 이점에서 대두되는 질문은 하나님께서 이를 허용하신 의도가 무엇인가 하는 점입니다.

㉠ 단도직입적으로 말해서 어찌하여 7장의 언약, 즉 하나님이 "너를 위하여 집을 이루고" 하신 은혜(恩惠)가 필요한가를 계시하기 위해서라고 말할 수가 있습니다. 달리 말하면 복음(福音)이 왜 필요한가를 보여주시기 위해서라는 말씀입니다. 만일 하나님께서 주권적으로 세워주신 메시아언약이 아니었다면 다윗은 사울처럼 폐하여지고 말았을 것입니다.

ⓛ 다윗 자신도 밧세바 사건이 아니었다면 "율법의 의로는 흠이 없는 자라"고 교
만해졌을 것입니다. 그러나 다윗은 이 사건을 통해서, "내가 죄악 중에서 출생
하였음이여 어머니가 죄 중에서 나를 잉태하였나이다"(시 51:5)고 전적타락, 전
적부패, 즉 자력구원의 불가능성을 고백하기에 이르게 됩니다.

⑩ 나단이 "당신이 그 사람이라"고 지적하자, 다윗은 "내가 여호와께 죄
를 범하였노라"(12:7, 13)고 인정을 하고 자백을 합니다. 그러자 즉각적으
로 "여호와께서도 당신의 죄를 사하셨나니" (12:13) 합니다.

ⓖ 그러면 묻습니다. 다윗의 죄를 그리고 나 자신의 죄를 의로우신 하나님께서,
"사하셨다" 하는 것이 어떻게 가능해지는지 형제는 말해줄 수가 있습니까? 그
것은 말씀만으로 가능해지는 것이 아닙니다. 이를 하나님의 공의가 용납하지
를 못하는 것입니다. 그렇다고 짐승의 피가 죄를 속하는 것도 아닙니다.

ⓛ 또한 "당신이 죽지 아니하려니와 이 일로 말미암아 여호와의 원수가 크게 비
방할 거리를 얻게 하였으니 당신이 낳은 아이가 반드시 죽으리이다"(7:13–14)
하는, 아이가 죽는다고 죄가 해결이 되는 것도 아닙니다. "당신이 낳은 아이가
반드시 죽으리이다"는 말을 구속사라는 맥락으로 보게 되면, 다윗의 자손으로
오실 그리스도의 대속을 전망하는 말씀입니다. 이점을 히브리서에서는 그리스
도께서, "첫 언약 때(구약시대)에 범한 죄를 속하려고 죽으사"(히 9:15) 라고 말
씀합니다.

이를 깨달았기에 다윗은 이 사건을 통하여 놀랍게도, "허물 사함을 받고
자신의 죄가 가려진 자는 복이 있도다" (시 32:1) 한 칭의 교리를 고백했던
것입니다. 다윗만이 "죄악 중에 출생한 것"은 아닙니다. 이 사건을 통해서

인간의 행위로는 의롭다함을 얻을 자가 없음을 보여주고 있습니다.

"가려주심"이 복음의 핵심인 "하나님의 의가 나타났다"(롬 1:17, 3:21)는 "의롭다고 여겨주심"입니다. 전적타락, 전적무능 한 죄인에게는 그 허물을 사해주시고 죄를 가려주심을 받는 길 외에는 다른 가망이 없는 것입니다. 그러므로 11장은 하나님께서 우리를 위하여 집을 세워주시지 않으면, "세우는 자의 수고가 헛됨"(시 127:1)을 명백하게 계시해주고 있는 장입니다. 다윗의 파렴치한 타락을 통해서 영광스러운 "칭의 교리"를 계시하시다니! 하나님은 "모든 것을" 합력하여 선을 이루십니다.

ⓒ 이점에서 명심해야 할 점이 있는데, 다윗의 범죄로 말미암아 손해를 입게 된 것이 우리아 · 밧세바 그가 낳은 아이라고 생각해서는 아니 된다는 점입니다. "이로 말미암아 여호와의 원수가 크게 비방(훼방)할 거리를 얻게 하였다"(12:14) 하는데 이는, 인류의 시조 아담의 범죄 때와 같이 원수, 즉 사탄에게 "참소"할 근거를 제공했다는 뜻이 됩니다. 그리하여 최대의 피해자는 신정왕국이요, 여호와의 거룩하신 이름이었던 것입니다. 그러므로 "네가 나를 업신여기고 헷 사람 우리아의 아내를 빼앗아 네 아내로 삼았은즉 칼이 네 집에 영원토록 떠나지 아니하리라"(12:10) 하신 징벌은 불가피했던 것입니다.

ⓓ 사울의 범죄와 다윗의 범죄를 비교해 본다면 윤리적인 면에서는 비교도 되지 않을 만치 다윗이 악하고 추합니다. 그러나 다윗은 메시아 언약을 통해서 "그리스도 안에", 즉 "은혜 아래" 있었기 때문에 그를 징벌하실지라도 폐하시지 않음이 가능했던 것입니다.

⑪ 24장에는 다윗이 인구조사를 했다가 징벌을 당하는 것이 나옵니다.

병행구절인 역대상 21장과 결부시켜보면 이는 다윗이 교만해졌음을 나타냅니다. 이점이 "내가 이 일을 행함으로 큰 죄를 범하였나이다 이제 간구하옵나니 종의 죄를 용서하여 주옵소서 내가 심히 미련하게 행하였나이다"(대상 21:7)고 자복하는데서 드러납니다.

ㄱ 그리하여 "칠년 기근, 석 달 패망, 삼 일 전염병" 중 택일하라는 징벌을 받게 되는데 다윗은, "우리가 여호와의 손에 빠지고 내가 사람의 손에 빠지지 아니하기를 원하노라"(24:13-14)고 말합니다. 그리하여 전염병이 임하게 되는데 다윗이, "여호와의 손에 빠지는 것"이라 말한 것이 어찌하여 "전염병"을 택한 것이며, 전염병을 택한 것이 어찌하여 여호와의 "긍휼"을 기대하는 것인지 아시겠습니까?

ㄴ 그 해답이 출애굽기 30:12절에 나옵니다. "전염병이, 생명의 속전"과 결부되어 있기 때문이요, 생명의 속전(贖錢)이 "그가 모든 사람을 위하여 자기를 속전(贖錢)으로 주셨다"(딤전 2:6)는 그리스도의 구속과 결부되어 있기 때문입니다. 놀라움을 금할 수 없는 말씀입니다.

ㄷ 더욱 놀라운 것은 여호와의 사자가 "여브스 사람 아리우나의 타작마당에서 여호와를 위하여 제단을 쌓으라"(24:18)고 지정(指定)해주고 있다는 점입니다. 바로 그 자리가 여호와께서 아브라함에게 이삭을 번제로 드리라고 지시하신 모리아 산이요, 솔로몬이 성전을 지은 터(대하 3:1)였기 때문입니다.

⑫ 〈사무엘하〉, "그 곳에서 여호와를 위하여 제단을 쌓고 번제와 화목제를 드렸더니, 이스라엘에게 내리는 재앙이 그쳤더라"(24:25)고 끝을 맺고 있습니다.

ㄱ 형제여, 하나님의 아들 그리스도께서 "그 곳에서" 대속제물이 되어주심으로 우

리에게 임할 진노가 그치게 되었음을 알고 믿고 있습니까? "진노"를 그치게 한 번제와 화목제는 그리스도께서 단 번에 드려주실 대속 제물에 대한 예표로써만 의미가 있는 것입니다. 그러니까 〈사무엘하〉, 즉 신정왕국은 독자들을 그리스도의 복음으로 인도해줌으로 대단원의 막을 내리고 있는 것입니다.

ⓛ 형제는 왕궁에 평안히 앉아서 내가 하나님을 위하여 무엇을 할까를 궁리하고 있습니까? 아니면 하나님 앞에 나아가 "나는 누구오며 내 집은 무엇이기에 나로 이에 이르게 하셨나이까" 하고 감사와 감격해 하고 있습니까? 이것이 먼저입니다. 믿음의 순종은 그 후에 따라오는 것입니다. 아멘.

1장

마지막 시험을 극복한 다윗

1장의 내용은 다윗이 특이한 경로를 통하여 사울 왕의 죽음을 알게 된 것과 사울을 위한 다윗의 애가(哀歌)로 되어 있습니다. 다윗을 죽이려고 발악적으로 날뛰던 사울의 죽음이 다윗에게 기쁜 소식이 아니라, 어찌하여 "애가"를 부르게 했단 말인가?

다윗이 아말렉 사람을 도륙하고 돌아와서 시글락에서 이틀을 유하고 있을 때에, 한 아말렉 사람이 찾아와서 사울과 요나단의 죽음을 고(告)합니다. 다윗이 그에게 "사울과 그 아들 요나단의 죽은 줄을 네가 어떻게 아느냐"(5)고 묻자 자신이 사울을 죽이게 된 경위를 말하면서 그 증거로 사울의, "머리에 있는 왕관과 팔에 있는 고리를 벗겨서 내 주께로 가져왔나이다"(10)고 제시합니다.

이점에서 우리를 의아하게 하는 것은 사울이 죽었다는 중대사를 어찌하여 이방인 아말렉 사람을 통하여 전해 듣게 되고 또한 아멜렉 사람이 사울의 왕관과 팔찌를 어떻게 입수할 수가 있었느냐 하는 점입니다. 이것을 우연한 일이라 할 수가 있을 것인가? 이는 다윗이 왕위에 오르기 위한 마지막 테스트를 받고 있는 것으로 볼 수가 있는 것입니다. 그리하여 1장의 주제를 "마지막 시험을 극복한 다윗"이라고 정하게 되었습니다. 그렇다면 그 시험의 의미가 무엇일까요? 이를 두 단원으로 나누어 상고합니다.

첫째 단원(1-10) **아말렉 사람을 통한 시험**
둘째 단원(11-27) **다윗이 이를 물리치다**

첫째 단원(1-10) 아말렉 사람을 통한 시험

"사울이 죽은 후에 다윗이 아말렉 사람을 쳐 죽이고 돌아와 다윗이 시글락에서 이틀을 머물더니 사흘째 되는 날에 한 사람이 사울의 진영에서 나왔는데 그의 옷은 찢어졌고 머리에는 흙이 있더라" (1-2) 합니다.

다윗 : 너는 어디서 왔느냐? "이스라엘 진영에서 도망하여 왔나이다".
다윗 : 일이 어떻게 되었느냐? "군사가 전쟁 중에 도망하기도 하였고 무리 가운데에 엎드러져 죽은 자도 많았고 사울과 그의 아들 요나단도 죽었나이다".
다윗 : 사울과 그의 아들 요나단이 죽은 줄을 네가 어떻게 아느냐?
아말렉 사람 : 부상을 당한 사울이, "내 목숨이 아직 내게 완전히 있으므로 내가 고통 중에 있나니 청하건대 너는 내 곁에 서서 나를 죽이라 하시기

로 그가 엎드러진 후에는 살 수 없는 줄을 내가 알고 그의 곁에 서서 죽이고 그의 머리에 있는 왕관과 팔에 있는 고리를 벗겨서 내 주께로 가져왔나이다"(9-10)고 대답합니다.

다윗 : 너는 어디 사람이냐? "대답하되 나는 아말렉 사람 곧 외국인의 아들이니이다"(13) 하는 것이 아닌가?

참으로 기이한 배경설정이 아닐 수가 없습니다. 다윗이 "아말렉 사람을 쳐 죽이고"(1) 돌아오자 다른 족속이 아닌 아말렉 사람이 사울의 왕관을 가지고 찾아온 것입니다. 그러면 다윗은 이 "아말렉 사람"을 어찌해야 하는가? 이것이 시험문제입니다.

하나님께서, "맹세하시기를 여호와가 아말렉과 더불어 대대로 싸우리라"(출 17:16) 하신, 그 아말렉 사람을 다윗에게 보내셔서 사울의 "왕관"을 드리면서 사울이 죽었다는 보고를 하도록 섭리 중에 허용하신 하나님의 의도가 어디에 있는가를 묻게 됩니다. 그의 모습을 볼 때 그가 이스라엘 진에서 구사일생으로 도망하여 왔다는 말은 사실인 것으로 여겨집니다. 또한 사울을 자신이 죽였다는 말도 그가 제시한 증표(왕관)로 볼 때 진실인 것으로 여길 만합니다.

대대로 싸우리라 하신 아말렉

그러나 사무엘상 31:4절로 미루어볼 때 그의 말은 거짓말이었습니다. 사울은 자결을 했습니다. 왜 자결을 했는가? 중상한 사울은, "할례 받지 않은 자들이 나를 찌르고 모욕할까 두려워하노라"(삼상 31:4), 그래서 스스로 목숨을 끊은 것입니다. 그런 사울이 아말렉 사람보고 자신을 찌르라고 말을 했겠습니까? 하나님께서는 사울을 심판하시되 기름부음을 받은 자가 할례 없는 자들에게 죽임을 당하는 것만은 허용하시지 않으셨던 것입니다.

그러면 그는 왜 거짓말을 했을까요? 아말렉 사람 입장에서는 보상(報償)을 바라고 거짓말을 했을 것입니다. 그런데 이를 문맥적으로 보면 다윗이 왕위에 오르기 전(2:4)에 치러야 할 마지막 시험으로 볼 수가 있다는 말씀입니다. 아말렉 사람이 다윗의 왕관을 취득하게 된 것부터가 기이한 일이라고 볼 수 밖에 없습니다.

다윗은 지금 자신을 죽이기 위하여 추격하는 사울을 피하여 유다를 떠나블레셋 시글락에 와있습니다. 그런데 그 사울이 죽었다는 것입니다. 다윗에게는 사울을 죽일 수 있는 결정적인 순간이 두 번이나 있었습니다. 그러나 그때마다 다윗은 "내 손"으로는 해하지 않겠다(삼상 24:10, 26:11), 엄밀히 말하면 해할 수 없다, 해하는 것은 하나님이 금하신 바라고 말했습니다.

사울을 자기 손으로는 죽일 수가 없었지만 이제 다른 사람, 그것도 자기동족이 아닌 아말렉 사람이 죽였다면 잘된 일로, 보상을 할 만하지 않겠는가? 죽인 것만이 아니라 "왕관"을 가지고 찾아온 것입니다. 그리고 다윗을 "내 주(主)"라고 부르고 있습니다. 이는 다윗에게 "이제 안심하시고 왕위에 오르소서" 라는 말과 같은 것입니다.

다윗은 이날이 오기를 얼마나 기다렸던가! 이럴 경우, 다시 말하면 아말렉 사람의 손에 사울의 왕관을 들여서 보냈을 경우, 다윗이 어떤 반응을 보일 것인가? 이것이 신정왕국의 왕으로 등극하기 전에 다윗이 치러야 할 마지막 시험이었다는 말씀입니다.

면류관을 가져왔나이다

　그러므로 분별력을 가지고 본문을 관찰해 보면 아말렉 사람은 다윗을 넘어지게 하려는 시험하는 자로 등장한다는 점을 깨닫게 됩니다. 아말렉 사람이 어떤 경로로 사울의 왕관을 손에 넣을 수 있었는지는 알 길이 없지만 다윗 앞에 내민 "왕관"은 분명 다윗을 유혹하기에 족한 시험이었던 것입니다.

　주님께서도 공생애를 시작하시기 전에 세 가지 시험을 받으셨는데 예를 들면 다윗이 자기 손으로 사울을 죽일 수 있었던 기회를 "돌로 떡덩이가 되게 하라는 시험"에 비한다면, "왕관"은 "순식간에 천하만국을 보이며 이르되 이 모든 권위와 그 영광을 내가 네게 주리라"(눅 4:5-6) 한 시험이라 할 수가 있습니다. 생각해 보십시오. 다윗이 만일 아말렉 사람에게 보상이라도 했다면 다윗에게 모든 권세와 영광을 순식간에 가져다 준 자가 아말렉 사람임을 인정한 꼴이 되고 말았을 것이 아닙니까?

　성경에 이에 대한 빛을 비춰주는 대목이 있습니다. 아브라함이 소돔에 살던 롯이 사로잡혀갔다는 소식을 듣고 롯을 구원하기 위하여 네 왕을 추격하여 격파하고 돌아왔을 때의 일입니다. 소돔 왕이 아브라함에게 말하기를 구출해 온 사람은 내게 돌리고 "물품은 네가 취하라"고 말했습니다. 믿음의 사람 아브라함이 어떻게 반응했습니까? "천지의 주재이시요 지극히 높으신 하나님 여호와께 내가 손을 들어 맹세하노니 네 말이 내가 아브람으로 치부하게 하였다 할까 하여 네게 속한 것은 실 한 오라기나 들메끈 한 가닥도 내가 가지지 아니하리라"(창 14:22-23)고 이를 일축했던 것입니다.

이점에서 생각할 점은 다윗이 왕위에 오르게 되는 것이 자신의 명예나 영광을 위해서라면 이 일은 잘된 일로 여길 수도 있고 보상할 만도 하다는 점입니다. 그러나 하나님이 택하셔서 메시아왕국의 예표적인 왕으로 세우시고자 한다는 구속사의 관점에서 본다면 다윗은 이 마지막 관문을 "그 나라와 그의 의"에 합하도록 통과해야만 했던 것입니다. 이제 다윗은 어떻게 반응할 것인가?

둘째 단원(11-27) 다윗이 이를 물리치다

"이에 다윗이 자기 옷을 잡아 찢으매 함께 있는 모든 사람도 그리하고 사울과 그의 아들 요나단과 여호와의 백성과 이스라엘 족속이 칼에 죽음으로 말미암아 저녁때까지 슬퍼하여 울며 금식하니라"(11-12) 합니다. 성경은, "네 원수가 넘어질 때에 즐거워하지 말며 그가 엎드러질 때에 마음에 기뻐하지 말라 여호와께서 이것을 보시고 기뻐하지 아니 하사 그의 진노를 그에게서 옮기실까 두려우니라"(잠 24:17-18)고 말씀합니다. 이 광경을 보면서 아말렉 사람은 무엇을 느꼈을 것인가? 하나님의 백성은 과연 다르다는 점을 느꼈을 것입니다. 그리고 불안해했을 것이 분명합니다. 왜냐하면 자신의 말을 듣고 기뻐하며 잔치를 베풀 줄로 여겼기 때문입니다.

다윗이 그에게 이르되, "네가 어찌하여 손을 들어 여호와의 기름 부음 받은 자 죽이기를 두려워하지 아니하였느냐" 하고는, 청년 중 한 사람을 불러, "그를 죽이라"(14-15)고 명합니다.

이 대목을 상고할 때에, "과연 다윗은 선한 사람이구나" 하는 차원으로

격하시켜서는 아니 됩니다. 다윗이 개인의 유익이나 욕망만을 생각했다면 기뻐할 수도 있었을 것입니다. 그런데 다윗이 "옷을 찢으며 슬퍼하여 울며 금식"한 것은 먼저 하나님의 이름과 영예를 생각했기 때문입니다.

다윗이 슬퍼한 것은 어느 개인을 위해서가 아니라 "여호와의 기름 부음 받은 자"의 죽음을 애통해 하고 있는 것입니다. 다윗은 "어찌하여 사울을 죽였느냐"고 말하고 있지 아니 합니다. "네가 어찌하여 손을 들어 여호와의 기름 부음 받은 자 죽이기를 두려워하지 아니하였느냐"(14)고 말하고 있습니다. 16절에서도 "네 피가 네 머리로 돌아갈 지어다 네 입이 네게 대하여 증언하기를 내가 여호와의 기름 부음 받은 자를 죽였노라 함이니라"고 말합니다.

여호와의 기름 부음 받은 자가 죽다니, 그것도 진멸하라 하신 아말렉 사람이 왕관을 가지고 찾아와 자기 손으로 죽였노라고 떠벌리는 말을 듣게 되다니! 이것이 통분했던 것입니다. 이점이 그가 읊은 "슬픈 노래"에도 나타납니다. 첫마디에서 "이스라엘아 너의 영광이 산 위에서 죽임을 당하였도다"(19)고 말씀하고 있습니다. 사울이 이스라엘의 "영광"이 될 수 있었던 것은 그의 머리에 거룩한 관유, 즉 여호와의 기름 부음이 있었기 때문입니다.

다시 말씀드리면 다윗이 옷을 찢으며 슬퍼하여 울며 금식한 것은 여호와의 거룩하신 이름을 위해서였다는 말씀입니다. "만군의 여호와의 이름 곧 네가 모욕하는 이스라엘의 군대의 하나님의 이름"(삼상 17:45)이 모독을 받으셨음을 인하여 울었던 것입니다.

그를 죽이라

그러므로 다윗이 치르고 있는 시험은 왕이 되었을 때 하나님의 거룩하신 이름과 영예를 위하여 싸울 것인가? 아니면 자신의 유익이나 명예를 우선 순위에 둘 것인가를 달아보는 시험이었다고 말할 수가 있는 것입니다. 하나님께서는 다윗의 이 모습을 보기를 원하셨던 것입니다. 왜냐하면 사울 왕은 먼저 그의 나라와 그의 의를 생각하지 않았기 때문입니다.

다윗도 아말렉 사람이 거짓말을 하고 있음을 알았던 듯 싶습니다. 4:10절에서 다윗은 "전에 사람이 내게 알리기를 보라 사울이 죽었다 하며 그가 좋은 소식을 전하는 줄로 생각하였어도 내가 그를 잡아 시글락에서 죽여서 그것을 그 소식을 전한 갚음으로 삼았거든" 라고 말하고 있음을 봅니다.

그럼에도 그는 죽어 마땅한 것은, "네 입이 네게 대하여 증언하기를 내가 여호와의 기름 받은 자를 죽였노라" (16) 한, 그 자체만으로도 하나님 두려운 줄 모르고 하나님의 거룩하신 이름을 모독한 것이었기 때문입니다.

다윗의 애가

다윗은 "이 일을 가드에도 알리지 말며 아스글론 거리에도 전파하지 말지어다" 합니다. 왜 그러해야만 합니까? "블레셋 사람의 딸들이 즐거워할까 할례 받지 못한 자의 딸들이 개가를 부를까 염려로다" (20)이기 때문입니다. 다윗은 시편에서,

두렵건대 나의 원수가 이르기를 내가 그를 이기었다 할까 하오며

내가 혼들릴 때에 나의 대적들이 기뻐할까 하나이다

(시 13:4)

다윗의 중심사상은 언제나 이점을 최우선 순위에 두었던 것입니다. 자신의 이해보다는 하나님의 명예가 최우선이요, 사울이 죽음으로 생명의 위험이 사라지고 이제 왕위에 오르게 되었다는 기쁨보다는, "하나님의 이름이 너희로 말미암아 이방인 중에서 모독을 받는도다"(롬 2:24)는 이점이 마음 아팠던 것입니다.

"내 형 요나단이여 내가 그대를 애통함은 그대는 내게 심히 아름다움이라 그대가 나를 사랑함이 기이하여 여인의 사랑보다 더 하였도다 오호라 두 용사가 엎드러졌으며 싸우는 무기가 망하였도다"(26-27) 합니다.

시험은 두 가지 양상으로 옵니다. 다윗을 죽이려는 박해를 통해서와, 다윗 앞에 금관을 내어 미는 유혹을 통해서입니다. 다윗은 시험하는 자의 유혹을 하나님 중심의 믿음으로 물리쳤던 것입니다. 말하자면 "사탄아 내 뒤로 물러가라 너는 나를 넘어지게 하는 자로다"(마 16:23)고 물리친 셈입니다. 이제 다윗은 하나님의 명예를 회복하고 이름이 거룩히 여기심을 받게 할 메시아의 예표적인 왕으로 세움 받을 준비가 된 것입니다.

형제가 하나님께 쓰임을 받을 때에도 이러한 테스트를 거칠 수도 있습니다. 성경은 말씀합니다. "깨끗한 양심에 믿음의 비밀을 가진 자라야 하지니 이에 이 사람들을 먼저 시험하여 보고 그 후에 책망할 것이 없으면 집사의 직분을 맡게 할 것이요"(딤전 3:9-10). -아멘-

나누어 봅시다

①사울 왕을 통한 박해라는 시험에 대해서,

②아말렉 사람을 통한 유혹이라는 시험에 대해서,

③이를 극복하고 물리칠 수 있었던 다윗의 믿음에 대해서,

2장

두 왕국의 출현

2장에는 "왕을 삼았더라"는 말이 두 곳에 나옵니다. "유다 사람들이 와서 거기서 다윗에게 기름을 부어 유다 족속의 왕을 삼았더라"(4)는 말씀과, 사울의 아들 이스보셋을 "길르앗과 아술과 이스르엘과 에브라임과 베냐민과 온 이스라엘의 왕을 삼았더라"(9)고 말씀합니다. 사울 왕이 죽자 두 왕국이 출현하게 된 것입니다.

다윗은 유다 족속의 왕이 되었고, 사울의 아들 이스보셋은 그 외 족속의 왕이 된 것입니다. 그러므로 본 장의 주제가, "두 왕국의 출현"이 될 수가 있습니다. 이렇게 되면 필연적으로 두 왕국 사이에는 전쟁이 있게 되는 것입니다. 이점에서 중요한 점은 두 왕 중 누가 더 강대하냐에 있는 것이 아니라는 점입니다. 수적으로 하면 다윗은 유다 한 지파만의 왕인 반면, 이스보셋은 열한 지파를 거느린 왕이 되었기 때문에 절대적인 우위에 있었을 것입니다. 그러나 중요한 것은 어느 왕국이 하나님께서 인정하시는 왕국인가에 있습니다. 이를 두 단원으로 나누어 상고합니다.

첫째 단원(1-7) **다윗을 유다 족속의 왕을 삼음**

둘째 단원(8-32) **이스보셋을 이스라엘의 왕으로 삼음**

첫째 단원(1-7) 다윗을 유다 족속의 왕을 삼음

"그 후에 다윗이 여호와께 여쭈어 아뢰되 내가 유다 한 성읍으로 올라가리이까 여호와께서 이르시되 올라가라 다윗이 아뢰되 어디로 가리이까 이르시되 헤브론으로 갈지니라"(1) 하십니다.

첫 절은 사울이 죽은 후에 다윗의 첫 행보(行步)요, 시작(始作)이요, 출발(出發)이라는 점에서 대단히 중요한 의미가 내포 된 말씀입니다. 구속사적으로 음미해 볼 때에 그 점을 깨닫게 됩니다.

①사울이 죽은 후에 블레셋 시글락에 도피하여 있던 다윗이 1장에서 시험을 통과한 후에 여호와께, "내가 유다 한 성읍으로 올라가리이까" 하고 여쭈었다 합니다. 다윗은 사울이 죽자 때가 왔다는 듯이 경거망동하지 않았습니다. 여호와께 묻고 그 인도하심을 기다렸습니다. 이후로도 중요한 결정을 해야 할 때마다 여호와께 묻는 것을 보게 될 것입니다(5:19, 23, 25). 기도란 청구이기보다는 하나님의 뜻을 묻는 것입니다.

②어찌하여 "어디로 가리이까" 하지 않고, "유다 한 성으로 올라가리이까" 라고 물었을까요? 그것은 여호와의 뜻을 제한한 것이 아닙니다. 하나님의 뜻을 알고 그 뜻대로 기도한 것이 됩니다. 왜냐하면 하나님께서는 일찍이 갓 선지자를 통하여, "너는 이 요새에 있지 말고 떠나 유다 땅으로 들어가라"(삼상 22:5)고 지시하셨기 때문입니다. 그런데 다윗이 임의로 유다

를 떠나 블레셋으로 피신을 한 것입니다. 그러므로 유다 한 성으로 올라 가리이까 라고 물은 것은 하나님의 뜻대로 기도한 것이 됩니다. 중심점은, "지금 올라 가리이까?" 라고 그 "때" 가 지금이냐고 묻고 있는 것입니다.

③또한 다윗이 "유다 한 성으로 올라 가리이까" 라고 물은 것은, 하나님께서 계획하시고 이루어 나가시는 구원계획을 알고 믿었다는 것입니다. 왜냐하면 유대인의 왕 그리스도는 유다(창 49:10)에서 나실 것이 예언되어 있기 때문입니다. 이는 자신의 정체성(正體性)을 알았다는 증거입니다. 다윗은 자신을 유대인의 왕으로 세우시려는 하나님의 뜻을 안 것입니다.

④여호와께서, "올라가라" 하셨다는 것은 기도응답이라는 그 이상의 의미가 있는 것입니다. 이는 하나님께서 다윗을 왕으로 세우셨으며, 다윗 편이시라는 결정적인 증거였기 때문입니다. 이 증거가 다른 왕, 즉 이스보셋에게는 없었던 것입니다. 성경은 말씀합니다. "만군의 여호와께서 함께 계시니 다윗이 점점 강성하여 가니라"(대상 11:9).

⑤다윗이 다시 유다, "어디로 가리이까" 라고 물었습니다. 다윗은 유다 땅으로 올라 가야하는 것은 분명한데, 그 중에서 어디로 올라가라 하시는가를 묻고 있는 것입니다. "헤브론으로 갈지니라" 하십니다. 어찌하여 다윗의 고향 베들레헴이 아니고 "헤브론"이라 하시는가? 시간이 걸리더라도 이를 추적해 봄으로 하나님께서 이루어 나오신 구속사적 경륜을 깨달아야만 하겠습니다.

헤브론으로 갈지니라

헤브론은 아브라함이 하나님의 말씀을 좇아 가나안에 들어가서 여호와께 단을 쌓은 곳(창 13:18)이요, 결정적으로 중요한 것은 헤브론에 있는 막벨라 밭은 아브라함이 약속의 땅에서 얻은 유일한 소유였다는 점입니다. 아브라함은 가나안에서 "발붙일 만큼도"(행 7:5) 땅을 소유하려 하지 않고 장막에 거하면서 나그네로 살았습니다. 그런데 헤브론에 있는 막벨라 밭만은 끈질기게 소유하려고 했습니다. 그리하여 은 사백 세겔을 달아주고 샀던 것입니다. "이와 같이 그 밭과 거기에 속한 굴이 헷 족속으로 부터 아브라함이 매장할 소유지로 확정되었더라"(창 23:20)고 말씀합니다.

아브라함이 그 밭을 소유로 삼은 것은 1차적으로는 아내 사라를 매장하기 위해서였습니다. 그러나 그것이 전부가 아닙니다. 야곱은 임종머리에서, "아브라함과 그의 아내 사라가 거기 장사되었고 이삭과 그의 아내 리브가도 거기 장사되었으며 나도 레아를 그 곳에 장사하였노라"(창 49:31)고 말하면서 자신의 시신을 애굽에서 가져다가 그곳에 장사하라고 유언을 합니다.

그러니까 그곳에는, "아브라함의 하나님, 이삭의 하나님, 야곱의 하나님"이라 일컫는 믿음의 조상 3대가 잠들어있는 곳입니다. 그러므로 이는 가족묘지 그 이상의 의미가 있는 것입니다. 성경은 말씀합니다. "이 사람들은 다 믿음을 따라 죽었으며 약속을 받지 못하였으되 그것들을 멀리서 보고 환영하며 또 땅에서는 외국인과 나그네임을 증언하였으니"(히 11:13).

그들은 "증언"하고 있다고 말씀합니다. 아브라함과 이삭과 야곱, 곧 믿음의 조상들은 당장은 발붙일 만한 땅도 소유하고 있지 않지만 하나님께서 언약하신 대로 가나안 땅을 그 자손들에게 주실 것이라는 증표로 이 밭을 물려주었던 것입니다. 그러니까 그들은 시신을 장사한 것이 아니라 언약을 믿는 믿음을 심은 셈입니다.

이점에서 명심해야 할 점은 하나님이 주시겠다는 땅이 중요한 것이 아니라, 그 땅에서 태어나실 "그 사람" 곧 메시아가 중요하다는 점입니다. 하나님께서 아브라함에게 하신 언약의 핵심이 무엇입니까? 성경은, "아브라함에게 복음을 전했다"(갈 3:8)고 말씀합니다. 즉 그 자손으로 그리스도를 보내셔서 그로 말미암아 천하 만민이 구원의 복을 얻게 하시려는 것이 아브라함에게 세워주신 언약의 핵심입니다. 그러니까 땅을 주리라 하심은 그 자손이 태어날 장소를 준비하심이었던 것입니다. 그러면 그리스도가 열두 지파 중 어느 지파를 통해서 태어날 것이 예언이 되어 있습니까? 유다 지파입니다.

그러하기 때문에 다음으로 대두되는 것은 여호수아를 통하여 가나안을 정복하게 하시고 땅을 분배하게 하셨을 때에 이 헤브론을 누구에게 주실 것인가 하는 문제가 중요한 관심사로 떠오르게 되는 것입니다. 성경은, "여호와께서 여호수아에게 명령하신 대로 여호수아가 기럇 아르바 곧 헤브론을 유다 자손 중에서 분깃으로 여분네의 아들 갈렙에게 주었다"(수 15:13)고 말씀합니다.

하나님께서는 첫째로, 다윗에게 아브라함에게 하신 언약을 계승한 왕이라는 정통성(正統性)을 부여하셨고, 둘째로 유다 지파 다윗의 자손으로 그리스도를 보내시려는 계획을 착착 추진해나가고 계시는 것입니다. "유다 사람들이 와서 거기서(헤브론) 다윗에게 기름을 부어 유다 족속의 왕으로 삼았더라"(4) 합니다. 이제 분명합니까? 어찌하여 다윗을 "헤브론으로 갈 지니라" 하셨는가를!

둘째 단원(8-32) 이스보셋을 이스라엘 왕으로 삼음

"사울의 군사령관 넬의 아들 아브넬이 이미 사울의 아들 이스보셋을 데리고 마하나임으로 건너가 길르앗과 아술과 이스르엘과 에브라임과 베냐민과 온 이스라엘의 왕으로 삼았더라"(8-9) 합니다.

사울의 아들 이스보셋은 블레셋과의 싸움에 부친 사울을 따라 출정한 세 형제들(요나단, 아비나답, 말기수)에 끼이지 못한 것을 보면 어딘가 모자라는 데가 있었던 듯 싶습니다. 그리하여 이스보셋은 군사령관 아브넬의 추대가 없이는 왕이 될 수가 없는 처지였습니다. 그렇다면 아브넬은 어찌하여 이스보셋을 왕으로 삼았을까요?

사울이 다윗에게, "보라 나는 네가 반드시 왕이 될 것을 알고 이스라엘 나라가 네 손에 견고히 설 것을 아노니"(삼상 24:20) 했다면 군사령관 아브넬도 다윗을 왕으로 세우시려는 하나님의 뜻을 알았다고 보아야만 합니다. 그럼에도 불구하고 하나님의 뜻을 대적하여 이스보셋을 왕으로 삼은 데는 속셈이 있었을 것입니다.

아브넬과 이스보셋은 4촌 형제 간(삼상 14:50)입니다. 그러므로 이스보셋을 이용하여 자신이 권력을 행사하려는 계책이 있었다고 여겨집니다. 이점이, "아브넬이 사울의 집에서 점점 권세를 잡으니라"(3:6)는 말씀이 이를 뒤받침 합니다. 아브넬은 육신의 소욕의 지배를 받아 결국 하나님의 뜻을 대적한 사울의 전철을 밟은 것입니다.

마하나임으로 건너가서

아브넬은 이스보셋을 데리고, "마하나임으로 건너가"(8) 그곳에서 왕을 삼았다고 말씀합니다. 사울은 자기의 고향 "길갈"(삼상 11:15)에서 왕 노릇했습니다. 그런데 어찌하여 마하나임으로 갔을까요? 성경은 마하나임으로 "건너갔다"라고 말씀하는데 이는 의미심장한 표현인 것입니다.

마하나임은 요단 동편에 있는 땅으로 출애굽 당시 르우벤과 갓과 므낫세 반 지파가 가축 기르기에 좋은 땅이라 하여 주저앉은 곳입니다. 아브넬은 이스보셋을 데리고 약속의 땅에서 요단강을 건너가 마하나임에서 왕으로 삼은 것입니다. 그들이 요단강을 "건너갔다"는 것은 원 줄기에서 떨어져 나간 이단(異端)임을 스스로가 자인한 셈입니다. 그러니까 두 왕국은 요단강을 사이에 두고 대치상태에 놓이게 된 것입니다. 묻습니다. 어느 왕이 구속사의 정통성을 이어받은 왕입니까?

이점에서 생각나는 말씀이 있습니다. 야곱이 하나님의 인도하심을 따라 하란에서 가나안으로 돌아오자, "에서가 자기 아내들과 자기 자녀들과 자기 집의 모든 사람과 자기의 가축과 자기의 모든 짐승과 자기가 가나안 땅에서 모은 모든 재물을 이끌고 그의 동생 야곱을 떠나 다른 곳으로 갔다"(창 36:6)는 말씀입니다.

이처럼 두 부류로 갈라짐은 야곱과 에서만이 아니라, 이삭과 이스마엘 사이에도 있었습니다. "그러나 성경이 무엇을 말하느냐 여종과 그 아들을 내쫓으라 여종의 아들이 자유 있는 여자의 아들과 더불어 유업을 얻지 못하리라 하였느니라"(갈 4:30, 창 21:10). 그리고 이러한 분리(分離)는 마지막 날에도 있으리라고 말씀합니다. "내가 너희에게 이르노니 그 밤에 둘이

한 자리에 누워 있으매 하나는 데려감을 얻고 하나는 버려둠을 당할 것이요 두 여자가 함께 맷돌을 갈고 있으매 하나는 데려감을 얻고 하나는 버려둠을 당할 것이니라"(눅 17:34-35).

다윗이 블레셋 시글락에서 헤브론으로 돌아오자 이스보셋은 다윗을 떠나 약속의 땅에서 요단강을 건너 마하나임으로 갔던 것입니다. 그러니까 약속의 땅에는 "두 왕국"이 세워진 것이 아니라 오직 메시아왕국의 예표인 다윗 왕국만 세우신 셈입니다. 이스보셋의 왕국은 그의 부친 사울이 그러했듯이 다윗을 대적하는 자로 등장합니다.

그러므로 두 진영 간에는

㉠ 첫째로, "넬의 아들 아브넬과 사울의 아들 이스보셋의 신복들은 마하나임에서 나와 기브온에 이르고, 스루야의 아들 요압과 다윗의 신복들도 나와 기브온 못 가에서 그들을 만나 함께 앉으니 이는 못 이쪽이요 그는 못 저쪽이라"(12-13) 한 두 부류로 갈라지게 되었고,

㉡ 둘째는 "청년들에게 일어나서 우리 앞에서 겨루게 하자"(14)는 적대감이 있고,

㉢ 셋째는 "그 날에 싸움이 심히 맹렬하더니 아브넬과 이스라엘 사람들이 다윗의 신복들 앞에서 패하니라"(17) 한, 극렬한 싸움 끝에 다윗 진영이 승리하는 것을 봅니다.

그리고 2장의 결론은 3:1절에 있는데, "사울의 집과 다윗의 집 사이에 전쟁이 오래매 다윗은 점점 강하여 가고 사울의 집은 점점 약하여 가니라"고 말씀합니다. 다윗 왕국, 곧 메시아 왕국을 파괴하려는 대적은 계속 일어날 것이지만 한나의 기도에 나타난 대로, "여호와를 대적하는 자는 산산이 깨어지고야"(삼상 2:10) 말 것입니다. 이스보셋의 왕국은 "차라리 나지 아니하였더면 제게 좋을 뻔한" 왕국이 태어난 것입니다.

나누어 봅시다

①다윗에게 헤브론으로 갈지니라 하신 구속사적 의미에 대해서,

②두 왕국, 두 진영이라는 구속사적 의미에 대해서,

③마하나임으로 건너갔다는 의미에 대해서,

3장

다윗과 다윗의 왕국

3장은 "사울의 집과 다윗의 집 사이에 전쟁이 오래매 다윗은 점점 강하여 가고 사울의 집은 점점 약하여 가니라"(1)로 시작됩니다. 이는 3장을 한마디로 요약해 주는 말씀입니다. 2장에서 탄생한 두 왕국 중에서 다윗 왕가는 점점 강하여가는 반면 사울 왕가는 점점 쇠퇴하여 가다가(3장) 결국 멸망하게 되는 것(4장)을 보여 줍니다. 이는 필연적인 귀결입니다. 그 기간이 7년 6개월(5:5)입니다.

3장의 중심점은 다윗이, "나와 내 나라는 여호와 앞에 영원히 무죄하다"(28)라고 말한, "나와 내 나라"에 있습니다. 이는 다윗의 사상을 엿볼 수 있는 대목인데 첫째는 다윗 왕국이 "하나님 앞에 있다"는 점이고, 둘째는 다윗 왕국이 하나님 앞에 "무죄하다", 즉 어떠한 나라가 되어야 마땅한가를 고백하는 말이 되기 때문입니다. 그렇다면 이스보셋과 그의 나라도 하나님 앞에 있는 무죄한 나라라고 말할 수가 있단 말인가? 이를 두 단원으로 나누어 상고합니다.

첫째 단원(1-5) **점점 강하여 가는 다윗 왕가**

둘째 단원(6-39) **점점 약하여 가는 사울 왕가**

첫째 단원(1-5) 점점 강하여 가는 다윗 왕가

"다윗이 헤브론에서 아들들을 낳았으되 맏아들은 암논이라 이스르엘 여인 아히노암의 소생이요" (2) 하고, 다윗이 헤브론에서 7년 반 동안 다스리는 동안 여섯 아내를 통하여 여섯 아들을 보게 된 것을 기록하고 있습니다. 이를 기록하는 의도가 무엇일까요?

이점에 두 왕국의 성쇠(盛衰)를 상징적으로 나타내는 두 가지 기사가 등장합니다.

㉠ 첫째로, "자식들은 여호와의 기업이요 태의 열매는 그의 상급이로다"(시 127:3) 하신 말씀대로 다윗의 집이 점점 강하여 가고 있음을 상징적으로 보여 주고 있는 기사요, 이와는 대조적으로 사울의 집은, "사울의 아들 요나단에게 다리 저는 아들 하나가 있으니"(4:4)를 통해서 점점 쇠퇴해 가고 있음을 나타냅니다.

㉡ 둘째로, 다윗이 정혼하였다가 다른 사람에게 빼앗겼던 사울의 딸 미갈을 다시 찾게 되는 내용인데(13-16), 이는 다윗의 세력이 강하여졌음을 상징적으로 나타내는 반면, 이와는 대조적으로, "네가 어찌하여 내 아버지의 첩을 통간하였느냐"(7) 하고 사울의 애첩을 그의 군사령관 아브넬에게 빼앗기는 것을 보여 줌으로 사울의 집이 쇠퇴하여 감을 나타내고 있습니다. 성경은 말씀합니다. "만군의 하나님 여호와께서 함께 하시니 다윗이 점점 강성하여 가니라"(5:10).

둘째 단원(6-39) 점점 약하여 가는 사울 왕가

"사울의 집과 다윗의 집 사이에 전쟁이 있는 동안에 아브넬이 사울의 집에서 점점 권세를 잡으니라"(6) 하는데, 그렇다면 왕 이스보셋은 "점점 권세를 잃어 가고 있었다"는 말이 됩니다. 이는 이미 2장에서 예견한 바입니다. 당시는 두 왕가 사이에 전쟁이 계속되는 무인시대(武人時代)였습니다. 어딘가 모자라는 데가 있는 것으로 보이는 이스보셋은 허수아비 왕일 수밖에 없었습니다. 그런 터에 아브넬이 사울의 애첩 리스바(7)를 취하였다는 것은 권세만 점점 잡은 것이 아니라 급기야는 왕위를 넘보는 데까지 이르렀음을 의미하기 때문입니다.

이를 뒷받침 해주는 기사가 있는데 압살롬이 부친 다윗을 배반하고 반란을 일으켰을 때, "압살롬이 온 이스라엘 무리의 눈앞에서 그 아버지의 후궁들과 더불어 동침하니라"(16:22) 한 기사입니다. 이는 자신이 왕의 권세를 잡았음을 과시한 행위였던 것입니다. 또 왕위를 탐하던 아도니야가 왕위를 솔로몬에게 빼앗기게 되자 다윗을 수종들던 동녀 아비삭을 구합니다. 이때 솔로몬은 이를 왕위를 탐하는 일로 여기고 저를 죽인 것도(왕상 2:17-25) 같은 맥락에서였던 것입니다.

"아브넬이 이스보셋의 말을 매우 분하게 여겨 이르되 내가 유다의 개 머리냐 내가 오늘 당신의 아버지 사울의 집과 그의 형제와 그의 친구에게 은혜를 베풀어 당신을 다윗의 손에 내주지 아니하였거늘 당신이 오늘 이 여인에게 관한 허물을 내게 돌리는도다 여호와께서 다윗에게 맹세하신 대로 내가 이루게 하지 아니하면 하나님이 아브넬에게 벌 위에 벌을 내리심이 마땅하니라"(8-9)고 대적을 합니다.

그러나 "이스보셋이 아브넬을 두려워하여 감히 한마디도 대답하지 못하니라"(11) 합니다. 사울의 집이 얼마나 약하여졌는가를 단적으로 보여 주는 대목입니다. 하나님께서 다윗에게 하신 맹세란, "곧 이 나라를 사울의 집에서 다윗에게 옮겨서 그의 왕위를 단에서 브엘세바까지 이스라엘과 유다에 세우리라 하신 것이니라"(10)고 말합니다. 아브넬도 나라가 하나님의 뜻대로 결국은 다윗에게 돌아가게 되리라는 것을 알고 있었던 것입니다.

아브넬은 사자를 다윗에게 보내어, "내 손이 당신을 도와 온 이스라엘이 당신에게 돌아가게 하리이다"(12)고 화친 조약을 맺자고 제의합니다. 다른 한편으로는, "너희가 여러 번 다윗을 너희의 임금으로 세우기를 구하였으니 이제 그대로 하라 여호와께서 이미 다윗에 대하여 말씀하시기를 내가 내 종 다윗의 손으로 내 백성 이스라엘을 구원하여 블레셋 사람의 손과 모든 대적의 손에서 벗어나게 하리라 하셨음이니라"(17-18)고 말합니다. 또 베냐민 사람들(사울 왕가의 지파)도 설득합니다(19). 이점에서 확인하게 되는 것은 아브넬도 하나님께서 다윗에게 하신 맹세, 즉 언약을 알고 있었으며, 이스라엘의 장로들도 다윗으로 임금 삼기를 여러 번 구했음을 알게 됩니다.

아브넬을 죽인 요압

"아브넬이 부하 이십 명과 더불어 헤브론에 이르러 다윗에게 나아가니 다윗이 아브넬과 그와 함께 한 사람을 위하여 잔치를 배설하였더라"(20) 합니다. 왜 잔치를 베풀었는가? 사적인 욕망에서가 아니라 "그의 나라와 그의 의"를 위하여 관용을 베풀었기 때문입니다. 그러나 이를 못마땅하게 여긴 자가 있으니 다윗의 군사령관 요압입니다. 결국 요압은 다윗과 상의도 없고 허락도 없이 그를 유인하여 궤계를 써서 죽입니다.

이렇게 한 것은 두 가지 이유로 여겨지는데 첫째는 2장에서 있었던 싸움에서 자신의 아우 아사헬이 아브넬에 의하여 전사(2:23)한 것에 대한 복수요(30), 둘째는 자신의 영역에 아브넬이 침입하는 것을 용납지 않으려는 시기심으로 여겨집니다.

아브넬이 이스보셋을 왕으로 추대한 일, 그리고 점점 권세를 탐한 일 등은 옳았다고 말할 수는 없을 것입니다. 그러나 다윗은 판단하기를 그를 용납하고 포용하여 둘로 나누어진 나라를 하나로 만들어 나라를 더욱 튼튼히 세우는 것이 하나님의 뜻으로 여겼기 때문에 그를 환대했을 것입니다. 그러므로 다윗은 "아브넬의 피에 대하여 나와 내 나라는 여호와 앞에 영원히 무죄하다"(28)고 선언했던 것입니다.

다윗이 이렇게 말한 것은 1차적으로는 다윗에게 화친하러 헤브론으로 왔던 아브넬이 죽임을 당했다는 소식을 이스라엘 백성들이 듣게 되었을 때에 다윗을 왕으로 삼으려던 인심이 어떻게 변할 것인가? 영영 분열이 되고 적대감이 있게 될 것을 생각했을 것입니다. 그러나 이것이 전부도 우선하는 것도 아니었습니다. 다윗이 "나와 내 나라는 여호와 앞에 무죄하다"고 말한 의중은 사람들 앞에서가 아니라, "여호와 앞에서"라는 것입니다. 이는 의미심장한 말로 〈사무엘 상하〉를 살펴보게 되면 다윗은, "나와 내 나라는 여호와 앞에 영원히 무죄하다"는 이 한마디를 지키기 위하여 얼마나 오래 참고 숱한 고난과 역경을 감내했음을 확인하게 됩니다. 이를 훼손하지 아니하고 지키기 위하여 사울을 죽일 수 있는 결정적인 두 번의 기회도 사용하지 않았던 것입니다.

여호와 앞에 무죄한 다윗 왕국

어찌하여 다윗의 나라가, "여호와 앞에 영원히 무죄" 한 나라가 되어야 하는가? 다윗 왕국이 메시아왕국을 예표하고 있기 때문입니다. 그런데 요압이 화친하러 온 아브넬을 죽임으로 그 의로움이 손상될 위기에 처하게 된 것입니다. 여기에 요압의 결정적인 잘못이 있었던 것입니다.

훗날 다윗이 임종머리에서 솔로몬에게, "스루야의 아들 요압이 내게 행한 일 곧 이스라엘 군대의 두 사령관 넬의 아들 아브넬과 예델의 아들 아마사에게 행한 일을 네가 알거니와 그가 그들을 죽여 태평 시대에 전쟁의 피를 흘리고 전쟁의 피를 자기의 허리에 띤 띠와 발에 신은 신에 묻혔으니 네 지혜대로 행하여 그의 백발이 평안히 스올에 내려가지 못하게 하라"(왕상 2:5-6)고 유언한 것만 보아도 그가 범한 죄의 무게를 알 수가 있습니다.

다윗은 탄식합니다. "내가 기름 부음을 받은 왕이 되었으나 오늘 약하여서 스루야의 아들인 이 사람들을 제어하기가 너무 어려우니 여호와는 악행한 자에게 그 악한 대로 갚으실지로다"(39) 하고 하나님께 의탁합니다.

다윗의 진심을 알게 된, "온 백성이 보고 기뻐하며 왕이 무슨 일을 하든지 무리가 다 기뻐하므로 이 날에야 온 백성과 온 이스라엘이 넬의 아들 아브넬을 죽인 것이 왕이 한 것이 아닌 줄을 아니라"(36-37) 합니다. 다윗 왕국, 곧 메시아 왕국의 의로움을 나타낸 것입니다. "무슨 일을 하든지 무리가 다 기뻐하므로"란 다윗을 신임함으로 마음에서부터 그를 복종했다는 것입니다. 다윗은 백성들을 권력으로 복종시키고 강포로 다스리려하지 않고, 공의와 진리로 다스렸던 것입니다. 바로 이것이 메시아 왕국의 왕이신 우리 주님이 행하신 바이기도 합니다.

다윗이 말한 "나와 내 나라"는 오늘날 주님이 머리가 되시고 그의 몸인 교회로 적용이 될 수가 있습니다. 위임받은 목회자는, "나와 내 나라는 여호와 앞에 영원히 무죄하다"는 이 점이 훼손되지 않도록 보수하는데 전력을 기울려야 마땅합니다. 그리하여 "무슨 일을 하든지" 성도들이 믿고 따를 수 있어야만 하겠습니다. 그런데 반면 목회자의 지도력을 약화시키는 교회 내에는, "제어하기가 너무 어려운" 요압 같은 존재도 있기 마련입니다.

나누어 봅시다

① 다윗이 아브넬을 위하여 잔치를 베푼 의도에 대해서,
② 요압이 아브넬을 죽인 이유에 대해서,
③ "내 나라가 여호와 앞에 무죄하다"는 의미에 대해서,

4장

메시아왕국의 의로움을
지켜주신 하나님

4장은 사울 왕가의 몰락을 보여줍니다. 3장에서 점점 약하여지기 시작한 사울 왕가는 몇 년을 지탱하지 못하고 스스로 종말을 고하는 것이 4장의 내용입니다. 그렇다면 이를 통하여 우리에게 말씀하고자 하는바가 무엇일까요? 성경이 계시하시고자 하는 바는 사울의 집이 어떻게 망했느냐에 있는 것이 아니라, 다윗 왕국의 의로움을 어떻게 보존하셨는가를 보여주려는 데 주목적(主目的)이 있음을 놓쳐서는 아니 됩니다. 왜냐하면 다윗 왕국은 메시아 왕국의 예표요, 그 왕위를 그리스도에게까지 이어지게 하시려는 하나님의 계획이 있으시기 때문입니다.

성경의 예를 든다면 노아 홍수의 기사 중에 멸망 받은 자가 얼마나 되는가에 대해서는 침묵하고 있습니다. 왜냐하면 구속사의 원줄기가 거기에 있는 것이 아니기 때문입니다. 그러나 "방주에서 물로 말미암아 구원을 얻은 자가 몇 명뿐이니 겨우 여덟 명이라"(벧전 3:20)고 남은 자의 수에 초점을 맞추고 있는 것입니다. 이는 무엇을 의미하느냐 하면 심판 중에도 긍휼을 베푸셔서, "우리에게 씨를 남겨"(롬 9:29) 주셨다는 점과 이로 말미암아 "의의 상속자"(히 11:7)가 이어지게 하심으로 여자의 후손, 즉 구속사의 줄기를 보존하여 주셨음을 드러내고 있는 것입니다.

동일한 맥락에서 사울 왕가가 멸망하는 와중에서도 메시아 왕국의 예표로 세우신 다윗 왕국의 의로움을 보존하셨던 것입니다. 이점을 8:15절에서는, "다윗이 온 이스라엘을 다스려 다윗이 모든 백성에게 정의와 공의로 행했다"고 말씀하고 있습니다. 그러므로 4장의 주제가 "메시아왕국의 의로움을 지켜주신 하나님"이 될 수가 있습니다. 두 단원으로 나누어 상고합니다.

첫째 단원(1-4) **사울의 아들과 요나단의 아들**
둘째 단원(5-12) **피 흘린 죄를 그 땅에서 제하다**

첫째 단원(1-4) 사울의 아들과 요나단의 아들

"사울의 아들 이스보셋이 아브넬이 헤브론에서 죽었다 함을 듣고 손의 맥이 풀렸고 온 이스라엘이 놀라니라"(1) 합니다. 첫째 단원에는, "사울의 아들 이스보셋"(1)과 요나단의 아들 "므비보셋"(4)이 등장합니다. 사울의 아들 이스보셋은 왕이고, 요나단의 아들 므비보셋은 발을 저는 불구자입니다. 본문은 이 둘을 대조하여 누가 더 행복한 자인가를 보여주려는 것입니다.

사울의 아들 이스보셋이 기회주의자들에게 암살당하는 기사 앞에, "사울의 아들 요나단에게 다리 저는 아들 하나가 있었으니 이름은 므비보셋이라"(4) 하고, "므비보셋"을 조명하고 있는 의도가 무엇인가? 이는 이스보셋이 죽으면 사울 왕가에 대를 이을 자란 발을 저는 손자 므비보셋 밖에는 없음을 보여주기 위해서가 아닙니다. 사울의 다른 아들들(21:8)이 있었기 때문입니다.

성경이 이렇게 하고 있는 것은 냉엄한 면이 있습니다. 다윗을 대적했던 아버지 사울과 다윗에게 끝까지 신의를 지켰던 요나단, 두 사람 중에 누가 옳았고 누가 복된 삶을 살았는가? 나아가 사울의 아들로써 지금 왕위에 올라있는 이스보셋과, 요다단의 아들로써 비록 불구자이지만 누구의 자식이 복을 누리는가를 보여주기 위해서인 것입니다.

이점이 21장에 가서 다시 제시되고 있는데, 사울의 남은 두 아들과 사울의 딸 메랍에게서 난 다섯 아들을 목 매달아 죽이도록 내어줄 수 밖에 없는 상황에서도, "그러나 다윗과 요나단 사이에 서로 여호와를 두고 맹세한 것이 있으므로 왕이 사울의 손자 요나단의 아들 므비보셋은 아끼고"(21:7) 내어주지 않음을 보게 됩니다. 다윗은 시편을 통해서 증언하기를,

> 내가 어려서부터 늙기까지 의인이 버림을 당하거나
> 그의 자손이 걸식함을 보지 못하였도다
> 그는 종일토록 은혜를 베풀고 꾸어주니
> 그 자손이 복을 받는도다
> (시 37:25-26)

둘째 단원(5-12) 피 흘린 죄를 그 땅에서 제하다

"브에롯 사람 림몬의 아들 레갑과 바아나가 길을 떠나 볕이 쬘 때 즈음에 이스보셋의 집에 이르니 마침 그가 침상에서 낮잠을 자는지라"(5), 레갑과 바아나는 이스보셋의 군 지휘관(2)들입니다. 그런데 사울 집의 실권자인 아브넬이 헤브론에서 죽었다 함을 듣고 대세가 불리함을 깨닫자 바아나와 레갑은 재빨리 살아남을 궁리를 합니다. 이스보셋를 암살하고 목을 베어 다윗에게 바침으로 약삭빠르게 말을 바꿔 타려는 간계를 부립니다.

이점에서도 중요한 것은 그들의 사악한 심성을 드러내려는데(사람은 다 거짓되되) 중심점이 있는 것이 아니라, 그들이 다윗과 그의 나라(3:28), 즉 메시아왕국의 예표로 세우신 다윗 왕국에 대하여 잘못 알고 있다는 점을 드러내려는데 초점이 있는 것입니다. 그들은 이렇게 하면 다윗이 기뻐할 줄로 여겼고, 다윗의 나라가 그런 나라인 줄로 인식하고 있었다는 데 문제가 있는 것입니다.

이점은 우리들의 문제이기도 합니다. 오늘날 교회 내에서 이렇게 하는 것이 주님께 충성하는 것이요, 주의 일인 줄로 생각하고 얼마나 많은 시행착오와 잘못들이 저질러지고 있습니까? 이는 주님이 어떠한 분이신 것과 교회의 영광스러움을 모르는데 기인합니다.

"헤브론에 이르러 다윗 왕에게 이스보셋의 머리를 드리며 아뢰되 왕의 생명을 해하려 하던 원수 사울의 아들 이스보셋의 머리가 여기 있나이다 여호와께서 오늘 우리 주되신 왕의 원수를 사울과 그의 자손에게 갚으셨나이다"(8) 하고, 이렇게 하는 것이 하나님의 뜻 인양 빙자하기까지 합니다.

이스보셋의 머리가 여기 있나이다

1장에서는 유혹하는 자가 사울의 머리에 있던 왕관을 가지고 찾아왔습니다. 이럴 경우 다윗이 어떻게 반응함으로 의로움을 보존했는가를 보여주었습니다. 이 시험이 다윗이 유다의 왕이 되기 위하여(2:4) 치러야했던 시험이라면, 이번에는 시험하는 자가 사울의 아들 이스보셋의 머리를 가지고 찾아온(8) 것입니다. 이럴 경우 다윗이 어떻게 대처함으로 의로움을 보존하는가를 보여주시기를 원하는데 4장의 중심점이 있습니다. 이 시험은 다윗이 온 이스라엘의 왕이 되기 위하여(5:3) 치러야 할 시험이었다고 말할 수가 있습니다.

다윗이 무엇이라 대답했는가? 4장의 핵심이 여기에 있는데, "내 생명을 여러 환난 가운데서 건지신 여호와께서 살아 계심을 두고 맹세하노니 전에 사람이 내게 알리기를 보라 사울이 죽었다 하며 그가 좋은 소식을 전하는 줄로 생각하였어도 내가 그를 잡아 시글락에서 죽여서 그것을 그 소식을 전한 갚음으로 삼았거든"(9-10) 하고, 1장에서 있었던 일을 상기시킵니다. 이로 보건대 다윗 자신도 이것이 자신이 극복해야 할 시험임을 인식한 듯싶습니다.

"하물며 악인이 의인을 그의 집 침상 위에서 죽인 것이겠느냐 그런즉 내가 악인의 피 흘린 죄를 너희에게 갚아서 너희를 이 땅에서 없이하지 아니하겠느냐"(11)고 선언하고 처형을 합니다. 이럴 경우 다윗은 어찌하여 하나님을, "내 생명을 여러 환난 가운데서 건지신 여호와"로 고백하고 있을까요? 이는 자신을 양 치던 목장에서 택하셔서 기름을 부으시고 수많은 위기에서 건져 주시고 드디어 이스라엘의 왕으로 세워주시기 까지 이를 이루어 오신 분이 너희(레갑이나 바아나) 같은 사람이 아니라 하나님이심을 증언하는 말이었던 것입니다.

이점에서 아브라함이 소돔 왕에게 한 말을 다시 한 번 상기하게 되는데, "천지의 주재시오 지극히 높으신 하나님 여호와께 내가 손을 들고 맹세하노니 네 말이 내가 아브람으로 치부하게 하였다 할까 하여 네게 속한 것은 실 한 오라기나 들메끈 한 가닥도 내가 가지지 아니하리라"(창 14:22-23) 한 말입니다. 이는 동서고금을 막론하고 주의 종들에게 있어서는, "내 발에 등이요 빛이" 되는 말씀이라 하겠습니다.

다윗이 만일 바아나와 레갑을 용납했다면 그들은 우리가 다윗을 온이스라엘의 왕이 되게 하였다고 떠버렸을 것입니다. 다윗은 그들의 유혹을 물리침으로 메시아왕국의 의로움을 보존하였던 것입니다. 이는 교회의 의로움과 성별을 지켜야 할 우리가 명심해야 할 점인 것입니다. 이점에서 다윗의 시편 한 편을 음미해 보는 것도 도움이 될 것입니다.

> 내가 인자와 정의를 노래하겠나이다 여호와여 내가 주께 찬양하리이다
> 내가 완전한 길을 주목하오리니 주께서 어느 때나 내게 임하시겠나이까
> 내가 완전한 마음으로 내 집 안에서 행하리이다
> 나는 비천한 것을 내 눈 앞에 두지 아니할 것이요 배교자들의 행위를
> 내가 미워하오리니 나는 그 어느 것도 붙들지 아니하리이다
>
> 사악한 마음이 내게서 떠날 것이니 악한 일을 내가 알지 아니하리로다
> 자기의 이웃을 은근히 헐뜯는 자를 내가 멸할 것이요 눈이 높고
> 마음이 교만한 자를 내가 용납하지 아니하리로다

내 눈이 이 땅의 충성된 자를 살펴 나와 함께 살게 하리니

완전한 길에 행하는 자가 나를 따르리로다

거짓을 행하는 자는 내 집 안에 거주하지 못하며

거짓말하는 자는 내 목전에 서지 못하리로다

아침마다 내가 이 땅의 모든 악인을 멸하리니 악을 행하는 자는

여호와의 성에서 다 끊어지리로다.

-다윗의 시- (시 101편)

나누어 봅시다

① 사울의 아들과 요나단의 아들을 대조해서 보여주는 의도에 대해서,

② 통일 왕국의 왕이 되기 위한 다윗이 치른 시험에 대해서,

③ "내 생명을 여러 환난 가운데서 건지신 여호와"로 고백하는 의미에
대해서,

다윗을 이스라엘의
목자와 왕으로 세우신 하나님

 5장은 드디어 다윗이 이스라엘과 유다의 왕, 즉 통일왕국의 왕이 되는 내용입니다. 다윗은 삼십 세에 위에 나아가서 40년을 다스렸는데 헤브론에서 칠 년 육 개월 동안 유다를 다스렸고, 예루살렘에서 삼십 삼 년 동안 온 이스라엘과 유다를 다스렸습니다. 하나님의 하시는 일은 "때가 찬 경륜"(엡 1:9)이 있는 것입니다. 다윗의 이 때 나이가 38세쯤 되었으니까 사무엘을 통해서 기름 부음을 받은 지 근 20년 만에 성취가 된 것입니다. 다윗은, "사람이 여호와의 구원을 바라고 잠잠히 기다림이 좋도다"(애 3:26) 한 대로, 하나님의 때를 기다리며 결코 앞서 나가려 하지 않았습니다.

 5장의 핵심은, "여호와께서도 왕에게 말씀하시기를 네가 내 백성 이스라엘의 목자가 되며 네가 이스라엘의 주권자(왕)가 되리라 하셨나이다"(2하)한 "목자와 왕"이라는 말씀입니다. 왜냐하면 이 "목자와 왕"이 그리스도에게서 성취될 예표이기 때문입니다. 그러므로 5장의 주제가 "다윗을 이스라엘의 목자와 왕으로 세우신 하나님"이 될 수가 있습니다. 이를 세 단원으로 나누어 상고합니다.

첫째 단원(1-5) **말씀대로 되었더라**

둘째 단원(6-9) **예루살렘에서 왕이 됨**

셋째 단원(10-25) **다윗이 점점 강성하여짐**

첫째 단원(1-5) 말씀대로 되었더라

5장은, "이스라엘 모든 지파가 헤브론에 이르러 다윗에게 나아와 이르되 보소서 우리는 왕의 한 골육이니이다"(1) 하는 것으로 시작이 됩니다. 이스보셋이 죽은 후에 이스라엘 모든 지파가 헤브론에 이르러 다윗에게 나아와 세 가지를 들어서 다윗을 왕으로 추대합니다.

① "보소서 우리는 왕의 골육이니이다"(1) 합니다. "골육"이라는 말은 한 형제라는 뜻입니다. 사울 왕가와 다윗 왕가 사이는 한동안 "원수지간"처럼 싸웠습니다. 그럴 관계가 아니라, 아브라함과 이삭과 야곱 곧 이스라엘의 자손으로 한 골육(骨肉)이요, 한 형제라는 것입니다.

② "전에 곧 사울이 우리의 왕이 되었을 때에도 이스라엘을 거느려 출입하게 하신 분은 왕이시었다"(2상)고 말합니다. 이는 사울이 왕으로 있을 때에도 실제적인 왕은 다윗, 당신이었다는 뜻인데, "사울이 죽인 자는 천천이요 다윗은 만만이로다"(삼상 18:7) 라고 노래한 것이 이를 말해줍니다.

③ "여호와께서도 왕에게 말씀하시기를 네가 내 백성 이스라엘의 목자

가 되며 네가 이스라엘의 주권자가 되리라 하셨나이다"(2하) 합니다. "말씀하시기를", 이것이 다윗을 왕으로 인정하는 최종적인 권위인 것입니다. 하나님께서는 사무엘에게 다윗을 가리켜, "이가 그니 일어나 기름을 부으라"(삼상 16:12) 하셨습니다.

이런 맥락에서, "여호와께서도 왕에게 말씀하시기를", 여기에 첫 단원의 핵심이 있고, 그 누구도 거역할 수 없는 권위인 것입니다. 역대상 11:3절에서는, "그들이 다윗에게 기름을 부어 이스라엘의 왕으로 삼으니 여호와께서 사무엘을 통하여 전하신 말씀대로 되었더라" 합니다. 다윗이 왕이 된것은 하나님의 말씀의 성취였던 것입니다.

이점에서 하나님은 다윗을 "목자요, 왕"이신 메시아에 대한 예표로 세우셨음이 확연히 드러납니다. 선지서는 증언하기를, "내가 한 목자를 그들 위에 세워 먹이게 하리니 그는 내 종 다윗이라 그가 그들을 먹이고 그들의 목자가 될지라 나 여호와는 그들의 하나님이 되고 내 종 다윗은 그들 중에 왕이 되리라 나 여호와의 말이니라"(겔 34:23-24), 즉 다윗을 목자와 왕으로세우시겠다는 예언입니다.

그런데 하나님께서 에스겔 선지자에게 이 말씀을 하실 때는 다윗은 이미 400년 전에 죽은 사람입니다. 이는 다윗이 그리스도를 예표하는 인물이라는 점과, 영적 다윗인 메시아에 대한 명백한 예언이었던 것입니다. 우리 주님은 말씀하십니다. "나는 선한 목자라(요 10:11), 네 말과 같이 내가 왕이니라"(요 18:37). 그러므로 5장을 통해서도 "목자와 왕"이신 그리스도를만나게 되고, 증언해야 마땅한 것입니다.

이런 맥락에서 주님께서 재림하셔서 메시아왕국의 왕위에 오르시기 전, 지금도 "우리를 거느려 출입하게 하시는 왕"은 주님이신 것입니다.

둘째 단원(6–9) 예루살렘에서 왕이 됨

"왕과 그의 부하들이 예루살렘으로 가서 그 땅 주민 여부스 사람을 치려 하매"(6상), 다윗이 온 이스라엘의 왕이 된 후로 최우선적으로 한 일이 도읍지를 헤브론에서 예루살렘으로 옮긴 일입니다. 여부스 사람들은 다윗에게 말하기를, "네가 결코 이리로 들어오지 못하리라 맹인과 다리 저는 자라도 너를 물리치리라"(6중)고 난공불락을 호언장담합니다.

그러나 "다윗이 시온 산성을 빼앗았으니 이는 다윗 성이더라"(7) 합니다. 여호수아 당시 가나안 땅을 정복해 나갈 때에, "예루살렘 주민 여부스 족속을 유다 자손이 쫓아내지 못하였으므로 여부스 족속이 오늘날까지 유다 자손과 함께 예루살렘에 거주하니라"(수 15:63)고 말씀함을 봅니다. 그리하여 다윗 당시까지도 여부스 족속이 살고 있는 예루살렘 동쪽 언덕의 요새는 점령하지를 못했던 것입니다.

그런 예루살렘을 다윗 때에 이르러서야 비로소 완전히 점령하고 수도를 예루살렘으로 옮겼던 것입니다. 그렇다면 다윗은 온 이스라엘의 왕이 되자 어찌하여 우선적으로 수도를 예루살렘으로 옮긴 것일까요? 이점을 구속사라는 맥락으로 추적해 보면 의미가 깊은 것으로 그 맥(脈)이 창세기로부터 계시록까지 뻗쳐있음을 보게 됩니다.

㉠ 롯을 구출하여 돌아오는 아브라함을 맞이하기 위하여, "살렘 왕 멜기세덱이 떡과 포도주를 가지고 나왔으니 그는 지극히 높으신 하나님의 제사장이었더라"(창 14:18)에서 살렘, 즉 예루살렘이 최초로 성경에 등장을 하게 됩니다. 그리고 성경은 메시아에 대하여 "너는 멜기세덱의 서열을 따라 영원한 제사장이라 하셨도다"(시110:4)고 예언하고 있는 것입니다.

ⓒ 그 후에 하나님께서 아브라함에게, "네 아들 네 사랑하는 독자 이삭을 데리고 모리아 땅으로 가서 내가 네게 일러 준 한 산 거기서 그를 번제로 드리라"(창 22:2)고 명하셨는데, "일러 준 한 산"이 터가 높고 아름다운 예루살렘이었던 것입니다.

ⓒ 이를 알았기에 모세는, "유월절 제사를 네 하나님 여호와께서 네게 주신 각 성에서 드리지 말고 오직 네 하나님 여호와께서 자기의 이름을 두시려고 택하신 곳에서"(신 16:5-6) 드리라고 당부했는데 그곳이 바로 예루살렘이었던 것입니다.

시편 기자는 증언하기를, "오직 유다 지파와 그가 사랑하시는 시온산을 택하시고 또 그의 종 다윗을 택하시되 양의 우리에서 취하시며"(시 78:68, 70) 합니다. 하나님은 다윗만 택하신 것이 아니라, 다윗과 함께 하나님의 이름을 두시려고 시온, 곧 예루살렘도 택하셨다는 것입니다. 이와 같은 예루살렘이 다윗 당시까지도 정복하지를 못하고 있다가 다윗이 통일왕국의 왕이 되어 비로소 점령하고 수도로 삼았다는 것은 뜻이 깊은 것입니다.

이런 맥락에서 메시아 왕국의 예표인 다윗 왕국을 통치하는 수도가 예루살렘에 세워져야함은 그 정통성으로 보아 너무나 당연한 것입니다. 그리고 "또 내가 보매 거룩한 성 새 예루살렘이 하나님께로부터 하늘에서 내려오니 그 준비한 것이 신부가 남편을 위하여 단장한 것 같더라"(계 21:2)에서 예루살렘에 대한 하나님의 궁극적인 뜻의 성취를 보게 되는 것입니다.

본문은 예루살렘을 "시온 산성"이라고 말씀하고 있는데 시편에서는, "내가 나의 왕을 내 거룩한 산 시온에 세웠다 하시리로다"(시 2:6) 말씀하고 성경 마지막 책에서는, "또 내가 보니 어린 양이 시온산에 섰고 그와 함께 십사만 사천이 섰는데"(계 14:1)라고 말씀합니다. 하나님께서는 다윗

때까지 정복하지 못했던 예루살렘을 그리스도를 예표하는 다윗으로 하여금 취하게 하시어 예루살렘, 곧 시온에서 왕이 되게 하셨던 것입니다.

한 가지 첨부할 말씀이 있는데, 이는 다음 장에서 다윗이 그동안 방치되어 있던 하나님의 궤를 시온으로 메어오고 있다는 점입니다. 그렇다면 다윗이 온 이스라엘의 왕이 되자 최우선적으로 예루살렘을 정복한 것은 하나님의 궤를 시온에 안치하기 위함임을 깨닫게 됩니다.

셋째 단원(10-25) 다윗이 점점 강성하여 가니라

"만군의 하나님 여호와께서 함께 계시니 다윗이 점점 강성하여 가니라"(10). 다윗이 점점 강성하여 간 표징이 세 가지로 나타납니다.

① 첫째로, "두로 왕 히람이 다윗에게 사절들과 백향목과 목수와 석수를 보내매 그들이 다윗을 위하여 집을 지으니"(11) 합니다. 이방의 왕이 궁궐을 건설한 것입니다. 성경은 그리스도가 왕위에 오르실 때를 전망하면서 예언하기를, "이방인들이 네 성벽을 쌓을 것이요 그 왕들이 너를 봉사할 것이라"(사 60:10)고 말씀합니다.

② 둘째로 이와는 상반되게, "이스라엘이 다윗에게 기름을 부어 이스라엘 왕으로 삼았다 함을 블레셋 사람들이 듣고"(17) 공격해 옵니다. 이는 다윗이 강성해지기 전에 치려는 계책으로 이점을 시편에서는,

어찌하여 이방 나라들이 분노하며 민족들이 헛된 일을 꾸미는가
세상의 군왕들이 나서며 관원들이 서로 꾀하여

여호와와 그의 기름 부음 받은 자를 대적하며

우리가 그들의 맨 것을 끊고 그의 결박을 벗어 버리자 하는도다

하늘에 계신 이가 웃으심이여 주께서 그들을 비웃으시리로다

그 때에 분을 발하며 진노하사 그들을 놀라게 하여 이르시기를

내가 나의 왕을 내 거룩한 산 시온에 세웠다 하시리로다

(시 2:1-6)

다윗은 하나님께 묻기를, "내가 블레셋 사람에게로 올라가리이까 여호
와께서 그들을 내 손에 넘기시겠나이까 하니 여호와께서 다윗에게 말씀하
시되 올라가라 내가 반드시 블레셋 사람을 네 손에 넘기리라"(19) 하십니
다. 그리하여 "여호와께서 물을 흩음 같이 내 앞에서 내 대적을 흩으셨다
하므로 그 곳 이름을 바알브라심이라 부르니라"(20) 합니다.

"블레셋 사람이 다시 올라와서 르바임 골짜기에 가득한지라"(22). 블레
셋 군대가 "가득했다"는 말은 수적으로는 중과부적임을 말해줍니다. 그러
나 하나님께서는 "뽕나무 꼭대기에서 걸음 걷는 소리가 들리거든 곧 공격
하라"(24상) 하십니다. "걸음 걷는 소리"가 무슨 뜻일까요? 성경은 "그 때
에 여호와가 네 앞서 나아가서 블레셋 군대를 치리라"(24하) 하십니다. 이
를 알았기에 모세는 언약궤를 메고 출발할 때마다, "여호와여 일어나사 주
의 대적들을 흩으시고 주를 미워하는 자로 주의 앞에서 도망하게 하소서"
(민 10:35) 하였고, 다윗은 노래하기를 "하나님이여 주의 백성 앞에서 앞서
나가사 광야에 행진 하셨을 때에"(시 68:7) 하고 감격해했던 것입니다.

"이에 다윗이 여호와의 명령대로 행하여 블레셋 사람을 쳐서 게바에서
게셀까지 이르니라"(25) 합니다. 하나님은 출애굽 때에도 목자와 왕이 되

서서 백성들 앞에서 행진하셨으며, 이제도 목자가 되사 "앞서 가면 양들이 그의 음성을 아는 고로 따라"(요 10:4) 가는 것입니다. 형제의 귀에는 "뽕나무 위에서 걸음 걷는 소리"가 들리지 않습니까! "날마다 우리 짐을 지시는 주 곧 우리의 구원이신 하나님을 찬송할지로다"(시 68:19)고 찬양할 것밖에는 없는 것입니다. 이것이 "다윗을 이스라엘의 목자와 왕으로 세우신 하나님"입니다.

나누어 봅시다

① 다윗이 "말씀대로" 통일왕국의 왕이 되었다는 점에 대해서,

② 비로소 예루살렘을 정복하여 수도로 삼았다는 점에 대해서,

③ 봉사하는 자와 대적하는 상반된 반응에 대해서,

6장

영광의 왕이 들어 가시리로다

6장은 다윗이 법궤를 시온 산성, 곧 예루살렘으로 운반해 오는 내용입니다. 문맥적인 연속성을 놓치지 말기를 바랍니다. 5:7절에서는, "다윗이 시온 산성을 빼앗았으니 이는 다윗성이더라"고 말씀하고 6:12절에서는, "하나님의 궤를 기쁨으로 다윗 성으로" 옮겨오는 것을 보게 됩니다. 그렇다면 다윗이 온 이스라엘의 왕이 되자 우선적으로 예루살렘을 정복한 의도가 단순한 정치적인 목적에서가 아니라, 하나님의 궤를 이곳으로 옮겨오려는 신학적인 목적에서였음을 미루어 생각할 수가 있습니다.

이는 하나님의 뜻을 알고 이루어드린 것입니다. 하나님의 뜻은 "오직 유다 지파와 그 사랑하시는 시온산을 택하시고"(시 78:68), 이 산에 영영히 거하시기를(시 68:16) 원하셨기 때문입니다. 다윗은 1차에 법궤를 새 수레로 운반하려다가 실패하고, 2차로 매어옵니다. 그렇다면 법궤를 다윗 성으로 매워 와야 하는 구속사적 의미가 무엇일까요? 네 단원으로 나누어 상고합니다.

첫째 단원(1-5) 새 수레로 운반하려 함

"다윗이 이스라엘에서 뽑은 무리 삼만 명을 다시 모으고 다윗이 일어나 자기와 함께 있는 모든 사람과 더불어 바알레유다로 가서 거기서 하나님의 궤를 메어 오려 하니 그 궤는 그룹들 사이에 좌정하신 만군의 여호와의 이름으로 불리는 것이라"(1-2) 합니다.

다윗은 하나님의 궤를 운반해오기 위해서 3만 명을 선발했다 합니다. 시편 132편은 이때의 다윗의 심경을 노래하고 있습니다.

여호와여 다윗을 위하여 그의 모든 겸손을 기억하소서

그가 여호와께 맹세하며 야곱의 전능자에게 서원하기를

내가 내 장막 집에 들어가지 아니하며 내 침상에 오르지 아니하고

내 눈으로 잠들게 하지 아니하며 내 눈꺼풀로 졸게 하지 아니하기를

여호와의 처소 곧 야곱의 전능자의 성막을 발견하기까지 하리라 하였나이다

우리가 그것이 에브라다에 있다 함을 들었더니 나무 밭에서 찾았도다

(시 132:1-6)

다윗은 이토록 법궤를 옮겨오기를 열망했던 것입니다. 이점에서 생각해야 할 점은 첫째로, 하나님의 궤가 무엇인가? 하는 점이고, 둘째로 왜 옮겨와야만 하는가 하는 점입니다. 먼저 하나님의 궤가 상징하고 있는 구속사적 의미가 무엇인가를 살펴보겠습니다. 성경은 하나님의 궤를 가리켜, "그 궤는 그룹들 사이에 좌정(坐定) 하신 만군의 여호와의 이름으로 불리는 것이라"(2하)고 말씀합니다. 이 말씀 중에서 요점은 하나님께서 좌정 하고 계신다는 위치(位置)입니다. 하나님은 성막 중에서도 지성소, 지성소 중에서도 법궤, 법궤 중에서도 "그룹들 사이"에 좌정 하고 계신다고 말씀합니다. 그렇다면 "그룹들 사이"란 도대체 어떤 의미가 있는 것일까요?

그룹들 사이에 좌정하신 여호와

이에 대한 계시가 출애굽기 25장에 있습니다. 법궤의 뚜껑에 해당하는 부분을 속죄소(贖罪所)라고 부릅니다. 그리고 속죄소 좌우(두 끝)에 그룹 둘을 세워 날개를 펴서 속죄소를 가리게 하라 하십니다. 하나님께서는 "그룹들 사이, 거기서 내가 너와 만나고 속죄소 위 곧 증거궤 위에 있는 두 그룹 사이에서 내가 이스라엘 자손을 위하여 네게 명할 모든 일을 네게 이르리라"(출 25:22) 하십니다. 그러니까 "그룹들 사이"는 만남의 장소였던 것입니다. 그렇다면 왜 하필 "속죄소 위 곧 증거궤 위에 있는 두 그룹 사이"가 만남의 장소인가 하고 묻게 됩니다.

대제사장이 일년 일차 대속죄일에 속죄의 피를 가지고 지성소에 들어가서는 다른 곳이 아니라, "그 피를 속죄소 위와 속죄소 앞에 뿌릴지니"(레 16:15) 라고 명하셨습니다. 그리고 하나님은 "거기서" 만나주시겠다 하신 것입니다. 이는 예수 그리스도께서 단 번에 드려주실 속죄의 피만이, "하나님께 나아가는 것과 만나는 것과 화목하게 하는 것과 교제하게 하는 것"을 가능하게 해줄 수 있다는 명백한 계시였던 것입니다.

성경은 말씀합니다. "그러므로 형제들아 우리가 예수의 피를 힘입어 성소에 들어갈 담력을 얻었나니 그 길은 우리를 위하여 휘장 가운데로 열어 놓으신 새로운 산 길이요 휘장은 곧 그의 육체니라"(히 10:19-20). 이것이 "그룹들 사이에 좌정 하신 만군의 여호와"(2하)라는 말씀 속에 함의 된 의미입니다.

그렇다면 이 법궤를 왜 왕의 보좌가 있는 예루살렘으로 옮겨와야 하는가? 이점은 명백합니다. 보이는 왕은 자신이지만 진정한 왕은 곧, 그리스도이심을 고백하는 신앙고백이었던 것입니다. 이를 알았기에 다윗은 온 이스라엘의 왕이 되자 하나님의 궤를 최우선적으로 시온 산성으로 옮겨왔던 것입니다. 이때에 지은 시임이 명백한 시편 24편은 이렇게 노래하고 있습니다.

문들아 너희 머리를 들지어다
영원한 문들아 들릴지어다
영광의 왕이 들어 가시리로다
영광의 왕이 뉘시냐
강하고 능한 여호와시오 전쟁에 능한 여호와시로다

문들아 너희 머리를 들지어다
영원한 문들아 들릴지어다

영광의 왕이 들어가시리로다

영광의 왕이 뉘시냐

만군의 여호와께서 곧 영광의 왕이시로다

(시 24:7-10)

이는 다윗 왕국이 메시아왕국에 대한 예표임을 나타내주고 있습니다. 그러하기 때문에 "사울 때에는 우리가 궤 앞에서 묻지 아니 하였느니라" (대상 13:3)고 말씀합니다. 이것이 다윗 왕국이 사울 왕국과 구별되는 점입니다.

하나님의 궤는 본래 실로에 있었습니다. 그런데 블레셋 군에게 탈취를 당했다가 돌아올 때에는 실로로 가지 않고 벧세메스로 돌아왔던 것입니다. 그런데 "실로"는 에브라임 지파에 분배된 곳이고, "벧세메스"는 유다 지파에 분배된 땅이었던 것입니다. 그러니까 에브라임 지파에 있던 법궤가 유다 지파로 옮겨온 것입니다. 이를 성경은 증언하기를,

또 요셉의 장막을 버리시며

에브라임 지파를 택하지 아니하시고

오직 유다 지파와 그 사랑하시는 시온 산을 택하시고

(시 78:67-68)

이런 뜻입니다. "나는 요셉 지파 에브라임에 있는 것이 싫다 유다 지파가 있는 시온산으로 가겠다". 무슨 뜻인가? 그리스도는 요셉 지파가 아닌 유다 지파를 통해서 오실 것을 의미합니다. 그 후로 법궤는 아비나답의 집에

방치되다시피 있었던 것입니다. 이것도 무심한 일이 아닌 것은, 메시아의 예표로 택해 놓으신 다윗이 왕위에 올라 시온, 곧 다윗 성으로 메어 오기까지 기다리게 하신 대기상태였다고 말할 수가 있습니다.

이로 보건대 법궤를 옮겨온다는 것은 작은 일이 아니었던 것입니다. 감히 말씀드립니다만 그것은 곧 주님을 영접해 드리는 일이었던 것입니다. 구약에서 말씀하고 있는 시온이 신약에 와서 교회를 가리키는 것이라면 이 점은 오늘날 교회와 가정에도 적용이 된다 하겠습니다.

구약적인 표현으로 말한다면 교회에는 법궤가 안치되어 있는 셈입니다. 형제의 가정과 몸에도 말입니다. 성경은, "너희가 하나님의 성전인 것과 하나님의 성령이 너희 안에 (교회) 거하시는 것을 알지 못하느냐" (고전 3:16) 고 묻고 있습니다. 또한 "너희 몸은 너희가 하나님께로부터 받은바 너희 가운데 계신 성령의 전인 줄을 알지 못하느냐" (고전 6:19) 하십니다. 이처럼 교회가 그리고 우리 몸이 성령을 모신 전임을 믿는다면 보이는 치리 자로 목사와 장로를 세우셨다 하여도 교회의 머리는 그리스도시오, 우리의 주관자는 주 하나님이시라는 고백이 있어야만 하는 것입니다.

교회의 영광스러움은 여기에 있으며 교회가 안고 있는 모든 문제는 이를 망각한데서 연유된다 하여도 과언이 아닙니다. 또한 성도들이 어찌하여 구별된 삶을 살아가지를 못하는가 하는 성별의식의 부재도 자신의 정체성을 망각했기 때문인 것입니다.

"그들이 산에 있는 아비나답의 집에서 하나님의 궤를 싣고 나올 때에 아효는 궤 앞에서 가고 다윗과 이스라엘 온 족속은 잣나무로 만든 여러 가지 악기와 수금과 비파와 소고와 양금과 제금으로 여호와 앞에서 연주하더라" (4-5) 합니다. 참으로 경사스러운 장면입니다.

둘째 단원(6-11) 하나님의 진노

그런데 "그들이 나곤의 타작마당에 이르러서는 소들이 뛰므로 웃사가 손을 들어 하나님의 궤를 붙들었더니 여호와 하나님이 웃사가 잘못함으로 말미암아 진노하사 그를 그 곳에서 치시니 그가 거기 하나님의 궤 곁에서 죽으니라"(6-7) 합니다. 여기 문제가 발생한 것입니다.

법궤를 실은 새 수레를 끌고 오던 소들이 뛰므로 웃사가 손을 들어 하나님의 궤를 붙들었다가 즉사하는 불상사가 일어난 것입니다. 복스럽고 경사스러운 날에 어찌하여 이런 불상사가 일어난 것일까? 그 원인을 규명할 때에 웃사가 법궤에 손을 대었기 때문임을 우선 시 한다면 너무나 근시안적으로 보는 것입니다. 손을 대기 전에 소들이 뛰는 일이 있었고, 그 전에 하나님께서 명하신 대로 고라 자손이 메지 않은 잘못이 있었음을 간과해서는 아니 됩니다.

블레셋 진영으로부터 법궤를 싣고 오던 소들은 모는 자도 없었고, 더욱이나 젖먹이는 새끼를 떼어놓고 왔음에도 뛰거나 좌우로 치우치지(삼상 6:12) 않았습니다. 그런데 이번 경우에는 어찌하여 소들이 뛰었단 말인가? 이는 하나님께서 소들을 주관하셨기 때문으로 여겨야만 합니다. 즉 하나님께서는, "나는 새 수레에 싣고 소들이 끄는 것은 싫다" 하고 거부하신 것이라는 말씀입니다. 웃사가 붙들지 않았다면 궤는 떨어졌을 것이고 다윗은 자신의 잘못을 깨닫게 되었을 것입니다.

그러므로 웃사의 잘못은 법궤를 만졌다는 잘못 이전에 법궤를 떨어뜨림으로 다윗의 잘못을 지적하시려는 하나님의 뜻을 막았다는데 있는 것이 됩니다. 결국 다윗은 웃사의 죽음을 통해서 자신의 잘못을 깨닫게 된 것입니다. 이를 알았기에, "전에는 너희가 메지 아니하였으므로 우리 하나님 여호와께서 우리를 찢으셨으니 이는 우리가 규례대로 그에게 구하지 아니하였음이니라"(대상 15:13)고 근본 원인이 메지 아니한데 있었음을 인정했던 것입니다.

다윗이 법궤를 운반하려할 때에 천부장과 백부장과 의논하고 제사장과 레위인을 소집(대상 13:1-2)했다 합니다. 그때 수레가 아니라 당연히 메어 와야 한다는 의론이 있었다고 보아야만 합니다. 그럼에도 불구하고 하나님의 명령을 대수롭지 않게 여기고 새 수레로 운반하려한 그 이유가 무엇일까요?

법궤를 운반하는 호위하는 인원만도 "삼만"(1)이나 되었다고 했으니 행렬은 장엄했을 것입니다. 그리고 장엄하게 하는 데는 메는 것보다는, 새 수레가 멋있을 거라고 생각했을 것이고, 새 수레가 메는 것보다 하나님을 영화롭게 하고 기쁘시게 해드리는 것으로 여겼을지도 모릅니다.

또한 한 편으로는 이렇게 함으로 자신을 과시하고자 하는 마음도 있었을 것이요, 법궤 운반을 자신의 왕권을 강화하는 방편으로 삼고자 하는 불순한 마음이 발동했기 때문일 수도 있습니다. 어떤 동기에서건 새 수레로 옮기려했다는 것은 하나님 중심이 아니라 인본주의 사상이 혼합되었음을 의미합니다.

이점이 징벌을 받은 후에 새롭게 메어오는 장면, 특히 다윗이 미갈에게 말한 21-22절에서 그 답을 구할 수가 있습니다. 다윗은 조롱하는 미갈에게, "내가 이보다 더 낮아져서 스스로 천하게 보일지라도"(22상), "내가 여호와 앞에서 뛰놀리라"(21하)고 말합니다. 이는 하나님의 궤를 새 수레로 싣고 오던 장면에서는 찾아볼 수 없는 겸비(謙卑)입니다. 이것입니다. 온 이스라엘의 왕이 되자 다윗은 자고(自高)하였다고 여겨집니다. 이점이 3만 명이나 동원했다는 데서도 드러납니다. 다윗의 고백적인 시편 중에 이러한 대목이 있습니다.

> 내가 형통할 때에 말하기를 영원히 흔들리지 아니하리라 하였도다
> 여호와여 주의 은혜로 나를 산같이 굳게 세우셨더니
> 주의 얼굴을 가리시매 내가 근심하였나이다
> (시 30:6-7)

하나님께서 전적인 은혜로 다윗을 높이 세워주셨는데 다윗은 생각하기를 자기의 능력으로 된 것인양 영원히 요동치 아니하리라고 자고(自高)했다는 것입니다. 그랬더니 하나님께서 주의 얼굴을 가리시매 내가 근심하였나이다고 회개하고 있는 것입니다. 다윗의 지금 처지가 이런 것은 아닐까요?

자고하고 과시하려한 다윗

새 수레로 운반하는 것은 사신 우상을 섬기는 이방 블레셋 사람이 한 방법이었던 것입니다. 그들은, "그러므로 새 수레를 하나 만들고 멍에를 메어 보지 아니한 젖 나는 소 두 마리를 끌어다가 소에 수레를 메우자"(삼상 6:7)고 말했습니다. 다윗은 자신도 모르는 사이에 이방인이 하는 방법을 따르고 말았던 것입니다. 이것이 결정적인 오류였던 것입니다. 그러므로 하나님은 웃사에게 진노하시기 이전에 다윗에게 노하신 것이라고 볼 수가 있습니다.

다윗이 하나님 앞에 "낮아져서 스스로 천하게 보이지" 못하고 자고 했음을 보여주는 대목이 또 있는데, 하나님께서 웃사를 충돌하시자 다윗이 자신을 살피고 잘못을 바로잡는 계기로 삼았단 말인가? 아닙니다. 도리어 "다윗이 분하여"(8) 했다고 말씀합니다. 자신의 충성심을 몰라주시는 하나님께 대하여 섭섭한 마음이 들었던 모양입니다. 그리하여 "여호와의 궤가 어찌 내게 오리요 하고 다윗이 여호와의 궤를 옮겨 다윗 성 자기에게로 메어 가기를 즐겨하지 아니했다"(9-10)는 점이 이를 말해줍니다. 즐겨하지 아니했다면 결국 싫어했다는 것이 됩니다. 그리하여 "가드 사람 오벧에돔의 집으로 메어 간지라" 합니다.

여기서 성경은 다윗과 오벧에돔을 대조시키고 있습니다. 다윗이 분히 여기고 두려워하고 즐겨아니한 하나님의 궤를 오벧에돔은 자기 집으로 옮겨 간 것입니다. 만일 형제가 오벧에돔이었다면 이 상황에서 그렇게 했겠습니까?

오벧에돔의 집에 복을 주시니라

웃사를 치셨던 그리하여 다윗이 메어가기를 즐겨하지 아니한, "여호와의 궤가 가드 사람 오벧에돔의 집에 석 달을 있었는데 여호와께서 오벧에돔과 그의 온 집에 복을 주시니라"(11) 합니다.

이점에서 주의해야 할 점은

㉠ 법궤가 복을 주는 복 덩어리처럼 여기는 잘못을 범해서는 아니 된다는 점입니다. "만복의 근원"은 하나님이십니다.

㉡ 법궤를 안치하기만 하면 자동적으로 복을 받게 되리라는 놀부식 생각입니다.

만군의 여호와는 그런 하나님이 아니십니다. 이로 보건대 오벧에돔의 온 집이 법궤를 안치하게 된 것을 환영하고 기뻐했음을 알 수가 있습니다. 이는 마치 삭개오가 "급히 내려와 즐거워하며 영접함" 같이 말입니다.

하나님의 궤가 석 달을 있는 동안 오벧에돔의 "온 집"이 어떤 자세로 지냈을까요? 형제의 집에 하나님의 궤가 안치되어 있다면 어떤 자세로 지냈을 것 같습니까? 이점에서 생각할 점은 법궤는 그림자요, 모형에 불과하다는 점입니다. 신약의 성도들은 모형이 아니라 실체를 모시고 있는 것입니다. 어떠한 자세로 섬겨야만 하겠습니까?

성경은 말씀합니다. "그러므로 우리가 흔들리지 않는 나라를 받았은즉 은혜를 받자 이로 말미암아 경건함과 두려움으로 하나님을 기쁘시게 섬길지니 우리 하나님은 소멸하는 불이심이라" (히 12:28-29). 하나님을 바르게 섬기지 못한 다윗의 잘못으로 말미암아 진노하셨던 하나님은, 기쁜 마음으로 하나님의 궤를 영접한 오벧에돔의 온 집에 복을 주셨습니다.

셋째 단원(12-15) 하나님의 궤를 메어 옴

"어떤 사람이 다윗 왕에게 아뢰어 이르되 여호와께서 하나님의 궤로 말미암아 오벧에돔의 집과 그의 모든 소유에 복을 주셨다 한지라 다윗이 가서 하나님의 궤를 기쁨으로 메고 오벧에돔의 집에서 다윗 성으로 올라갈새" (12).

이번에는 하나님의 궤를 메어옵니다. 다윗은 말하기를, "레위 사람 외에는 하나님의 궤를 멜 수 없나니 이는 여호와께서 그들을 택하사 하나님의 궤를 메고 영원히 그를 섬기게 하셨음이니라"(대상 15:2) 합니다. 그리하여 "모세가 여호와의 말씀을 따라 명령한 대로 레위 자손이 채에 하나님의 궤를 꿰어 어깨에 메니라"(대상 15:15) 합니다. 육신의 눈에는 화려하게 꾸민 새 수레보다는 초라하게 보일 수도 있었을 것입니다. 그러나 이것이 바른 방법, 하나님이 원하시는 방법이었던 것입니다.

지금 고라 자손이 메고 가는 법궤와 피가 뿌려질 두 그룹 사이 속죄소가 무엇에 대한 상징인가를 다시 한 번 상기하기 바랍니다. 신약성경은 해설해주기를, "염소와 송아지의 피로 하지 아니하고 오직 자기의 피로 영원한 속죄를 이루사 단번에 (지)성소에 들어가셨느니라"(히 9:12) 합니다. 즉 하나님의 어린 양의 피가 뿌려질 것에 대한 상징인 것입니다.

우리 주님은 소들을 위하여 피를 흘리시는 것이 아닙니다. 성경은 심지어, "이는 확실히 천사들을 붙들어 주려 하심이 아니요 오직 아브라함의 자손을 붙들어 주려 하심이라"(히 2:16)고 말씀합니다. "성막 · 법궤 · 속죄소" 등은 우리 죄를 위하여 그리스도께서 피를 흘려 대속해주실 것에 대한 모형으로 주어진 것입니다. 그러므로 하나님께서는 소나 양이 아닙니다. 심지어 천사들에게 섬김을 받으시기를 원하시는 것도 아닙니다. 오직 구속함을 받은 성도들이 메기를 원하시며, 그들에 의하여 받들어 섬김을 받으시기를 원하시는 것입니다.

하나님의 궤를 메고 섬겨야

그러므로 성경은, "여호와의 궤를 메고 영원히 그를 섬기게 하셨음이니라"(대상 15:2)고, "메고 섬기게" 하셨다고 말씀합니다. 이점에 빛을 비춰

주는 말씀이 민수기에는 있는데, 성막이 완성되고 시내산을 출발하기에 앞서 족장들이 성막 봉사에 사용케 하기 위하여 수레 여섯과 소 열 둘을 예물로 드립니다. 하나님께서는 모세에게 그 예물을 직임(職任) 대로 나누어주라고 명하십니다. 그리하여 게르손 자손들에게는 수레 둘과 소 넷을 주고, 성막의 기둥들과 널판들과 말뚝들을 운반하는 직임을 맡은 무라리 자손들에게는 수레 넷과 소 여덟을 주고, "고핫 자손에게는 주지 아니하였으니 그들의 성소의 직임은 그 어깨로 메는 일을 하는 까닭이었더라"(민 7:9)고 말씀합니다. 형제여! 효도하는 척하면서 소들에게 떠넘기려 하지 말고 "어깨로 메고" 섬기십시다.

"여호와의 궤를 멘 사람들이 여섯 걸음을 가매 다윗이 소와 살진 송아지로 제사를 드리고 다윗이 여호와 앞에서 힘을 다하여 춤을 추었다"(13하-14)고 말씀합니다. 이점에서 주목할 점은 "걸음을 가매"라는 말입니다. 여호와의 궤를 멘 사람들이 걸음을 떼어놓기 시작한 것입니다. 달리 말하면 하나님의 궤가 행진(行進)하기 시작한 것입니다. 이때 다윗은 제사를 드리고 힘을 다하여 춤을 추었다고 말하는데, 왜 그랬을까요? 다윗은 법궤의 행진을, "여호와의 행차(行次)"로 보았던 것입니다. 시편 68편은 다윗이 이때 지은 시로 인정되고 있습니다.

하나님이여 그들이 주께서 행차하심을 보았으니
곧 나의 하나님, 나의 왕이 성소에 행차하시는 것이라"
(시 68:24)

그러므로 시편 68편을 관찰해보면 하나님은 한 곳애 좌정해 계시는 것이 아니라 행진하고 계심을 찬양한 행진곡(行進曲)임을 알 수가 있습니다.

> 하나님께 노래하며 그 이름을 찬양하라
> 하늘을 타고 광야에 행(行)하시던 이를 위하여 대로를 수축하라
> 그의 이름은 여호와시니 그의 앞에서 뛰놀지니라,
> 하나님이여 주의 백성 앞에서 앞서 나가사
> 광야에 행진(行進)하셨을 때에(셀라)
> (시 68:4, 7)

다윗은 하나님의 궤의 행차를 통해서 이스라엘 백성들을 애굽에서 구속하여 내시고 그들을 약속의 땅 가나안으로 인도하기 위하여 백성 앞에서 광야를 행진하시던 하나님을 묵상하며 찬양하고 있는 것입니다.

여호와의 행차

다윗은 이렇게 노래하면서 실제로 힘을 다하여, "여호와 앞에서 뛰놀며 춤을 추었던"(14-16) 것입니다. 신약의 성도들은 하나님의 계시가 밝히 드러난 시대에 살고 있습니다(골 1:26). 그렇다면 다윗보다도 더 기쁘고 감격하여 하나님 앞에서 찬양하며 뛰놀아야 마땅하지 않겠습니까!

역대상 16장에 의하면 법궤를 운반해 오던, "그 날에 다윗이 아삽과 그 형제를 세워 먼저 여호와께 감사하게"(대상 16:7) 하기 위하여 지은 시가 수록되어 있습니다.

너희는 여호와께 감사하며 그의 이름을 불러 아뢰며

그가 행하신 일을 만민 중에 알릴지어다

그에게 노래하며 그를 찬양하고 그의 모든 기사를 전할지어다

그의 성호를 자랑하라 여호와를 구하는 자마다 마음이 즐거울지로다

여호와와 그의 능력을 구할지어다 항상 그의 얼굴을 찾을지어다

그의 종 이스라엘의 후손 곧 택하신 야곱의 자손 너희는

그의 행하신 기사와 그의 이적과 그의 입의 법도를 기억할지어다

그는 여호와 우리 하나님이시라 그의 법도가 온 땅에 있도다

너희는 그의 언약 곧 천 대에 명령하신 말씀을 영원히 기억할지어다

(대상 16:8-15)

어찌하여 여호와께서 안식하시지 않고 행차(行次)하고 계신단 말인가? 이는 죄가 들어오자, "내가 … 하리라"(창 3:15)고 선언하신 구속사역을 이루시기 위해서인 것입니다. 그러므로 다윗의 감사와 찬양의 이유가 구속의 역사를 이루어 오신 "여호와의 행사"(行事)에 맞춰져 있습니다. "그 행하신 일을 만민 중에 알게 할지어다(8하), 그 언약 곧 천대에 명령하신 말씀을 영원히 기억할지어다"(15) 합니다. 언약하시고 언약하신 대로 이루어 오신 여호와의 행사를 생각할 때에 "감사"하지 않을 수가 없으며 "찬양"하지 않을 수가 없으며 "자랑"하지 않을 수가 없었던 것입니다.

"다윗이 여호와 앞에서 힘을 다하여 춤을 추는데 그 때에 다윗이 베에봇을 입었더라 다윗과 온 이스라엘 족속이 즐거이 환호하며 나팔을 불고 여호와의 궤를 메어오니라"(14-15) 합니다. 다윗은 하나님의 궤를 다윗성에 안치해 놓고는, "하늘은 기뻐하고 땅은 즐거워하며 모든 나라 중에서는 이

르기를 여호와께서 통치하신다 할지로다"(대상 16:31) 하고, 이제부터 여호와께서 통치(統治)하신다고 선포합니다.

넷째 단원(16-23) 여호와 앞에서 뛰놀리라

"여호와의 궤를 메고 들어가서 다윗이 그것을 위하여 친 장막 가운데 그 준비한 자리에 그것을 두매 다윗이 번제와 화목제를 여호와 앞에 드리니라"(17) 합니다. 이처럼 다윗은 왕위에 오르자 최우선으로 하나님의 궤를 메어온 것입니다. 그렇다면 여호와의 궤를 안치한 후로 최우선으로 한 일은 무엇인가?

여기 또 주목해야 할 말씀이 있는데, "다윗이 번제와 화목제를 여호와 앞에 드리니라"(17하) 한, "번제·화목제"입니다. 이는 재언(再言)이 필요치 않을 만큼 번제와 화목제가 그리스도께서 자신을 제물과 생축으로 단번에 드려주실 것에 대한 그림자임을 우리는 알고 있습니다. 이를 믿는 자라면 하나님의 궤를 안치하고는 최우선적으로 번제와 화목제를 드렸다는 것은 당연한 것입니다.

이점에서 강조해야 할 점이 있는데, 번제와 화목제의 핵심이 어디에 있는가 하는 점입니다. 제물로 드려지는 소나 양의 "죽음"에 있고, 죽어서 흘리는 "피"에 있다는 점을 명심해야 합니다. 그러므로 성경은 "피 흘림이 없은즉 사함이 없느니라"(히 9:22)고 말씀합니다. 그리고 그 피는 메어다가 안치해 놓은 법궤 위 속죄소에 뿌려져야 한다는 것입니다. 그러므로 법궤와 대속의 피는 불가분의 관계입니다. 피 뿌림이 없는 법궤만으로는 온전치를 못한 것입니다. 다시 강조합니다만 구속의 핵심은 이 "피 흘림"에 있습니다.

여기 우리들이 본받아야 할 바른 순서가 있는데

㉠ 첫째는, 번제와 화목제로 말미암은 하나님과의 바른 관계를 이루는 일입니다. 즉 예수 그리스도의 피를 힘입고 그 의를 의지하여 하나님께 나아갈 때만이 하나님과 바른 관계를 유지할 수가 있는 것입니다.

㉡ 둘째로, "다윗이 번제와 화목제 드리기를 마치고 만군의 여호와의 이름으로 백성에게 축복하고"(18), 이것이 바른 순서입니다. 축복이란 번제와 화목제를 통하여 다윗과 백성들의 허물을 사함 받고, 그리하여 하나님과의 관계가 바르게 회복된 연후에 따라오는 것입니다. 그래서 "만군의 여호와의 이름으로 백성에게 축복했다"고 말씀합니다. 이는 다윗에게 자격이나 공로가 있었기 때문이 아닙니다. 번제와 화목제를 받으시고 하나님께서 복을 주신 것입니다. "축복하여 주옵소서, 축복하여주옵소서"라고 부르짖기 전에 하나님과 나 자신이 바른 관계인가를 살피는 것이 먼저입니다.

이점에서 출애굽기 20장의 구조를 상기하는 것이 도움이 됩니다. 두 부눈으로 나누어지는데 앞부분(20:1-21)은 십계명을 주시는 내용이고 뒷부분(22-26)은 번제와 화목제를 드리라는 내용입니다. 어찌하여 "율법과 번제"를 동시에 말씀하시는가? 율법만을 주셨다면 어찌되는가를 생각해보시기를 바랍니다. "이 율법의 말씀을 실행하지 아니하는 자는 저주를 받을 것이라 할 것이요 모든 백성은 아멘 할지니라"(신 27:26)한 대로 "저주" 하에 있게 되는 것입니다.

이를 아시는 하나님께서는, "내게 토단을 쌓고 그 위에 네 양과 소로 네 번제와 화목제를 드리라 내가 내 이름을 기념하게 하는 모든 곳에서 네게 임하여 복을 주리라"(출 20:24), 저주를 받아 마땅한 우리에게 "복을 주리라" 하시는 것입니다. 이 복이 어떻게 가능해진단 말입니까? "그리스도께서 우리를 위하여 저주를 받은바 되사 율법의 저주에서 우리를 속량하심"(갈 3:13)으로 가능해진 것입니다. 이것이 법궤를 안치한 후에 "번제와 화목제를 드린 후에 백성을 축복"했다는 의미요, 바른 순서인 것입니다.

백성을 축복하니라

"모든 백성 곧 온 이스라엘 무리에게 남녀를 막론하고 떡 한 개와 고기 한 조각과 건포도 떡 한 덩이씩 나누어 주매 모든 백성이 각기 집으로 돌아가니라"(19)고 말씀합니다. 이는 잔치입니다. 아름다운 교제입니다. 예배에는 이러한 축제와 교제의 요소가 있는 것입니다. 하나님과 교통하고 성도 성호 간에 교제가 이루어져야만 하는 것입니다.

그런 후에 "다윗이 자기의 가족에게 축복하러 돌아오매"(20) 합니다. 여기 소홀히 여기기 쉬운 면이 있는데, "백성에게 축복"하는 일은 중요시하면서 가족을 축복하는 일은 가볍게 여기기가 쉽습니다. 다시 말씀드리면 교회의 일은 크게 생각하면서 가정의 일은 등한이 여기기가 쉽다는 말입니다.

다윗은 백성들이 축복을 받고 돌아간 뒤에 가족을 축복하기 위하여 집으로 왔습니다. 그런데 사울의 딸 미갈이 나와서 다윗을 맞으며 말하기를, "이스라엘 왕이 오늘 어떻게 영화로우신지 방탕한 자가 염치없이 자기의 몸을 드러내는 것처럼 오늘 그의 신복의 계집종의 눈앞에서 몸을 드러내셨도다"(20)고 비웃고 멸시하는 말을 합니다. 미갈은 법궤를 메어 오는 것을 창으로 내다보다가 다윗이 여호와 앞에서 뛰놀며 춤추는 것을 보고 심중에 그를 업신여기고 다윗이 돌아오기만을 벼르고 있었을 것입니다.

이는 기쁨과 감사와 찬양으로 충만해져서 가족을 축복하려던 다윗의 심령을 상하게 할 최대한의 말이었을 것입니다. 미갈은 다윗의 심령을 상하게 할 이보다 더한 다른 말이 있었다면 그 말을 퍼붓기를 주저치 않았을 것이라는 생각이 듭니다. 미갈도 다윗처럼 영적으로 충만해 있었다면 얼마나 좋았을까? 부부가 함께 영적인 성숙과 조화를 이룬다는 것은 참으로 복된 일입니다. 너무나 당연히 그리해야 할 일이 실제로는 얼마나 이루기가 어려운가를 알고 있습니다.

신령한 자와 육에 속한 자

미갈은 어찌하여 이런 반응을 보였을까요? 미갈은 생각했을 것입니다. 저 궤가 무엇이길래 저토록 미쳐 날뛴단 말인가? 그도 그럴 것이 미갈의 아버지 사울은 40년이나 왕위에 있으면서도 법궤를 거들떠보지도 않았던 것입니다. 다윗은 궤가 안고 있는 신령한 의미를 알고 있는 반면 미갈은 모르고 있었던 것입니다. 다윗은 "신령한 자"이었으나 미갈은 "육에 속한 자"였던 것입니다. 성경은 말씀합니다. "육에 속한 사람은 하나님의 성령의 일들을 받지 아니하나니 이는 그것들이 그들에게는 어리석게 보임이요 또 그는 그것들을 알 수도 없나니 그러한 일은 영적으로 분별되기 때문이라"(고전 2:14).

다윗은 말합니다. "이는 여호와 앞에서 한 것이니라"(21). 그렇습니다. 다윗이 왕이면 백성 앞에서 왕이지 하나님 앞에서는 어린 아이와 같은 것입니다. 그 하나님께서, "네 아버지와 그의 온 집을 버리시고 나를 택하셨다"고 말합니다. 하나님께서 "나를 택하셨다!" 이보다 힘 있는 말씀이란 달리는 없습니다. 형제여! 형제에게 향하신 하나님의 최대의 사랑이 "택하심"임을 명심하십시오(말 1:2). 그 후에 택하신 형제를 구속하시기 위하여 "자기 아들을 아끼지 아니 하시고"(롬 8:32) 내어주셨습니다. 하나님께서 택하셨다면, 그리하여 "그 뜻대로 부르심을 입은 자라면, 모든 것이 합력하여 선을 이루게 될"(롬 8:28) 것도 믿으시기를 바랍니다.

나를 택하셨다

그러므로 다윗은 담대하게 말합니다. "나를 여호와의 백성 이스라엘의 주권자를 삼으셨으니 내가 여호와 앞에 뛰놀리라"(21). 그렇고 말고요. 우리를 택하셔서 지옥만 면하여 주신 것이 아닙니다. 하나님의 자녀로 삼아 주셨습니다. 자녀면 하나님의 후사요 유업을 이을 자인 것입니다. "외양간에서 나온 송아지같이 뛰리라"(말 4:2)고 말씀하십니다.

성경의 예민함을 보십시오. 성경은 미갈을 "다윗의 아내"로 부르고 있지 아니합니다. "사울의 딸 미갈"이라고 부르고 있습니다. 세 번(16, 20, 23)을 다 그렇게 부르고 있습니다. 다윗이 자기의 가족에게 축복하러 돌아오매, "그 아내 미갈이", 이렇게 불러야 마땅하지 않겠습니까? 그러나 그때도 성경은 "사울의 딸 미갈"(20)이라고 부를 뿐입니다. 하나님의 궤를 거들떠보지도 않던, "그 아버지에 그 딸"인 셈입니다. 아버지 사울이 경건 생활을 등한히 여기지 않았더라면 딸에게 이러한 악영향을 끼치지는 않았을 것입니다.

"그러므로 사울의 딸 미갈이 죽는 날까지 자식이 없으니라"(23) 합니다. 성경이 말씀하고 있는 자식은 "여호와의 주신 기업"(시 127:3)을 의미합니다. 미갈에게는 돌아갈 여호와의 기업이 없다는 것입니다. 에서가 좋은 예가 됩니다. "너희의 아는 바와 같이 그가 그 후에 축복을 기업으로 받으려고 눈물을 흘리며 구하되 버린 바가 되어 회개할 기회를 얻지 못하였느니라"(히 12:17). 다윗은 분명 하나님의 축복을 가지고 집으로 돌아왔으나 이를 거절하자 축복 대신 저주가 임한 셈입니다. "축복"을 가지고 돌아온 다윗을 박대한 것이 곧 그리스도를 배척한 것이 되었던 것입니다. 그러므로 사울의 딸 미갈에게는 돌아갈 축복이 없었습니다.

우리들도 하나님을 섬기는 중에 잘 해보려고 하다가 잘못을 저지를 때가 종종 있습니다. 오늘날도 "새 수레"로 모시려는 잘못을 범하고 있는 것은 아닌지 심각하게 반성해 보아야 할 것입니다. 만일 예배에 "힘을 다하여 춤을 추듯(14), 감사함으로 섬기는 기쁨"(12)이 없다면 화려한 건물과 시설들은 한 낮 새 수레에 지나지 않을 것입니다.

하나님께서 짝지어주신 우리 부부 사이가 다윗과 미갈 같이 불협화음을 내고 있는 것은 아닌지, 또한 부모 된 우리는 자손들에게 어떤 신앙의 영향을 끼치고 있는지 숙연한 마음으로 점검해 보아야만 하겠습니다. 이것이 "영광의 왕이 들어 가시리로다"입니다.

나누어 봅시다

① 다윗이 새 수레로 운반하려 한 의중에 대해서,

② 하나님의 궤를 메어라 하신 의도에 대해서,

③ 여호와 앞에서 뛰놀리라 한 다윗과 비난한 미갈에 대해서,

7장

여호와가 너를 위하여
집을 세워주리라

7장은 여호와께서 주위의 모든 원수를 무찌르사 왕으로 궁에 평안히 살게 하신 때에"(1) 라고 시작이 되는데, 여호와의 궤를 다윗성에 안치한 다윗에게는 새로운 근심이 생겼습니다. 자신은 "백향목 궁에 살거늘 하나님의 궤는 휘장(천막) 가운데"(2) 있었기 때문입니다. 그리하여 다윗은 하나님을 위하여 집(성전)을 지어 드리려고 했습니다. 그러나 하나님께서는 이를 거절하시면서 도리어, "여호와가 너를 위하여 집을 짓고"(11), 즉 하나님께서 다윗을 위하여 집을 세워주시겠다고 약속하십니다. 5절과 11절에 나타난 이 절묘한 대조를 음미해보시기를 바랍니다.

하나님께서 다윗에게 집을 세워주시겠다는 뜻은, 다윗에게 세워주신 메시아언약을 가리킵니다. 구속사라는 거대한 산맥(山脈)에는 우뚝 솟은 두 봉우리가 있는데, "아브라함과 다윗"입니다. 왜냐하면 이들은 하나님께서 친히 메시아언약을 세워주신 당사자이기 때문입니다. 아브라함에게 하신 언약이 점진하여 다윗 언약으로 나타난 것입니다. 그리고 이 언약이 신약에 와서, "아브라함과 다윗의 자손 예수 그리스도의 계보라"(마1:1) 하고 성취되었던 것입니다.

이처럼 구속사에 있어서 7장의 비중은 큰 것입니다. 그러므로 7장의 주제는 "여호와가 너를 위하여 집을 세워주리라"가 됩니다. 이를 네 단원으로 나누어 상고합니다.

첫째 단원(1-3) **다윗의 소원**

둘째 단원(4-7) **장막에 거하시는 하나님**

셋째 단원(8-17) **다윗에게 세워주신 메시아언약**

넷째 단원(18-29) **다윗의 감사와 찬양**

첫째 단원(1-3) 다윗의 소원

"여호와께서 주위의 모든 원수를 무찌르사 왕으로 궁에 평안히 살게 하신 때에 왕이 선지자 나단에게 이르되 볼지어다 나는 백향목 궁에 살거늘 하나님의 궤는 휘장 가운데에 있도다"(1-2) 하고 불편한 심기를 말합니다. 다윗의 첫 번째 근심은 방치되었던 하나님의 궤를 메어오는 일이었습니다. 이제 그 소원은 이루어져서, "여호와께서 통치"(대상 16:31)하시는 신정왕국이 세워진 것입니다.

이제 새로운 근심이 있게 되었는데 그것은 자신은 백향목 궁에 평안히 거하고 있는데 하나님의 궤는 바람에 펄떡거리는 휘장 가운데 있기 때문입니다. 사울이 왕으로 있을 때에는 무감각했을지라도 다윗은 그럴 수가 없었습니다.

다윗은 자신의 소원을 나단 선지자에게 말합니다. 나단 선지자는 다윗의 치세 중에 세움 받은 선지자로써 다윗이 흔들릴 때, 특히 두 가지를 바로 잡아준 선지자입니다. 하나는 다윗이 밧세바를 범했을 때(12:1)이고, 다른 하나는 아도니야가 왕위를 찬탈하려 했을 때(왕상 1:22)입니다.

"여호와께서 왕과 함께 계시니 마음에 있는 모든 것을 행하소서"(3) 합니다. 나단도 좋게 여겨 동의했던 것입니다. 다윗의 소원은 옳은 일이고 당연히 그리해야 한다고 여겼기 때문일 것입니다. 그러나 하나님은 이를 거절하셨습니다. 왜 거절하셨는가?

둘째 단원(4-7) 장막에 거하시는 하나님

그 밤에 하나님께서는 나단에게, "가서 내 종 다윗에게 말하기를 여호와께서 이와 같이 말씀하시되 네가 나를 위하여 내가 살 집을 건축하겠느냐"(5) 하시면서 우선적으로 하신 말씀은, "내가 이스라엘 자손을 애굽에서 인도하여 내던 날부터 오늘까지 집에 살지 아니하고 장막과 성막 안에서 다녔다(행하였다)"(6)고 말하라 하십니다.

이 말씀은 하나님의 사역을 인식하는데 중요한 정보를 제공해주고, 다윗에게 세워주신 언약을 이해하는데도 결정적인 역할을 합니다. 이는 세마디로 되어 있는데,

① 집에 거하지 아니하시고 장막과 회막에 거하신 하나님

② 안식하시는 하나님이 아니라 일을 행(行)하시는 하나님

③ 이스라엘 자손을 애굽에서 인도하여 내던 날부터 오늘날까지

그러면 이 말씀을 구속사라는 맥락으로 보면 어떤 의미가 되는가? 첫째로 "집에 거하지 아니하고 장막에 거하였다"고 말씀하시는데, "집과 장막"의 결정적인 차이가 무엇입니까? "집"하면 움직일 수 없는 고정(固定)과 부동(不動)의 개념이 있습니다. 이와는 반대로 장막(帳幕)은 간편한 이동식(移動式)입니다.

그런데 "애굽에서 인도하여 내던 날부터 오늘날까지" 장막에 거하시면서 행하셨다는 것입니다. 무슨 뜻인가? 시내 산에 임하신 하나님은 그곳에 집을 짓고 거하시고 백성들만 가나안을 향하여 행군하라 하신 것이 아니라, 그곳에서 성막(聖幕)을 지으라 명하시고 그들이 시내 산을 출발할 때에 그들 앞에서 앞서 행하셨다는 말씀입니다. 가나안에 정착할 때까지만이 아니라, 정착한지 약 오백 년이 지난 "오늘까지"(6), 즉 다윗 때까지도 말입니다.

그렇다면 하나님은 어떤 하나님이신가? 안식일에 병을 고치는 일을 했다고 비난하는 자들을 향하여 주님은, "내 아버지께서 이제까지 일하시니 나도 일한다"(요 5:17)고 반박을 하셨습니다. 우리가 믿는 하나님은 지금까지도 장막에 거하시면서 일을 행하고 계시는 하나님이신 것입니다. 하나님은 "일을 행하시는 여호와 그것을 만들어 (계획하여) 성취하시는 여호와"(렘 33:2)라고 자신을 계시하십니다. 그리고 그 사역은 지금도 완성된 것이 아닙니다.

그러므로 "내가 말하기를 너희가 어찌하여 나를 위하여 백향목 집을 건

축하지 아니하였느냐고 말하였느냐"(7)고 반문하십니다. 스데반 집사나 바울 사도는 이를 알았기에 "우주와 그 가운데 있는 만유를 지으신 하나님께서는 천지의 주재시니 손으로 지은 전에 계시지 아니 하신다"(행 17:24, 7:48)고 증언했던 것입니다. 이점에서 우상의 특성이 무엇인지 아십니까?

> 그들의 우상들은 은과 금이요 사람이 손으로 만든 것이라
> 입이 있어도 말하지 못하며 눈이 있어도 보지 못하며
> 귀가 있어도 듣지 못하며 코가 있어도 냄새 맡지 못하며
> 손이 있어도 만지지 못하며 발이 있어도 걷지 못하며
> 목구멍이 있어도 작은 소리조차 내지 못하느니라
>
> (시 115:4-7)

이것이 우상입니다. "발이 있어도 걷지 못하며" 하는 것은 신당(神堂)에 세워놓으면 걸어서 나오지도 못한다는 그런 뜻입니다. 그러니까 "집"에 거하는 것은 우상이요, 살아계시는 하나님은 "사람의 손으로 지은 전"에 계시지 아니하신다는 것입니다. 그런데 우둔한 인간들은 이제도 예배당을 성전이라고 말하면서 하나님을 어떤 건물 안에 신주(神主)처럼 모셔놓으려는 잘못을 범하고 있는 것입니다.

하나님께서 거하시기를 원하시는 것은 목석으로 된 건물이 아니라, 구속함을 입은 백성들 가운데 거하시기를 원하시는 것입니다. 그러므로 성도들의 모임인 교회가 성전(聖殿)이고, 성도 개개인의 몸이 성전인 것입니다. 궁극적으로는 "보라 하나님의 장막이 사람들과 함께 있으매 하나님이 그들과 함께 계시리니 그들은 하나님의 백성이 되고 하나님은 친히 그들과 함께 계

서서"(계 21:3) 하실 그때에 하나님의 거하실 집은 완성이 되는 것입니다.

우리는 한 걸음 더 나아가야만 합니다. 왜냐하면 하나님께서 "애굽에서 인도하여 내던 날부터 오늘날까지" 어떻게 일해 오셨는가를 생각할 때, "집에 살지 아니하고 장막과 성막 안에서 다녔(행하였)나니"(6) 하시는 말씀이 "나는 성전에 있지 아니하고 성막에 있었다"는 그런 단순한 뜻만이 아니기 때문입니다.

출애굽 당시는 모세에게, "내가 반드시 너와 함께 있으리라"(출 3:12)고, 모세라는 "장막"에 거하시면서 행하셨고, 가나안을 정복할 당시는 "내가 모세와 함께 있었던 것같이 너와 함께 있을 것임이라"(수 1:5)고, 여호수아라는 "장막"에 거하시면서 행하신 하나님이신 것입니다. 이점이 왜 중요하냐 하면 주님께서는, "그 날에는 내가 아버지 안에, 너희가 내 안에, 내가 너희 안에 있는 것을 너희가 알리라"(요 14:20) 말씀하시고, 사도 바울은 "이를 위하여 나도 내 속에서 능력으로 역사하시는 이의 역사를 따라 힘을 다하여 수고하노라"(골 1:29)고 고백하고 있기 때문입니다.

주님은 지금도 구원계획을 이루시기 위해서 형제라는 장막(몸)에 거하시면서 일을 행하시는 하나님이신 것을 믿으시기 바랍니다. 이것이 "장막에 거하시는 하나님"입니다.

셋째 단원(8-17) 다윗에게 세워주신 언약

셋째 단원의 중심점은, "네 씨를 네 뒤에 세워 그의 나라를 견고하게 하리라"(12) 하신 메시아언약에 있습니다. 이 "씨"는 일찍이 아브라함에게,

"네 씨로 말미암아 천하 만민이 복을 받으리니"(창 22:18) 하신 언약과 동일한 것으로, 그래서 예수 그리스도를, "아브라함과 다윗의 자손"이라 칭하게 된 근거입니다.

그러므로 이제 내 종 다윗에게 이와 같이 말하라. "내가 너를 목장 곧 양을 따르는 데에서 데려다가 내 백성 이스라엘의 주권자로 삼고 네가 가는 모든 곳에서 내가 너와 함께 있어 네 모든 원수를 네 앞에서 멸하였은즉 땅에서 위대한 자들의 이름 같이 네 이름을 위대하게 만들어 주리라"(8-9) 하십니다. 여기서 "네 이름을 위대하게 만들어 주리라" 하심은 하나님께서 아브라함에게, "내가 너로 큰 민족을 이루고 네게 복을 주어 네 이름을 창대하게 하리니"(창 12:2) 하신 약속과 맥을 같이 하는 것입니다.

그리고 이 약속은, "네 수한이 차서 네 조상들과 함께 누울 때에 내가 네 몸에서 날 네 씨를 네 뒤에 세워 그의 나라를 견고하게 하리라 그는 내 이름을 위하여 집을 건축할 것이요 나는 그의 나라 왕위를 영원히 견고하게 하리라"(12-13) 하신, 메시아언약과 결부되는 것입니다.

그러므로 우리가 유념해야 할 점은, "여호와가 너를 위하여 집을 짓어 (이루고)" 주겠다 하신 것은 다윗의 왕위를 계승시켜서, "주 하나님께서 그 조상 다윗의 위를 그에게 주시리니 영원히 야곱의 집을 왕으로 다스릴 것이며 그 나라가 무궁하리라"(눅 1:32-33)고 그리스도에게로 성취하여 주시겠다는 언약이었던 것입니다. 그리고 이를 입증하는 것이, 마태복음 1장에서, "아브라함과 다윗의 자손 예수 그리스도의 계보라"(마1;1)고 제시된 족보입니다. "이 족보를 보아라, 예수가 아브라함과 다윗에게 언약하신 그리스도라는 증거다"라고 입증하고 있는 것입니다.

하나님께서 다윗에게 언약을 세워주시는 이 대목에는 하나님을 가리키는 "내가"라는 말이 9번(6, 7, 7, 8, 9, 10, 11, 12, 15) 이상 등장합니다. 이는 하나님의 일방적(一方的)인 언약이요, 주권적(主權的)으로 성취하시겠다는 강한 의지의 표출입니다. 그렇습니다. 구원계획이란 사람이 하나님을 위하여 무엇을 행하기보다 하나님께서 선수 적으로 행해주시는 일인 것입니다.

"네 몸에서 날 네 씨를 네 뒤에 세워, 그는 내 이름을 위하여 집을 건축할 것이라" 하신 말씀이 1차적으로는 솔로몬으로 성취됩니다만 그것은 예표요, 궁극적인 성취는 다윗의 자손으로 오실 주님께서, "내가 이 반석 위에 내 교회를 세우리니 음부의 권세가 이기지 못하리라"(마 16:18)에서 성취될 말씀인 것입니다. 이점을 사도 바울은 "너희도 성령 안에서 하나님이 거하실 처소가 되기 위하여 그리스도 예수 안에서 함께 지어져 가느니라"(엡 2:22)고 증언합니다.

영원히 견고하게 하리라

또한 하나님께서 다윗에게 세워주신 언약에는, "영원히"(13, 16, 25)라는 말과 "견고하게 하리라"(12, 13, 16)는 말씀이 강조되어 있습니다. "영원"이란 하나님의 속성과만 결부되는 것으로, 세상 나라는 영원하지도 견고하지도 못합니다. 이는 다니엘서를 통해서도 계시되어 있는데, "이 여러 왕들의 시대에 하늘의 하나님이 한 나라를 세우시리니 이것은 영원히 망하지도 아니할 것이요 그 국권이 다른 백성에게로 돌아가지도 아니할 것이요 도리어 이 모든 나라를 쳐서 멸망시키고 영원히 설 것이라"(단 2:44) 하십니다.

다윗도 이 놀라운 메시아언약을 깨달았던 것입니다. 사도행전 2장에 수록 된 베드로의 설교를 보십시오. 이는 성령께서 강림 하셔서 베드로를 통하여 증언하신 첫 설교인데, "그(다윗)는 선지자라 하나님이 이미 맹세하사 그 자손 중에서 한 사람을 그 위에 앉게 하리라 하심을 알고 미리 본 고로 그리스도의 부활을 말했다"(행 2:30-31)고 증언합니다. 다윗은 "알고, 미리 본고로, (시편을 통해서) 말했다"는 것입니다.

이것이 하나님께서 다윗에게 세워주신 언약입니다. 그러므로 7장이 사무엘하의 중심 장이요, 창세기 22장이 이브라함의 정상이듯이 다윗의 생애 중 정상(頂上)이라 할 수가 있습니다. 7장 이후로는 마치 하산하듯이 다윗의 내리막길을 대하게 됩니다.

여기 보장해 주시는 말씀이 있는데, "그가 만일 죄를 범하면 내가 사람의 매와 인생의 채찍으로 징계하려니와 내가 네 앞에서 물러나게 한 사울에게서 내 은총을 빼앗은 것처럼 그에게서 빼앗지 아니하리라"(14-15)는 말씀입니다. 이것이 다윗에게 세워주신 메시아언약이 변하지 아니하리라는 불변성이요, 보장인 것입니다.

생각해 보십시오. "만일 죄를 범할" 때마다 사울을 폐하듯이 폐하시고 은총을 빼앗아 버리신다면,

㉠ 집을 이루는 역사는 은혜로 되는 것이 아니라 행위로 되는 것이 되고,

㉡ 만일 행위로 되는 것이라면 폐하여지지 않을 자란 한 사람도 없을 것이요,

㉢ 그렇게 되면 그 집은 이루지를 못하고 중단 될 것이요,

㉣ 궁극적으로는 하나님의 뜻과 계획하심을 이룰 수가 없게 되고 실패로 끝나게 된다는 결론에 이르게 되는 것입니다.

제기되는 난제

이점에서 제기되는 난제(難題)가 있습니다. 다윗이 죄를 범해도 폐하시지 않는다는 것이 하나님의 공의와 충돌하지 않느냐는 점입니다. 이는 하나님께서 다윗에게 세워주신 언약이 있기에 가능한 것입니다. 다시 말하면 다윗(다윗뿐만이 아니라 구약시대 모든 죄)이 범한 죄를 그냥 묵과하시는 것이 아니라 그의 자손으로 오실 그리스도에게 그 책임을 묻겠다는 것, 이것이 다윗에게 세워주신 언약의 핵심인 것입니다.

이 언약이 있었기에 다윗만이 아니라, 다윗에게 세워주신 메시아언약을 믿는 구약시대 모든 성도들도 폐하여지지 않고 구원을 얻음이 가능해졌던 것입니다. 이는 무엇을 의미하느냐 하면 다윗에게 세워주신 언약이 행위언약이 아니라 "은혜언약"이요 바로 "복음"임을 의미합니다. 그러므로 "사람의 매와 인생의 채찍으로 징계하려니와"(14) 폐하거나 빼앗지는 않겠다고 말씀하시는 것이 가능했던 것입니다.

이점을 대번에 11장에 가서 보게 되고, 또한 솔로몬의 대에 가서 보게 되는데, "솔로몬이 마음을 돌려 이스라엘의 하나님 여호와를 떠나"(왕상 11:9) 우상을 섬기는데 까지 타락합니다. 하나님은 "이 나라를 네게서 빼앗아 네 신하에게 주리라"고 선고하십니다. 그러나 "오직 내가 이 나라를 다 빼앗지 아니하고 내 종 다윗과 내가 택한 예루살렘을 위하여 한 지파를 네 아들에게 주리라"(왕상 11:11, 13)고 말씀합니다. "내 종 다윗" 이라 하심은 다윗에게 세워주신 언약을 가리키고, "내가 택한 예루살렘"이라 하심은 하나님의 거룩하신 이름과 계획을 염두에 두고 하시는 말씀인 것입니다. 시편 기자도 이를 알았기에 증언하며 찬양합니다.

만일 그의 자손이 내 법을 버리며 내 규례대로 행하지 아니하며

내 율례를 깨뜨리며 내 계명을 지키지 아니하면

내가 회초리로 그들의 죄를 다스리며 채찍으로 그들의 죄악을 벌하리

로다

그러나 나의 인자함을 그에게서 다 거두지는 아니하며

나의 성실함도 폐하지 아니하며

내 언약을 깨뜨리지 아니하고 내 입술에서 낸 것은 변하지 아니하리로다

내가 나의 거룩함으로 한 번 맹세하였은즉

다윗에게 거짓말을 하지 아니할 것이라

(시 89:30-35)

이 주권적인 하나님의 은혜로 말미암아 우리도 구원을 얻을 수가 있게 된 것입니다. 그 인자하심이 오늘날도 성도들이 죄를 범하면 징계하려니와 빼앗지 아니하시고 견인(牽引)하고 계시는 것입니다. 이를 믿기에, "너희 안에서 착한 일을 시작하신 이가 그리스도 예수의 날까지 이루실 줄을 우리는 확신하노라"(빌 1:6)고 말할 수가 있는 것입니다. 아멘.

넷째 단원(18-29) 다윗의 감사와 찬양

"다윗 왕이 여호와 앞에 들어가 앉아서 이르되 주 여호와여 나는 누구이오며 내 집은 무엇이기에 나를 여기까지 이르게 하셨나이까"(18) 하고 감격해 합니다. 다윗이 "궁에 편안히"(1) 왕좌에 앉아 있을 때에는 자신이 하

나님을 위하여 무엇인가 해드리려는 궁리를 하고 있었습니다. 그러나 "여호와가 너를 위하여 집을 지어" 주시겠다는 망극하신 말씀을 듣고는 왕의 보좌에서 내려와, "여호와 앞에 들어가 앉아서"(18) 겸비한 마음으로 감사와 찬양의 기도를 드리고 있는 것입니다.

기도의 첫마디가 "주 여호와여 나는 누구이오며 내 집은 무엇이기에 나를 여기까지 이르게 하셨나이까"(18) 합니다. 이는 "내가 너를 목장 곧 양을 따르는 데에서 데려다가 내 백성 이스라엘의 주권자(왕)를 삼고"(8) 하신 말씀을 염두에 둔 감사와 감격이었던 것입니다. 그렇습니다. 만일 하나님께서 다윗을 주권적으로 택하여 세워주심이 아니었다면 다윗은 평생을 목동으로 지냈을 것입니다. 형제에게도, "나는 누구오며 내 집은 무엇이기에 나를 여기까지 이르게 하셨나이까" 하는 감사와 감격이 있습니까?

나는 누구오며 내 집은 무엇이기에

"주 여호와여 주께서 이것을 오히려 적게 여기시고 또 종의 집에 있을 먼 장래의 일까지도 말씀하셨나이다 주 여호와여 이것이 사람의 법이니이다"(19)고 아룁니다. 이는 세 마디로 되어 있는데

- ㉠ 첫째는, "주께서 이것을 오히려 적게 여기시고" 한 "이것"이란, 목동인 자신을 왕을 삼아주심을 가리키는 말이고,
- ㉡ 둘째로, "또 종의 집에 있을 먼 장래의 일까지도 말씀하셨나이다" 한 것은 메시아언약을 가리킵니다. 이는 다윗이 하나님께서 말씀하신 언약의 신령한 의미를 깨달았다는 증거입니다.
- ㉢ 셋째로, "이것이 사람의 법이니이다" 하는 것은, 하나님의 비밀의 경륜을 사람

이 알아듣기 쉽도록 말씀해 주셨다는 뜻입니다.

그리하여 "만군의 여호와 이스라엘의 하나님이여 주의 종의 귀를 여시고 이르시기를 내가 너를 위하여 집을 세우리라 하셨으므로 주의 종이 이 기도로 주께 간구할 마음이 생겼나이다"(27) 합니다. 이는 다윗이 하나님께서 세워주신 언약의 의미를 "알아 들었다"는 명백한 증거입니다.

여기에 신앙의 중요한 요소가 있는데 첫째는, "주의 종에게 알게 하셨나이다"(21)한 "앎"(知)이란 요소입니다. 신앙인이란 지정의(知情意)적인 인격체를 의미합니다. 그러므로 먼저는 지적(知的)인 앎이 있어야만 하는 것입니다. 그렇지 아니하면 맹목적인 신앙인이 되고 맙니다. 이 앎이라는 지적인 요소는 하나님께서 인간을 위하여 행해 주신 일로 교리라고 말합니다. 이를 안 다음에 둘째로, 정적(情的)인 요소로 하나님께서 행해 주신 것을 믿음으로 받아 감사와 찬양과 기뻐하게 되고, 셋째로 의지적(意志的)인 요소로 행함이라는 열매를 맺게 되는 균형 잡힌 성숙한 신앙 인격이 형성이 되는 것입니다.

그런데 현대교회의 성도들에게 치명적으로 허약한 것이 첫째 되는 지적(知的)인 요소라고 말할 수가 있습니다. 성경은 창세기에서 "내가 … 하리라"(창 3:15)고 시작하신 것을 계시록에서 "이루었도다"(계 21:6) 하고 완성하시는 구속사입니다. 그런데 성경의 단편적인 지식은 풍부하나, "영원부터 만물을 창조하신 하나님 속에 감추어졌던 비밀의 경륜이 어떠한 것인지"(엡 3:19), 즉 성경의 퍼즐을 맞출 줄을 모르고 있는 것입니다.

이는 건물에 비한다면 골조가 부실한 것과 같아서, "비가 내리고 창수가 나고 바람이 불어 그 집에 부딪치매 무너져 그 무너짐이 심하니라"(마 7:27)는 결과에 이르게 되는 것입니다. 이는 우려가 아니라 현실이 그러한 것입니다.

하나님께서 추진해 나가시는 구원계획을 깨달은 자라면 다윗같이, "나는 누구오며 내 집은 무엇이기에 나로 이에 이르게 하셨나이까" 하고 감사와 감격해 하지 않을 수가 없는 것입니다. 나아가 "여호와는 주의 종을 아시오니 다윗이 다시 주께 무슨 말씀을 하오리이까"(20) 한 대로, 감사 외에 달리 구할 것이 그리 많지 아니함을 알게 될 것입니다.

이처럼 무조건적인 사랑과 측량할 수 없는 은혜를 베풀어주셨는데도 마치 하나님은 우리에게 아무것도 행해주심이 없고, 그리하여 우리들은 아무것도 받은 것이 없는 가난하고 가련한 자들인 것처럼, "주십시오, 주십시오" 하고 달라고만 하는 사람들이 얼마나 많습니까? 오늘날 하나님의 자녀가 되는 권세를 얻은 성도들이 이토록 왜소하고 초라하고 무기력하고 기쁨도 감사도 없어 보이는 결정적인 원인은 하나님께서 이미 베풀어주신 은혜의 선물을 알아야 할 만큼 알지 못하는데 그 원인이 있다 하겠습니다.

그러므로 다윗의 기도에는 "말씀"이란 말이 모두 여섯 번(19, 21, 25, 25, 28, 29)이나 강조되어 있는데, 다윗은 언약하신 "말씀"을 붙잡고 기도하고 있는 것입니다.

"여호와 하나님이여 이제 주의 종과 종의 집에 대하여 말씀하신 것을 영원히 세우시며 말씀하신 대로 행하사(25), 주 여호와여 오직 주는 하나님이시며 주의 말씀들이 참되시니이다 주께서 이 좋은 것을 주의 종에게 말씀하셨사오니 이제 청하건대 종의 집에 복을 주사 주 앞에 영원히 있게 하옵소서 주 여호와께서 말씀하셨사오니 주의 종의 집이 영원히 복을 받게 하옵소서"(28-29) 하고 메시아언약을 이루어주시기만을 구하고 있습니다.

이처럼 하나님의 선수 적이며 무조건적인 사랑과 은혜에 감격해 하면서 언약하신 말씀대로 "이루어주시기를" 구할 뿐 달리 무슨 청구를 하고 있지 아니함을 보게 됩니다.

　말씀하신 대로, "우리를 위하여 구원의 뿔을 그 종 다윗의 집에 일으켜" (눅 1:69) 주셨습니다. 참으로 신실하신 하나님을 찬양하십시다. 이것이 "여호와가 너를 위하여 집을 세워주리라"는 말씀입니다.

나누어 봅시다

① 건물이 아니라 장막에 거하시면서 행하셨다는 의미에 대해서,

② 네가 아니라 여호와가 너를 위하여 집을 지어주시겠다는 말씀에 대해서,

③ "나는 누구오며 내 집은 무엇이기에"라는 고백에 대해서

다윗이 수행한
전쟁의 구속사적 의미

8장은 다윗이 사방의 대적을 물리치고 국력을 확장한 내용입니다. 문맥적으로는 5장에서 온 이스라엘의 왕이 되어 예루살렘을 정복하고, 6장에서 법궤를 메어 오고, 7장에서 메시아언약 세워주심을 받은 후에, 8장에서 사방의 대적을 정복하게 하시는 문맥입니다. 그렇다면 8장의 전쟁하는 내용을 구속사의 맥락에서 바라본다면 어떤 의미가 있을까요? 이를 두 단원으로 나누어 상고합니다.

첫째 단원(1-14) **다윗에게 승리를 주신 하나님**
둘째 단원(15-18) **정의와 공의로 행한 다윗**

첫째 단원(1-14) 다윗에게 승리를 주신 하나님

8장은, "그 후에 다윗이 블레셋 사람들을 쳐서 항복을 받고 블레셋 사람들의 손에서 메덱암마를 빼앗으니라"(1)고 시작이 되는데, 전체가 전쟁 이야기입니다. 그렇다면 다윗이 수행한 전쟁의 구속사적 의미가 무엇인가 하는 점입니다.

다윗은, 블레셋 사람을 쳐서 "항복 받고"(1), 또 모압을 쳐서 "땅에 엎드리게 하고"(2), 소바 왕 하닷에셀을 쳐서 영토를 유브라데 강까지 확장시키고(3), 소바 왕을 도우러 오는 아람 사람들을 쳐서 종이 되게 하고 조공을 바치게(6) 합니다. 그뿐 아니라, "다윗이 하닷에셀의 신복들이 가진 금 방패를 빼앗아 예루살렘으로 가져오고 또 다윗 왕이 하닷에셀의 고을 베다와 베로대에서 매우 많은 놋을 빼앗으니라"(7-8) 합니다.

어떤 마음이 드십니까? 다윗은 호전주의자(好戰主義者)인 것 같은 생각이 들게 됩니다. 그런데 성경은, "다윗이 어디로 가든지 여호와께서 이기게 하시니라"(6)고, 하나님께서 이렇게 이기게 하셨다고 말씀합니다. 14절에서도, "다윗이 어디로 가든지 여호와께서 이기게 하셨더라" 합니다. 여기에 8장의 중심점이 있는데, 그렇다면 다윗이 싸운 싸움은 다윗 자신이나 이스라엘 민족을 위한 싸움이 아니라 "여호와의 싸움"(삼상 25:28)을 싸우고 있다는 것이 됩니다.

왜 정복을 했는가? 이 열방들은 신정왕국" 곧 하나님의 선민인 이스라엘을 대적했기 때문이라는 점을 유념해야만 합니다. "화친"하고자 하는 자들을 치지는 않습니다. 첫 절에서 "블레셋"을 언급하고 있는데 5:17절에 의하면, "이스라엘이 다윗에게 기름을 부어 이스라엘의 왕을 삼았다 함을 블레셋 사람이 듣고", 그들은 축하 사절을 보낸 것이 아니라 즉각적으로 골짜기에 가득한 군대를 이끌고 침공해 왔던 것입니다. 이는 다윗이 더 강해지기 전에 말살하려는 계략에서였던 것입니다. 이처럼 이 열방들은 "여호와와 그의 기름 부음 받은 자를 대적"(시 2:2) 하는 나라들이었습니다.

구속사(救贖史)라는 더 넓은 문맥으로는 창세기까지 소급해 올라가는데, "네 후손도 여자의 후손과 원수가 되게 하리니 여자의 후손은 네 머리를 상하게 할 것이요 너는 그의 발꿈치를 상하게 할 것이니라"(창 3:15) 하신 그 연장선상의 싸움을 싸우고 있다는 점을 인식해야만 합니다. 하나님께서 "너"라고 지칭한 자는 표면적으로는 하와를 유혹한 "뱀"을 가리키는 것이지만 이는 배후 조종자 사탄을 가리키는 말입니다. 그러므로 "네 후손"이란 결국 사탄을 추종하며 사탄의 조종을 받아 하나님의 나라 건설을 대적하는 자를 가리키는 것이 되는 것입니다. 주님께서는, "너희는 너희 아비 마귀에게서 났으니 너희 아비의 욕심대로 너희도 행하고자 하느니라"(요 8:44) 하십니다. 이들이 곧 뱀의 후손들인 것입니다.

그러므로 블레셋을 위시하여 열방들이 다윗 왕국이 세워지자 이를 대적하고 있는 데서도 뱀의 후손들의 특성을 보게 됩니다. 이는 곧 그리스도를 대적하는 것이었던 것입니다. 그러므로 "싸움"은 불가피한 것인데 이점에서 유념해야 할 점은, 사탄은 죽이고 멸망시키려 하나 우리는 구원하려는 "선한 싸움"을 싸우고 있다는 점입니다.

하나님의 싸움

여호수아가 가나안의 일곱 족속을 멸한 것도 같은 맥락으로 보아야만 하는데 만일 가나안을 정복하여 정착하지 못했다면, 또한 다윗이 골리앗을 물리치지 못했다면, 예루살렘을 정복하지 못했다면, 다윗이 왕이 되자 대적한 블레셋을 물리치지 못했다면, 선민 이스라엘을 통하여 그리스도를 보내셔서 천하 만민을 구원하시려는 하나님의 구원계획에 크나큰 차질을 가져왔을 것입니다. 그러므로 다윗이 싸운 싸움은 "이는 내 주께서 여호와의 싸움을 싸우심이요" (삼상 25:28) 한 "하나님의 싸움"이었던 것입니다.

그러면 "여호와의 싸움"이 어찌하여 구약시대에는 육적으로 나타나게 되었는가? 이는 자기 아들을 "육신을 입고" 보내셔서 대속제물을 삼으시려는 하나님의 구원계획을 무산시키려 했기 때문에 이를 이루시기 위해서는 이를 분쇄하는 "육적" 싸움이 불가피했던 것입니다. 그러나 육신을 입고 오셔서 "죽으시고 다시 사심"을 통해서 구속사역을 이루어 놓으신 신약시대에서는, "우리의 씨름은 혈과 육을 상대하는 것이 아니요 통치자들과 권세들과 이 어둠의 세상 주관자들과 하늘에 있는 악의 영들을 상대함이라" (엡 6:12), 즉 한마디로 악령인 사탄과의 싸움임으로 영적으로 전개되는 것입니다.

그러므로 사도 바울은, "우리가 육신으로 행하나 육신에 따라 싸우지 아니하노니 우리의 싸우는 무기는 육신에 속한 것이 아니요 오직 어떤 견고한 진도 무너뜨리는 하나님의 능력이라 모든 이론을 무너뜨리며 하나님 아는 것을 대적하여 높아진 것을 다 무너뜨리고 모든 생각을 사로잡아 그리스도에게 복종하게 하니" (고후 10:3-5) 라고 말씀했던 것입니다 "무너뜨리고" 라는 말이 3번이나 강조되어 있는데 이 무너뜨림이 구약시대는 직접적으로 신약시대는 영적으로 이루어지는 것입니다.

그런데 이 선한 싸움은 아직도 끝난 것은 아닙니다. "우리가 만물이 아직 그에게 복종하고 있는 것을 보지 못하고"(히 2:8하) 있기 때문입니다. 그러므로 바울 사도는 우리들을 향해, "너희에게도 같은 싸움이 있으니 너희가 내 안에서 본 바요 이제도 내 안에서 듣는 바니라"(빌 1:30)고 말씀하고 있는 것입니다

본문을 보면 하맛 왕 도이의 아들 요람이, "은 그릇과 금 그릇과 놋그릇을 가지고 온지라 다윗 왕이 그것도 여호와께 드리되 그가 정복한 모든 나라에서 얻은 은금 곧 아람과 모압과 암몬 자손과 블레셋 사람과 아말렉에게서 얻은 것들과 소바 왕 르홉의 아들 하닷에셀에게서 노략한 것과 같이 드리니라"(10-12) 하고, "여호와께 드리되 … 드리니라" 합니다. 다윗은 영광을 자신이 차지하려 하지 않고 모든 영광을 하나님께 돌렸습니다. 선한 싸움을 싸우는 목적이 여기에 있는 것입니다.

그러므로 8장의 중심점은 두 번(6, 14)이나 강조되어 있는, "다윗이 어디를 가든지 여호와께서 이기게 하시니라"는 말씀인 것입니다. 다윗만 그러했던 것은 아니라, 모세도 어디를 가든지 여호와께서 이기게 하셨습니다. 여호수아도 어디를 가든지 이기게 하셨습니다. 구약시대만 그러했던 것은 아닙니다. 바울도 어디를 가든지 하나님께서 이기게 하셨습니다. 형제도 어디를 가든지 하나님께서 이기게 해주실 것을 말씀에 의지하여 확신하게 되기를 기원합니다. 왜냐하면 우리 모두는 여호와의 영광과 그 이름을 위한 "여호와의 싸움을 싸우고"(삼상 25:28) 있기 때문입니다.

"다윗이 소금 골짜기에서 에돔 사람 만 팔천 명을 쳐죽이고 돌아와서 명성을 떨치니라"(13) 하는데 시편 60편의 표제는 다윗이 이때에 지은 시임을 밝히고 있습니다.

주를 경외하는 자에게 깃발(旗)을 주시고

진리를 위하여 달게 하셨나이다(셀라)(4)

그렇습니다. "진리"를 위한 싸움이라고 말씀합니다. 우리의 싸움은 혈과 육을 상대로 하는 싸움이 아닙니다. 하나님께서는 하나님의 영광과 그 나라를 위하여 싸우는 전사들에게 기를 주시고 진리를 위하여 달게 하십니다. 출애굽기 17장을 보십시오. 대적 아말렉은 하나님의 백성들이 약속의 땅으로 진군하는 것을 저지하기 위하여 공격해 옵니다. 이는 이스라엘이 당한 첫 싸움이었는데, 모세는 "하나님의 지팡이"를 손에 잡고 산꼭대기에 섭니다. 아론과 훌이 모세의 손을 붙들어 올리므로 여호수아가 아말렉을 파하도록 손이 내려오지 않았습니다. "모세가 제단을 쌓고 그 이름을 여호와 닛시라"(출 17:15) 합니다. "여호와는 나의 깃발"이라는 뜻입니다. 하나님께서는 "주를 경외하는 자에게 깃발을 주시고 진리를 위하여 달게" 하셨습니다. 다윗은 시편 60편의 결론을 이렇게 끝맺고 있습니다.

우리가 하나님을 의지하고 용감하게 행하리니

그는 우리의 대적을 밟으실 이심이로다(12)

궁극적인 대적은 블레셋이 아닙니다. 모압도 아닙니다. 사탄인 것입니다. 그러므로 우리의 대장도 모세 · 여호수아 · 다윗이 아닙니다. "여자의 후손은 네 머리를 상하게 할 것이요" 하신 예수 그리스도시오, 주님께서 발등상 시킬 대적은 사탄인 것입니다. 성경은 말씀합니다. "평강의 하나님께서 속히 사탄을 너희 발아래서 상하게 하시리라"(롬 16:20).

둘째 단원(7-18) 정의와 공의로 행한 다윗

"다윗이 온 이스라엘을 다스려 다윗이 모든 백성에게 정의와 공의를 행할 새"(15), 다윗이 "정의와 공의"를 행했다는 말씀은 둘째 단원의 핵심일뿐만이 아니라 첫째 단원과도 결부되는 말씀입니다. 다윗은 대내적(對內的)으로만 정의와 공의로 다스린 것이 아니라 대외적(對外的)으로 그가 수행한 전쟁도 "정의와 공의"로 행한 선한 싸움이었음을 말씀해주고 있기 때문입니다.

스바 여왕이 솔로몬의 명예를 듣고 와서 찬양하기를, "당신의 하나님 여호와를 송축할지로다 하나님이 당신을 기뻐하시고 그 자리에 올리사 당신의 하나님 여호와를 위하여 왕이 되게 하셨도다 당신의 하나님이 이스라엘을 사랑하사 영원히 견고하게 하시려고 당신을 세워 그들의 왕으로 삼아 정의와 공의를 행하게 하셨도다"(대하 9:8) 했습니다. "정의와 공의", 이것이 메시아왕국의 예표인 다윗 왕국의 강령(綱領)이었던 것입니다. 1장에서 아말렉 사람이 사울의 왕관을 가지고 왔을 때나, 4장에서 간신들이 이스보셋의 목을 베어 왔을 때도 다윗은 흔들림이 없이 "정의와 공의로" 행하는 것을 봅니다.

그러나 다윗이나 솔로몬은 예표의 인물로 온전히 정의와 공의로 행하지를 못하였습니다. 정의와 공의로 행하여 영원히 견고할 나라가 어느 나라입니까? 바로 메시아왕국입니다. 이점을 이사야 선지자는 "이는 한 아기가 우리에게 났고 한 아들을 우리에게 주신 바 되었다" 하면서, "다윗의 왕좌와 그의 나라에 군림하여 그 나라를 굳게 세우고 지금 이후로 영원히 정의와 공의로 그것을 보존하실 것이라 만군의 여호와의 열심이 이를 이루시리라"(사 9:6-7)고 예언했던 것입니다.

> 여호와께서 다스리시니 만민이 떨 것이요 여호와께서
> 그룹 사이에 좌정하시니 땅이 흔들릴 것이로다
> 시온에 계시는 여호와는 위대하시고 모든 민족보다 높으시도다
> 주의 크고 두려운 이름을 찬송할지니 그는 거룩하심이로다
> 능력 있는 왕은 정의를 사랑하느니라 주께서 공의를 견고하게 세우시고
> 주께서 야곱에게 정의와 공의를 행하시나이다
> (시99:1-4)

"스루야의 아들 요압은 군사령관이 되고 아힐룻의 아들 여호사밧은 사관이 되고"(16), 다윗은 군사령관과 사관과 제사장들과 서기관과 대신들(16-18)을 임명합니다. 이들이 어떻게 행하여 마땅합니까? "정의와 공의"로 행하여야 하는 것입니다. 주님은 승천하시면서, "그가 어떤 사람은 사도로, 어떤 사람은 선지자로, 어떤 사람은 복음 전하는 자로, 어떤 사람은 목사와 교사로 삼으셨으니 이는 성도를 온전하게 하여 봉사의 일을 하게하며 그리스도의 몸을 세우려 하심이라"(엡 4:11-12) 합니다. 이들이 어떻게 행하여야 마땅합니까? "정의와 공의"로 행하여야만 하는 것입니다.

다윗이, "어디로 가든지 여호와께서 이기게 하시니라(6), 다윗이 모든 백성에게 정의와 공의로 행했다"(15)는, 이것이 본문이 우리에게 적용되는 말씀입니다.

나누어 봅시다

①구약성경에 전쟁 이야기가 많이 등장하는 불가피성에 대해서,

②다윗이 정의와 공의로 행했다는 점에 대해서,

③어디로 가든지 이기게 하셨다는 승리에 대해서,

9장

하나님의 은총을 베풀리라

9장은 다윗이 사울의 집에 남은 자, 곧 요나단의 아들 므비보셋을 찾아서 은총을 베푸는 내용입니다. 두 발을 다 저는 장애인이 된 그를 왕자 중 하나처럼 항상 왕의 상에서 먹게 한 것입니다. 이 기사가 어떤 의미가 있기에 성령께서는 한 장을 할애하여 기록하게 하시고 후대에 전해주게 하셨는가? 므비보셋에게 어떤 공로나 자격이 있어서가 아니라 다윗은, "내가 요나단으로 말미암아 그 사람에게 은총을 베풀리라"(1) 합니다.

9장에는 "은총을 베풀리라"는 말이 3번(1, 3, 7)이나 등장하는데 핵심은 다윗의 은총이 아니라, "내가 그 사람에게 하나님의 은총을 베풀고자 하노라"(3) 한, "하나님의 은총"에 있다는 점을 놓치지 마시기를 바랍니다. 그러므로 9장에서 부각이 되고, 증언되어야 할 점은 다윗도 아니고, 므비보셋도 아니고, "하나님의 은총"인 것입니다.

이점에서 므비보셋에게 은총을 베푼 시점을 주목해야만 하는데, 다윗이 온 이스라엘의 왕(5장)이 되어 법궤를 메어다가 안치(6장)하고, "모든 원수

115

를 무찌르고 왕으로 궁에 평안히 살게 하신 때"(7:1)에 비로소, "요나단으로 말미암아 그 사람에게 은총을 베풀리라" 한다는 점입니다.

이점이 어째서 중요하냐 하면 이는 주님께서 왕위에 오르실, 즉 메시아 왕국이 도래하였을 때에 이루어지게 될, "너희로 내 나라에 있어 내 상에서 먹고 마시며 또는 보좌에 앉아 이스라엘 열두 지파를 다스리게 하려 하노라"(눅 22:30)의 예표가 되기 때문입니다.

그러므로 9장의 주제가, "하나님의 은총을 베풀리라"가 될 수가 있습니다. 이를 두 단원으로 나누어 상고합니다.

첫째 단원(1-8) **개 같은 나를 돌아보시나이까**
둘째 단원(9-13) **내 상에서 먹으리라**

첫째 단원(1-8) 개 같은 나를 돌아보시나이까

"다윗이 이르되 사울의 집에 아직도 남은 사람이 있느냐 내가 요나단으로 말미암아 그 사람에게 은총을 베풀리라"(1) 합니다. 그리하여 사울의 종 시바를 통해서 요나단의 아들 하나가 남았는데 다리를 저는 장애인이라는 것과 그가 로드발 마길의 집에 있다는 것을 알게 됩니다. "로드발"은 요단 동편 마하나임 부근의 한 성읍인데 이곳에 숨어 지낸 것으로 여겨집니다. 그도 그럴 것이 그가 다리를 절게 된 까닭도 사울과 요나단이 죽었다는 소식을 들은 유모가 다섯 살 난 므비보셋을 안고 급히 도망을 가다가 떨어뜨려서 절게(4:4) 되었기 때문입니다.

다윗 왕이 사람을 보내 불구자가 된 므비보셋을 찾아서 데려왔다는 것은, 주님께서 "인자는 잃어버린 자를 찾아 구원하려 함이라" 하신 말씀으로 인도해줍니다. "사울의 손자 요나단의 아들 므비보셋이 다윗에게 나아와 그 앞에 엎드려 절하매" 합니다.

다윗이 이르되 "므비보셋이여" 하니, "보소서 당신의 종이니이다"(6) 합니다. 어찌하여 성경은, "므비보셋이 다윗에게 나아와 엎드려 절하매" 해도 될 것을, "사울의 손자 요나단의 아들 므비보셋"(6상)이라고 장황하게 주(註)를 달고 있는 것일까요? 이는 사울이 살아생전 다윗에게 무릎을 꿇지는 않았어도 그의 손자 므비보셋이 다윗 앞에 절하며 "주의 종"이라고 고백하는 것을 통하여 다윗을 죽이려고 대적하던 사울 왕가(王家)가 결국은 다윗을 주로 시인하고 무릎을 꿇고 절하게 되었음을 보여주기 위해서인 것입니다.

성경은 말씀하기를, "이러므로 하나님이 그를 지극히 높여 모든 이름 위에 뛰어난 이름을 주사 하늘에 있는 자들과 땅에 있는 자들과 땅 아래 있는 자들로 모든 무릎을 예수의 이름에 꿇게 하시고 모든 입으로 예수 그리스도를 주(主)라 시인하여 하나님 아버지께 영광을 돌리게 하셨느니라"(빌 2:9-11) 합니다. 주님을 죽이려고 대적하던 자들이 결국 주님 앞에 무릎을 꿇고 입으로 "주"라 시인할 그런 일이 메시아왕국이 임하는 날에도 일어나게 될 것입니다.

다윗 앞에 "나아와 그 앞에 엎드려 절을" 하는 므비보셋의 심정은 어떠했을 것인가? 로마서 8:15절에서는, "너희는 다시 무서워하는 종의 영을 받지 아니하고 양자의 영을 받았다"고 말씀하는데, 기뻐하는 단계가 아니라 "무서워하는" 마치 사지(死地)에 끌려온 자와 같았을 것입니다. 그래서 다윗이 그에게, "무서워하지 말라 내가 반드시 네 아버지 요나단으로 말미암아 네게 은총을 베풀리라 내가 네 할아버지 사울의 모든 밭을 다 네게 도로 주겠고 또 너는 항상 내 상에서 떡을 먹을지니라"(7) 하는 것이 아닌가! 이 말을 듣는 므비보셋의 마음은 어떠했을 것입니까? 왜 이렇게 묻느냐 하면 이것이 그 날에 주님 앞에 서게 될 우리의 심정일 것이기 때문입니다.

9장에는, "은총을 베풀리라"는 말이 3번(1, 3, 7)이나 등장하는데, "사울의 왕국과 다윗의 왕국"의 차이가 무엇인가 하는 점을 생각하게 합니다. 사울의 왕국은 "법 아래" 있는 왕국이었습니다. 그들은 하나님의 왕 되심을 거부(삼상 8:7)하고 자신들이 왕 노릇하려 한 것입니다. 그러므로 사울이 범죄하자 법대로 처벌을 받아 폐하여졌던 것입니다. 그러나 다윗의 왕국은 언약궤를 중심에 둔 메시아언약을 통한, "은혜 아래" 있는 왕국이었던 것입니다. 그러므로 "은총을 베풀리라" 하는 것이 가능해지는 것입니다. 11장에서 보게 될 것입니다만 다윗 자신도 "은총을 베풀리라"가 아니었다면 즉각 왕위가 폐하여졌을 것이요, 살아남을 수도 없었을 것입니다.

그러므로 므비보셋에게, "하나님의 은총을 베풀고자 하노라"(3) 한 말은 므비보셋 한 사람에 극한 된 것이 아닙니다. 메시아왕국의 예표가 되는 다윗 왕국에 속해 있는 모든 백성들은 베풀어 주시는, "하나님의 은총"을 입고 살아가게 되는 것입니다. 이런 맥락에서 "죽은 개 같은 나"(8)라고 자백한 므비보셋을 통해서, "은총을 베풀리라"가 아니면 구원의 가망이 없는 우리 자신의 모습을 보게 되는 것입니다.

다윗이 므비보셋에게 이처럼 은총을 베풀게 된 것을, "네 아버지 요나단으로 말미암아"(1, 7) 라고 분명히 말하고 있습니다. 그렇다면 요나단의 무엇으로 "말미암아" 일까요?

㉠ 첫째는 요나단이 다윗의 고난에 동참했기 때문입니다. 요나단은 사울의 아들이요, 왕위를 계승할 왕자이면서도 아버지 편에 서지 않고 다윗 편에 가담함으로 다윗과 함께 고난을 받았던 것입니다. 이런 "요나단으로 말미암아" 그의 아들이 영광에 참여하게 된 것입니다. 흔히들 요나단이 다윗에게 베푼 사랑을 "우정"(友情)으로 여깁니다만 아닙니다. 물론 요나단은 다윗을 자기 생명보다도 더욱 사랑했습니다. 그러나 그의 사랑은 육적인 차원의 우정은 아니었던 것입니다. 사무엘상 23:17절에서 다윗에게, "두려워하지 말라 내 아버지 사울의 손이 네게 미치지 못할 것이요 너는 이스라엘 왕이 되고 나는 네 다음이 될 것을 내 아버지 사울도 안다"고 말한 것은 하나님의 계획을 믿는 신앙고백이었던 것입니다.

㉡ 둘째는 요나단과 맺은 언약 때문입니다. 요나단은 다윗에게 요청하기를, "여호와께서 너 다윗의 대적들을 지면에서 다 끊어 버리신 때에도 너는 네 인자를 내 집에서 영영히 끊어 버리지 말라"(삼상 20:15)고 부탁했던 것입니다. 그리하여 다윗과 요나단은 들에서, "여호와의 이름으로 맹세"(삼상 20:42)하였던 것입니다. 다윗은 지금 그 언약을 지키려는 것입니다. 그렇다면 다윗이 므비보셋에게 베푼 은총이 무엇일까요?

첫째는, "네 할아버지 사울의 모든 밭을 다 네게 도로 주겠고" 한, 잃었던 기업을 회복시켜준 것입니다.

둘째는 "또 너는 항상 내 상에서 먹을지니라"(7하) 한, 그의 신분과 지위가 회복되었음을 뜻합니다. 그의 신분과 지위는 "왕손"이었습니다. 그는 기업뿐만이 아니라 이 신분도 함께 잃었던 것입니다. 그러나 성경은 "므비보셋은 왕자 중 하나처럼 왕의 상에서 먹으니라"(11하)고 말씀합니다. 이는 첫 번 은총에 비할 수 없이 더욱 영광스러운 것입니다. 이는 다윗의 자손으로 오실 예수 그리스도께서 우리의 기업과 신분을 회복시켜주실 것에 대한 그림자가 됩니다. 예수 그리스도께서는 인류의 시조가 범죄 함으로 상실했던 기업을, "기업 무를 자"(룻 4:14)가 되셔서 회복시켜주셨으며 우리의 신분을, "왕 같은 제사장"으로 회복시켜주셨던 것입니다. 므비보셋은 절을 하면서, "이 종이 무엇이기에 왕께서 죽은 개 같은 나를 돌아보시나이까"(8) 합니다. 형제여, 이 말이 왕 중 왕 되시는 주님 앞에 엎드리어 고백할 우리의 말인 것입니다. 면류관을 주님께 벗어드리면서(계 4:10) 말입니다.

둘째 단원(9-13) 내 상에서 먹으리라

다윗 왕이 사울의 시종 시바를 불러 이르기를, "사울과 그의 온 집에 속한 것은 내가 다 네 주인의 아들에게 주었노니(9), 네 주인의 아들 므비보셋은 항상 내 상에서 떡을 먹으리라(10), 므비보셋은 왕자 중 하나처럼 왕의 상에서 먹으니라"(11) 합니다.

그리고 9장은, "므비보셋이 항상 왕의 상에서 먹으므로 예루살렘에 사니라 그는 두 발을 다 절더라"(13)고 마치고 있습니다.

이상에서 살펴본 대로 모두가 13절 밖에 안 되는 본문 중에는, "항상 왕의 상에서 먹을 지니라"는 말이 4번(7, 10, 11, 13)이나 등장합니다. 이를 좀 더 세분하면, "내 상에서 먹으리라"는 말이 두 번(7, 10), "왕의 상에서 먹으니라"고 표현하는 말이 두 번(11, 13) 나옵니다. 성령께서 한 장을 할애하여 보여주기를 원하시는 것이 이 장면인 것입니다. 그리고 "이것이 네 모습이다" 라고 말씀하시는 것입니다.

그러므로 므비보셋이 다윗 왕의 상에 왕자들과 함께 앉아 먹고 마시는 광경을 연상해 보시기를 바랍니다. 한 쪽만이 아니라 "두 발을 다 저는" 므비보셋이 왕의 잔치에 한 번쯤 초대받은 것이 아니라 "항상"(7, 10, 13) 왕의 상에서 왕자 중 하나처럼 먹고 있는 광경을! 그렇게 하기 위해서는 식사 때마다 누군가가 그를 안아다가 식탁에 앉혀야만 했을 것입니다.

므비보셋은 그럴만한 공로도 자격도 없는 자입니다. 그러하기는커녕 도리어 "본질상 진노의 자녀"(엡 2:3하)이었습니다. 왜냐하면 다윗을 대적하여 죽이려던 가문의 자식이기 때문입니다. 다윗이 "사울의 집에 아직도 남은 사람이 있느냐"(1) 라고 물었을 때 통상적으로는 후환을 염려하여 사울 왕의 씨를 진멸하려는 의도로 여길 수가 있습니다. 므비보셋이 다윗 앞으로 이끌려 왔을 때 어찌 이러한 두려움이 없었겠는가?

그러므로 다윗이 "무서워하지 말라"(7)고 말했던 것입니다. 이제는 므비보셋이 두려워하는 영이 아니라 "왕자"와 같은 자가 되어서, "항상 왕의 상에서 먹게 된" 이 기사를 통하여 우리에게 무엇을 말씀하시려는 것일까요? 가나안 여인은 "주여 옳소이다마는 개들도 제 주인의 상에서 떨어지는 부스러기를 먹나이다"(마 15:27)고 말했습니다. 그런데 여기서는 그냥 "개"가 아니라 "죽은 개 같은" 므비보셋이 떨어지는 부스러기가 아니라 "항상 왕의 상에서 먹고" 있는 것입니다. 성경은 이를 가리켜 "하나님의 은총"(3)이라고 말씀하고 있습니다.

성경은 메시아왕국이 도래하였을 때 그의 영광에 참여하게 될 자들을 이렇게 묘사하고 있습니다. "너희는 나의 모든 시험 중에 항상 나와 함께 한 자들인즉 내 아버지께서 나라를 내게 맡기신 것 같이 나도 너희에게 맡겨 너희로 내 나라에 있어 내 상에서 먹고 마시며 또는 보좌에 앉아 이스라엘 열두 지파를 다스리게 하려 하노라"(눅 22:28-30).

"사람들이 동서남북으로부터 와서 하나님의 나라 잔치에 참여하리니"(눅 13:29), 그렇습니다. 다윗 왕의 상에 앉게 되는 것이 아닙니다. 자신을 "죽은 개 같다" 한 므비보셋도, 주인의 상에서 떨어지는 부스러기를 바라고 침을 흘리는 개에다 비유했던 가나안 여인도 그리고 형제도 왕 중 왕 되시는 왕의 상에서 항상 먹게 될 날이 올 것입니다. "왕자 중 하나처럼"(11) 말입니다.

한 말씀 부언할 것은 "므비보셋에게 어린 아들이 하나가 있으니 이름은 미가더라"(12상)라는 언급입니다. 사울의 집에 오히려 남은 자, 므비보셋이 있게 하신 것은 하나님의 은총이 아닐 수가 없습니다. 그런데 그 남은 자에게 또 "어린 아들"이 있다니! 일찍이 사울은 다윗에게 이렇게 말한 적이 있습니다. "보라 나는 네가 반드시 왕이 될 것을 알고 이스라엘 나라가 네 손에 견고히 설 것을 아노니 그런즉 너는 내 후손을 끊지 아니하며 내 아버지의 집에서 내 이름을 멸하지 아니할 것을 이제 여호와의 이름으로 내게 맹세하라"(삼상 24:20-21) 했습니다. 그리하여 "다윗이 사울에게 맹세하매 사울은 집으로 돌아가고 다윗과 그의 사람들은 요새로 올라가니라"(삼상 24:22), 긍휼에 풍성하신 하나님께서는 다윗이 사울에게 한 이 맹세까지도 이루어 주신 것입니다.

9장을 상고하고 난 우리들의 결론은 무엇입니까? 다윗으로 하여금 요나단과 맺은 언약을 기억하고 지키게 하여주신 하나님께서 하물며 그의 아들 되시는 예수 그리스도로 말미암아 우리에게 맺어주신 언약을 더욱 지켜주시고도 남음이 있게 하시지 않으랴!

우리가 주님 앞에 절하며, "이 종이 무엇이기에 왕께서 죽은 개 같은 나를 돌아보시나이까" 라고 아뢰면 주님은 말씀하실 것입니다. "너는 항상 내 상에서 먹을 지니라". 그리고 9장은 이렇게 끝을 맺고 있습니다. "그는 두 발을 다 절더라"(13). 이 말씀은 다름 아닌 나 자신의 주제를 돌아보게 하는 말씀입니다. 아멘.

나누어 봅시다

① 다윗이 므비보셋을 찾은 것과 그 시점에 대해서,

② 죽은 개 같은 나를 돌아보시나이까 한 므비보셋의 말에 대해서,

③ 왕의 상에서 왕자와 같이 먹으리라는 말씀에 대해서,

10장
은혜를 거역하지 말고 화친하라

10장은 다윗이, "내가 나하스의 아들 하눈에게 은총을 베풀되"(2) 하는, "은총"이라는 9장과 결부되는 주제로 시작이 되고 있는데 결과는 정반대로 나타나는 내용입니다. 9장에서 다윗은 므비보셋에게, "하나님의 은총"을 베푸는 것을 보았습니다. 므비보셋은 염치없고 황송하지만 값없이 거저 베푸시는 은총을 감사히 받아 누리고 있습니다. 그런데 10장에서는 다윗이 베풀고자 하는 은총을 암몬 왕 하눈이 배척을 합니다. 배척한 것만이 아니라 "은총"을 전해주기 위해서 보냄을 받은, "다윗의 신하들"을 욕보임으로 다윗을 모욕합니다. 이를 구속사라는 맥락으로 보면 그리스도를 배척하고 그의 보냄을 받은 종들을 모욕한 것이 되는 것입니다.

그리하여 은총이 변하여 도리어 암몬과 전쟁을 하게 되는데, 10장은 결론부분에 이르러 대조가 나타나는데, 은총을 배척한 자는 멸망을 당하고 "이스라엘과 화친하고 섬긴"(19) 자는 구원을 얻게 된다는 점을 보여주고 있습니다. 그러므로 10장이 주는 메시지는 양면성(兩面性)이 있는데, 베푸

125

시는 은총을 거역하다가 멸망을 자초할 것인가? 아니면 화친하여 구원을 얻을 것인가?

그러므로 10장의 주제가, "은혜를 거역하지 말고 화친하라"가 될 수가 있습니다. 이를 세 단원으로 나누어 상고합니다.

첫째 단원(1-5) **베풀고자 하는 은총을 거역한 암몬**
둘째 단원(6-14) **은총이 변하여 진노를 당함**
셋째 단원(15-19) **이스라엘과 화친한 아람 사람들**

첫째 단원(1-5) 베풀고자 하는 은총을 거역한 암몬

"그 후에 암몬 자손의 왕이 죽고 그의 아들 하눈이 대신하여 왕이 되니 다윗이 이르되, 내가 나하스의 아들 하눈에게 은총을 베풀되 그의 아버지가 내게 은총을 베푼 것 같이 하리라 하고 다윗이 그의 신하들을 보내 그의 아버지를 조상하라"(1-2상) 합니다. 그러면 다윗이 암몬 왕 나하스에게 입은 은총이 무엇인가? 성경은 이점을 밝히고 있지 아니하여 알 길이 없습니다.

이스라엘과 암몬은 대대로 적대관계에 있었습니다. 하나님께서는, "암몬 사람과 모압 사람은 여호와의 총회에 들어오지 못하리니 그들에게 속한 자는 십 대뿐 아니라 영원히 여호와의 총회에 들어오지 못하리라"(신 23:3)고 말씀하신 바가 있습니다. 왜냐하면 출애굽 당시 요단 동편 모압 평지에서 대적을 하고, 발람에게 뇌물을 주어 이스라엘을 저주하게 하려했기 때문입니다.

그런 관계에 있는 암몬 왕 나하스가 다윗에게 무슨 은총을 베풀었단 말인가? 다윗이 사울에게 쫓기고 있을 때에 그에게 어떤 도움을 주었으리라고 추측할 뿐입니다. 말하자면, "누구든지 너희가 그리스도에게 속한 자라 하여 물 한 그릇이라도 주면 내가 진실로 너희에게 이르노니 그가 결코 상을 잃지 않으리라"(막 9:41) 하신 그런 경우 말입니다.

"암몬 자손의 관리들이 그들의 주 하눈에게 말하되 왕은 다윗이 조객을 당신에게 보낸 것이 왕의 아버지를 공경함인 줄로 여기시나이까 다윗이 그의 신하들을 당신에게 보내 이 성을 엿보고 탐지하여 함락시키고자 함이 아니니이까"(3) 하고 다윗이 보낸 사람, 즉 다윗이 은총을 베풀고자 파송한 신하들을 정탐꾼으로 몰았던 것입니다.

그리하여 "다윗의 신하들을 잡아 그들의 수염 절반을 깎고 그들의 의복의 중동볼기까지 자르고"(4) 돌려보냈다는 것입니다. 수염을 깎았다는 것은 권위를 짓밟은 것이요, 볼기까지 드러내도록 의복을 중동까지 잘랐다는 것은 최대한으로 모욕한 행위였던 것입니다. 그러므로 신하들이 "크게 부끄러워"(5) 했다 합니다. 다윗은 그토록 모욕을 당한 신하들을 자신도 보기를 원치 않았고, 백성들에게 보이고 싶지도 않았을 것입니다. 그래서 "너희는 수염이 자라기까지 여리고에서 머물다가 돌아오라"(5하)고 지시합니다. 은총이 변하여 얼마나 분노가 치밀었겠습니까?

암몬 자손들은 신하들을 모욕한 것이 아니라 다윗을 모욕한 것이었습니다. 왜냐하면 그들은 "다윗의 신하들"(2, 4)이었기 때문입니다. 나아가 그리스도를 모욕한 행위였던 것입니다. 왜냐하면 그들은 하나님께서 택하신 선민이요, 다윗은 그리스도를 예표하는 왕이었기 때문입니다. 이점이 중요합니다.

127

주님은 말씀합니다. "너희를 영접하는 자는 나를 영접하는 것이요 나를 영접하는 자는 나를 보내신 이를 영접하는 것이니라"(마 10:40). 암몬 사람들은 다윗이 베푼 은총을 거부한 것만이 아니라, "하나님의 은총"을 배척한 것입니다. 이것이 하나님께서 베푸시고자 하는 은혜를 거부하는 자들의 모습인 것입니다. 그리고는 또 어떻게 하였는가?

둘째 단원(6-14) 은총이 변하여 진노를 당함

"암몬 자손들이 자기들이 다윗에게 미움이 된 줄 알고 암몬 자손들이 사람을 보내 벧르홉 아람 사람과 소바 아람 사람의 보병 이만 명과 마아가 왕과 그의 사람 천 명과 돕 사람 만 이천 명을 고용한지라"(6) 합니다. 용병과 연합하고 합세하여 대항을 한 것입니다.

암몬 사람들도 자신들이 다윗에게 "미움", 즉 분노를 일으키게 한 줄을 알았다고 합니다. 그리하여 아람 사람들을 고용하여 싸울 태세를 갖춘 것입니다. "다윗이 듣고 요압과 용사의 온 무리를 보냈다"(7) 하는데, 여기에 다윗의 잘못이 드러납니다. 왜냐하면 11:1절에서, "왕들이 출전할 때가 되매"(11:1) 한 대로 용사들만 보낼 것이 아니라 다윗이 앞장서서 출전을 했어야 마땅한데 다윗은 출전하지를 않았기 때문입니다.

당시 상황은 그래도 되는 안일한 상황도 아니고, 이는 예사 싸움이 아니라, 하나님의 백성, 곧 하나님의 거룩하신 이름을 그토록 모욕을 하고 짓밟다니! "그 나라와 그의 의"를 위한 싸움이었던 것입니다. 그러나 다윗은 의분을 발하며 일어나지 않았습니다.

전에 블레셋과의 싸움에서 골리앗이 떠벌리는 말을 듣고는 다윗이 의분을 발하여, "할례 받지 않은 블레셋 사람이 누구이기에 살아 계시는 하나님의 군대를 모욕하겠느냐"고 떨치고 일어났던 때가 있었습니다. 그리고 "너는 칼과 창과 단창으로 내게 나아오거니와 나는 만군의 여호와의 이름, 곧 네가 모욕하는 이스라엘 군대의 하나님의 이름으로 네게 가노라" (삼상 17:26, 45)고 단신으로 나아가서 누구도 당해내지 못한 골리앗을 거꾸러뜨린 때가 있었습니다. 그런데 지금 당하고 있는 모욕이 그때만 못해서 자신은 평안히 왕궁에 앉아있고 장수들만 보낸단 말인가!

크게 부끄러움을 당하여 여리고에 머물러 있던 신하들은 자신들이 당한 모욕을 듣고는 다윗이 떨쳐 일어나 보복하여 주리라 기대했을 것입니다. 그런데 다윗이 출전하지 않았다는 소식을 듣고는 얼마나 실망을 했을 것인가? 누구보다도 하나님께서 근심하셨을 것입니다. 왜냐하면 이제까지 하나님께서는 언제나 "선두에서, 앞에서" (신 31:3, 8, 수 23:5, 시 68:7) 싸워주신 하나님으로 계시되고 있기 때문입니다. 이런 맥락에서 왕인 다윗이 출전해야함은 선택사항이 아닌 기본적인 일이었던 것입니다.

하나님의 선민, 신정왕국의 신하들, 하나님의 이름이 모욕과 수치를 당하고 있는데도 "다윗이 듣고 요압과 용사의 온 무리를 보내고" (7) 자신은 싸우러 나가지 않고 예루살렘에 그대로 머물러 있는 다윗의 모습에서 무엇을 읽을 수가 있습니까? 성경은 고난과 역경에 처해있던 시절의 다윗이 아니라 살찌고 부대해진 다윗의 모습을 보여주고 있는 것입니다. 그리고 우리 심중에 묻고 계십니다. "이것이 네 모습은 아니냐?" 하고요.

요압은 아람 사람을 맡고, 아우 아비새에게는 암몬 자손을 맡게 (9-11) 합니다. 그리고 요압은 독전(督戰)합니다. "너는 담대하라 우리가 우리 백성과 우리 하나님의 성읍들을 위하여 담대히 하자 여호와께서 선히 여기시는 대로 행하시기를 원하노라"(12). 그렇습니다. 그들은 수모를 당한 신하들을 위하여 싸우는 것이 아니라, 하나님의 백성과 하나님의 이름을 두신 우리 하나님의 성읍들을 위해서 싸우는 것입니다. 이 싸움에는 생명을 걸만한 "하나님의 이름을 위하여"라는 명분이 있었던 것입니다.

하나님의 군대 앞에서 아람 용병들은 싸워보지도 못하고 패주(敗走)합니다. 용병들인 아람 군사가 도망함을 보고 암몬 군사도 성으로 도망하고 말았습니다. 그리하여 요압이, "예루살렘으로 돌아 가니라"(14하) 합니다. 잠시 휴전 상태에 들어갔음을 의미합니다. 왜냐하면 전쟁을 할 수 없는 우기가 닥쳐왔기 때문입니다.

셋째 단원(15-19) 이스라엘과 화친한 아람 사람들

"아람 사람이 자기가 이스라엘 앞에서 패하였음을 보고 다 모이매"(15), 즉 패하여 도망했던 아람 군이 전열을 가다듬어 재공격을 시도했다는 것입니다. 이때 8:3절에서 자기 권세를 회복하려다가 다윗에게 좌절당한 하닷에셀이 합세하여 군사령관 소박으로 지휘하게 합니다. 하나님의 군대를 대적하기 위하여 여러 왕들이 합세하고 있는 것입니다. 다윗 당시가 그러했고, 초대교회 때도 그러했고, 이제도 그러합니다. 이점을 시편 2편에서는,

어찌하여 이방 나라들이 분노하며 민족들이 헛된 일을 꾸미는가
세상의 군왕들이 나서며 관원들이 서로 꾀하여

여호와와 그의 기름 부음 받은 자를 대적하며

(시 2:1-2)

그런데 셋째 단원에는 두 가지 이상한 점이 발견이 되는데 첫째는, 이번에는 다윗이 군대를 모아 출정을 하고 있다는 것이고, 둘째는 이스라엘의 신하들을 모욕한 장본인은 암몬인데 싸움은 세내어온 용병들인 아람과 싸우고 있다(15-19)는 점입니다. 이를 통해서 보여주시려는 바가 무엇인가?

여기에는 대조(對照)가 나타나는데, 은총을 배척하고 짓밟고 대적하다가 멸망을 당하는 암몬과, 화친하여 구원을 얻는 아람의 모습을 대조적으로 보여주고 있는 것입니다. 아람 사람들도 처음에는 대적을 했으나 이스라엘을 이길 수 없다는 점을 깨닫고는, "이스라엘과 화친하고 섬기니"(19상) 합니다.

"화친하여 섬겼다" 하는데, 누구 앞에 나아가 화친하여 섬겼다는 것인가? 군사령관 요압입니까? 아닙니다. 다윗입니다. 다윗과 화친함으로 멸망당하지 않고 생명을 부지할 수 있었다는 이점을 드러내기 위하여 암몬과의 싸움에는 출정하지 않았던 다윗이 아람 사람과의 전쟁에는 친히 나서고 있는 것입니다.

10장은, "그러므로 아람 사람들이 두려워하여 다시는 암몬 자손을 돕지 아니 하니라"(19하)고 끝나고 있습니다. 다시는 다윗을 대적하는 편에 가담하지 않았다는 말씀입니다. 대적을 할 것인가? 화친할 것인가? 대적하는 자의 편에 설 것인가? 하나님 편에 설 것인가? 결단을 해야만 합니다. 메시아 예언으로 유명한 시편 2편은 이렇게 끝을 맺고 있는데,

그런즉 군왕들아 너희는 지혜를 얻으며

세상의 재판관들아 너희는 교훈을 받을지어다

여호와를 경외함으로 섬기고 떨며 즐거워할지어다

그의 아들에게 입맞추라

그렇지 아니하면 진노하심으로 너희가 길에서 망하리니

그의 진노가 급하심이라

여호와께 피하는 모든 사람은 다 복이 있도다

(시2:10-12)

그렇습니다. 암몬은 대항하다가 진노로 멸망을 당하나, 아람은 화친(입맞춤)하여 구원을 얻었던 것입니다. 이것이 "은혜를 거역하지 말고 화친하라"는 말씀입니다.

나누어 봅시다

① 베풀고자 하는 은총을 거부하고 보낸 종들을 모욕한 일에 대해서,

② 은총이 변하여 심판을 당하게 된 점에 대해서,

③ 다윗과 급히 화친하여 섬긴 아람 사람들에 대해여,

11장

어두움에 사로잡힌 다윗 왕가

11장은 다윗이 우리아의 아내 밧세바를 범하는 간음죄를 짓고 이를 은폐하기 위하여 우리아를 무자비한 방법으로 죽이는 살인죄까지 범하는 내용입니다. 이를 계기로 11장 이후는 다윗 왕가에 어둠이 엄습합니다. 이는 설명할 여지도 없는 사탄의 궤계입니다. "악령"(삼상 16:14)이 사울을 통하여 다윗을 죽이려고 발악하였으나 실패하자 그 악령은 작전을 바꾸어 다윗을 "유혹"하여 쓰러뜨리려 하고 있는 것입니다.

우리는 지금까지 다윗이 "정의와 공의"로 행하는 너무나 완벽한 모습들을 보아왔습니다. 그랬던 다윗이 어떻게 이처럼 엄청난 죄를 범할 수가 있단 말인가? 어찌하여 하나님은 이 일을 막아주시지 않으셨는가? 이런 점이 우리를 고심(苦心)하게 합니다. 이점에서 하나님께서 다윗의 범죄를 허용하신 의도를 생각하게 합니다.

여기에는 몇 가지 의도가 있다고 여겨지는데

㉠ 첫째로, 율법의 의로는 흠이 없노라고 자부할 만 한 다윗(왕상 15:5)의 몸에 사탄의 사자를 둠으로 교만하지 않고 자고하지 않게 하시기 위해서입니다.

㉡ 둘째로 인간의 자력구원의 불가능성, 즉 독자들로 하여금 자신의 모습을 비춰 보는 거울로 삼게 하시기 위해서입니다.

㉢ 궁극적으로는, 7장에서 세워주신 메시아언약, 즉 "복음"이 왜 필요한가를 깨닫게 하시기 위해서인 것입니다. 왜냐하면 죄를 모르면 은혜를 모르기 때문입니다.

이점을 사도 바울은, "율법이 들어온 것은 범죄를 더하게 하려 함이라 그러나 죄가 더한 곳에 은혜가 더욱 넘쳤나니"(롬 5:20) 라고 말씀합니다. 하나님께서는 칠흑 같은 어두움을 이용하셔서 그럴수록 더욱 찬란하게 빛을 발하는 그리스도의 영광의 복음의 광채를 계시하시려는 것입니다. 이 빛을 다음 장에서 보게 될 것입니다. 이를 네 단원으로 나누어 상고합니다.

첫째 단원(1-5) **어둠에 사로잡힌 다윗**

둘째 단원(6-13) **빛으로 제시된 우리아**

셋째 단원(14-21) **빛을 미워한 다윗**

넷째 단원(22-27) **여호와 보시기에 악하였더라**

첫째 단원(1-5) 어둠에 사로잡힌 다윗

"그 해가 돌아와 왕들이 출전할 때가 되매 다윗이 요압과 그에게 있는 그의 부하들과 온 이스라엘 군대를 보내니 그들이 암몬 자손을 멸하고 랍바를 에워쌌고 다윗은 예루살렘에 그대로 있더라"(1) 합니다.

먼저 규명해야 할 점은 이 싸움이 누구와 무엇 때문에 싸우게 되었는가 하는 점입니다. 이는 다윗이 은총을 베풀기 위하여 보낸 신하들을 암몬 왕 하눈이, "그 수염 절반을 깎고 바지를 중동 볼기까지 자르고 돌려보낸"(10:4) 용납할 수 없는 사건 때문에 일어난 전쟁입니다. 10:14절에서, "요압이 암몬 자손을 떠나 예루살렘으로 돌아가니라" 했는데 이는 우기(雨期)로 인한 휴전상태를 나타냅니다. 그랬다가 "해가 돌아와 왕들이 출전할 때가 되매", 즉 싸움을 다시 시작할 때가 왔다는 문맥인 것입니다.

성경의 예민함을 보십시오. "왕들의 출전할 때가 되매"(1상) 했다면 당연히 왕인 다윗이 출전을 해야 할 것이 아닙니까? 그러나 "다윗은 예루살렘에 그대로 있더라"(1하) 하고 무엇인가 잘못되어 가고 있다는 심상치 않은 조짐을 예고하고 있습니다.

"왕들이 출전할 때"란, 당시는 전쟁에 왕들이 선봉에 섰음을 말합니다. 그렇다면 적군에는 왕이 출전하여 독전(督戰)하고 있다는 말이 되는 것입니다. 그런데 하나님의 이름과 명예를 위하여 싸워야 할 왕 "다윗은 예루살렘에 그대로 있더라" 합니다. 이는 변명의 여지가 없는 직무태만(職務怠慢)인 것입니다.

여기서 주목하게 되는 것은 11:1절에서, "랍바를 에워쌌다"는 것과 12:26절에서 "요압이 암몬 자손의 랍바를 쳐서 그 왕성(王城) 점령했다"는 것과 연결이 되는 말씀이라는 점입니다. 그러니까 그 사이에 다윗이 예루살렘에 그대로 있다가 죄를 범하는 기사(11:2-12:25)가 삽입되어 있는 것입니다. 다윗의 군대가 암몬의 왕성(수도)인 랍바를 정복하기 위하여 피 흘리며 싸우는 동안에 다윗은 예루살렘에서 간음 죄를 범하고 있었다는 어처구

니없는 이야기가 되는 것입니다.

"저녁때에 다윗이 그의 침상에서 일어나"(2상) 합니다. 군사들은 전쟁에
나가서, "우리 백성과 우리 하나님의 성읍들을 위하여"(10:12) 싸움을 싸우
고 있는데 왕인 다윗은 저녁 때까지 낮잠을 자고 있었다니! 이는 "사망의 잠"이
었던 것입니다. 다윗도 이점을 두려워했음이 그의 시편에 나타납니다.

> 여호와 내 하나님이여 나를 생각하사 응답하시고 나의 눈을 밝히소서
>
> 두렵건대 내가 사망의 잠을 잘까 하오며
>
> (시 13:3)

다윗이 지금 이런 상태에 처해 있는 것으로 여겨집니다. 다윗은 시편
30:7절에서 "주의 얼굴을 가리시매 내가 근심하였나이다"고 진술하고 있
는데, "얼굴을 가리심", 즉 빛을 비춰주시지 않으면 어둠에 사로잡히게 되
고, 비가 오지 않으면 땅은 사막이 될 수 밖에 없는 것입니다. 다윗은 직무
를 태만히 하고 사망의 잠을 자다가 충신 우리아의 아내를 범하는 시험에
빠지고 말았던 것입니다.

소극적으로 군사들이 싸우는 동안 깨어 기도하고 있었던들 이러한 시험
에 들지는 않았을 것이요, 적극적으로 "왕들의 출전할 때가" 되었을 때에
출전하였던들 이러한 죄를 범하지는 않았을 것입니다.

"그 여인이 임신하매 사람을 보내 다윗에게 말하여 이르되 내가 임신하
였나이다 하니라"(5). 만일 임신하지 않았다면 "없었던 일"로 처리되고 말
았을 것이 아닌가? 그러나 하나님께서는 뿌린 죄의 씨를 거두게 하시려고
임신하게 하셨던 것입니다.

둘째 단원(6-13) 빛으로 제시된 우리아

"다윗이 요압에게 기별하여 헷 사람 우리아를 내게 보내라 하매 요압이 우리아를 다윗에게로 보내니"(6). 다윗은 자신의 죄를 은폐할 심산으로 전투 중에 있는 군장 우리아를 호출합니다. 시침을 떼고 "요압의 안부와 군사의 안부와 싸움이 어떠했는지를 묻고"(7), 우리아에게 "네 집으로 내려가서 발을 씻으라"(8)고 말합니다. "발을 씻으라"는 말은 "싸움"과는 반대되는 안식을 취하라는 의미입니다. 우리아는 분명 어안이 벙벙했을 것입니다. 싸움 중에 있는 군장을 부른 용건이 이것이란 말인가?

"그러나 우리아는 집으로 내려가지 아니하고 왕궁 문에서 그의 주의 모든 부하들과 더불어 잔지라"(9) 합니다. 다윗은 우리아를 집으로 내려 보내 동침하게 함으로 자신이 뿌린 죄악의 씨를 은폐하려 하였으나 하나님은 이를 용납하지 않으셨던 것입니다. 우리아가 집으로 내려가지 않은 것을 알게 된 다윗은 처음에는 놀랐을 것입니다.

이를 알게 된 다윗은, "네가 길 갔다가 돌아온 것이 아니냐 어찌하여 네 집으로 내려가지 아니하였느냐"(10)고 의외란 듯이 묻습니다. 우리아의 대답을 들어보십시오.

"언약궤와 이스라엘과 유다가 야영 중에 있고 내 주 요압과 내 왕의 부하들이 바깥 들에 진 치고 있거늘 내가 어찌 내 집으로 가서 먹고 마시고 내 처와 같이 자리이까 내가 이 일을 행하지 아니하기로 왕의 살아 계심과 왕의 혼의 살아 계심을 두고 맹세하나이다"(11) 하는 것이 아닌가! 그런데 다윗은 그런 상황에서 무슨 죄를 범하고 있었단 말인가!

우리아의 말을 다시 관찰해 보면, "언약궤와 이스라엘과 유다와 요압과 왕의 부하들"이 다 야영 (野營)을 하면서 전투 중에 있다고 말하는 중에 오직 "다윗"의 이름만이 빠져있는 것입니다. 이 말을 어찌 우리와 같은 성정 (性情)을 가진 인간 우리아의 말이라고 할 수가 있겠습니까? 구구절절이 다윗의 가슴을 찌르는 비수와 같은 말씀이 아닌가! 이는 필시 주의 영이 우리아를 통하여 다윗을 책망하시는 말씀으로 여겨집니다.

이점을 신약성경에서는, "너희는 열매 없는 어둠의 일에 참여하지 말고 도리어 책망하라 그들이 은밀히 행하는 것들은 말하기도 부끄러운 것들이라 그러나 책망을 받는 모든 것은 빛으로 말미암아 드러나나니 드러나는 것마다 빛이니라 그러므로 이르시기를 잠자는 자여 깨어서 죽은 자들 가운데서 일어나라 그리스도께서 너에게 비추이시리라 하셨느니라" (엡 5:11-14)고 말씀합니다. 지금 우리아는 어둠에 잠겨 있는 다윗에게 "빛을 비춰는 자"로 등장하고 있는 것입니다.

그러나 다윗은 이 지점에서 깨어나는 것이 아니라 우리아를 불러, "그 앞에서 먹고 마시고 취하게" (13) 함으로 도리어 우리아의 정신을 혼미하게 하여 아내에게로 내려 보내려 꾀합니다. 그러나 "저녁 때에 그가 나가서 그의 주의 부하들과 더불어 침상에 눕고 그의 집으로 내려가지 아니하니라" 합니다.

우리아는 어두움의 일에 참여하지 않고 도리어 책망하는 의의 도구로 사용되고 있습니다. 하나님은 우리아의 빛을 통하여 잠자는 가운데 있는 다윗을 깨우셔서 빛으로 나타나게 하시기를 원하셨던 것입니다. 그러나 다윗은…

셋째 단원(14-21) 빛을 미워한 다윗

"아침이 되매 다윗이 편지를 써서 우리아의 손에 들려 요압에게 보내니 그 편지에 써서 이르기를 너희가 우리아를 맹렬한 싸움에 앞세워 두고 너희는 뒤로 물러가서 그로 맞아 죽게 하라 하였더라"(14-15) 합니다. 이것이 우리가 알고 있는 다윗의 정체란 말인가? 사울의 옷자락을 벤 일(삼상 24:5)로 마음이 찔려 아파하던 다윗이 아니었던가? 그랬던 다윗이 어쩌면 이토록 무자비한 사람으로 변할 수가 있단 말인가?

"언약궤와 이스라엘과 유다가 야영 중에 있고 내 주 요압과 내 왕의 부하들이 바깥 들에 진치고 있거늘 내가 어찌 내 집으로 가서 먹고 마시고 내 처와 같이 자리이까 내가 이 일을 행하지 아니하기로 왕의 살아 계심과 왕의 혼의 살아 계심을 가리켜 맹세하나이다"(11)고 말하고 있는 충신 우리아를 "맹렬한 싸움에 앞세워 두고 너희는 뒤로 물러가서 그로 맞아 죽게 하라"고 명을 하다니! 그것도 그러한 내용을 적은 편지를 장본인(張本人)인 우리아의 손에 들려서 보내다니!

"요압이 그 성을 살펴 용사들이 있는 것을 아는 그 곳에 우리아를 두니 그 성 사람들이 나와서 요압과 더불어 싸울 때에 다윗의 부하 중 몇 사람이 엎드러지고 헷 사람 우리아도 죽으니라"(16-17) 합니다. 이 일로 인하여 우리아만 죽은 것이 아니라 "다윗의 부하 중 몇 사람"도 함께 죽었습니다. 성경의 엄정함을 보십시오. 그들을 그냥 "부하" 또는 "요압의 부하"라 말씀하지 않고, "다윗의 부하"라고 말씀하고 있습니다. 이는 자신의 충신과 부하를 죽인 다윗을 고발하는 의도에서인 것입니다.

지금 군사들은 이스라엘을 모욕한 대적 암몬의 왕성(王城)인 랍바를 공격하고 있는 결정적인 순간입니다. 그럼에도 불구하고 다윗의 눈은 어두워져서 하나님의 이름과 명예도 안중에 없고 충신 우리아를 죽음에 내어몰고 있는 것입니다. 우리야가 어째서 죽게 되었는가? 다윗의 말대로 "집으로 내려가서 먹고 마시고" 아내와 함께 잠자리에 들지 않았기 때문입니다. 만일 우리아가 육신의 소욕을 따랐더라면 죽기는 커녕 다윗에게 후한 대접을 받았을 것이 분명합니다.

주님은 말씀하십니다. "악을 행하는 자마다 빛을 미워하여 빛으로 오지 아니하나니 이는 그 행위가 드러날까 함이요 진리를 따르는 자는 빛으로 오나니 이는 그 행위가 하나님 안에서 행한 것임을 나타내려 함이라"(요 3:20-21). 우리아가 어찌하여 죽음에 이르게 되었는가? 어둠에 사로잡혀 있는 다윗의 범죄에 동조하지 않았기 때문입니다.

다윗 자신도 우리아를 부른 당초에는 죽이려고 부른 것이 아닙니다. 그러나 그가 어두움에 처해있는 다윗에게 빛을 비추자 그 빛을 미워하게 되었던 것입니다. 요압은 사신을 다윗에게 보내면서 이렇게 말하라 합니다. "어찌하여 성에 가까이 갔더냐 (책망)하시거든 네가 말하기를 왕의 종 헷 사람 우리아도 죽었나이다 하라"(21). 그렇다면 요압은 다윗의 사악한 의도를 알고 있었다는 것이 됩니다. 그렇다면 요압도 공범자인 셈입니다. 충신 우리아는 이런 다윗 왕과 군사령관 요압을 위하여 편지를 들고 죽기 위해서 싸움터로 돌아갔던 것입니다. 이점에서 형제는 누구의 모습을 생각하게 됩니까?

넷째 단원(22-27) 여호와 보시기에 악하였더라

"다윗이 전령에게 이르되 너는 요압에게 이같이 말하기를 이 일로 걱정하지 말라 칼은 이 사람이나 저 사람이나 삼키느니라 그 성을 향하여 더욱 힘써 싸워 함락시키라 하여 너는 그를 담대하게 하라"(25) 했다 합니다.

요압의 보고 중에 다윗이 작전의 실수를 들어 꾸짖거든 "왕의 종 헷 사람 우리아도 죽었나이다 하라"는 말은 다윗의 의중을 알고 있었음을 나타냅니다. 그러면서도 요압은 어찌하여 다윗의 범죄에 동참했단 말인가? 요압도 다윗의 약점을 쥐고 있겠다는 간계로 여겨집니다. 3:27절에 의하면 요압이 무죄한 아브넬을 죽임으로 다윗에게 약점을 잡혔기 때문입니다. 그러하기 때문에 다윗이 살아 생전에는 요압을 "제어"하지를 못하고(3:39) 솔로몬에게, "네 지혜대로 행하여 그의 백발이 평안히 스올에 내려가지 못하게 하라"(왕상 2:6)고 유언을 하는 것을 보게 됩니다.

다윗은 요압 앞에 정의와 공의를 행하는 왕으로써의 권위를 상실하고 말았던 것입니다. 그리하여 부하를 죽게 한 요압을 책망하기는 커녕, "이 일로 걱정하지 말라 칼은 이 사람이나 저 사람이나 삼키느니라"(25)고 변호까지 해주는 무기력하고 후안무치한 처지가 되고 말았습니다. 요압이 이 회보를 듣고 속으로 얼마나 비웃었을 것인가?

"우리아의 아내는 그 남편 우리아가 죽었음을 듣고 그의 남편을 위하여 소리 내어 우니라" 합니다. 그의 울음은 형언할 수 없이 착잡한 울음이었을 것입니다. "그 장례를 마치매 다윗이 사람을 보내 그를 왕궁으로 데려오니 그가 그의 아내가 되어 그에게 아들을 낳으니라"(27상)고 말씀합니다. 우리아는 죽었으나 은밀하게 뿌린 죄악의 씨는 백일하에 태어났던 것입니다. "다윗이 행한 그 일이 여호와 보시기에 악하였더라"(27하) 하고, 다윗의 행실을 자초지종 감찰하고 계신 분이 있으셨다고 말씀함으로 이 어두움의 장을 끝맺고 있습니다. 이것이 "어두움에 사로잡힌 다윗 왕가"입니다.

나누어 봅시다

① 왕의 출정한 때와 예루살렘에 그대로 있으니라에 대해서,
② 어둠에 사로잡힌 다윗에게 빛을 비춰는 우리아에 대해서,
③ 악이 악을 낳게 되는 다윗의 범죄에 대해서,

12장
죄가 더한 곳에 더욱 넘치는 은혜

　12장의 내용은 하나님이 보내신 선지자 나단을 통하여 다윗이 죄를 자복하고 회개하는 내용입니다. 성경은 문제에 대한 해답입니다. 그러니까 11장에서 발생한 문제에 대한 해답이 12장에서 주어지고 있는 셈입니다. 사울 왕은 죄를 범하자 즉시 왕위가 폐하여졌습니다. 그런데 다윗의 경우는 왕위가 폐하여지지를 않고 징벌의 선고를 받았습니다. 그러면 엄청난 죄를 범했음에도 다윗은 어찌하여 폐하여지지 않을 수가 있었는가?

　자세한 점을 본문관찰에서 살펴보기로 하고 결론부터 말씀을 드린다면, 7장에서 세워주신 "메시아언약"이 있었기에 가능한 것입니다. 메시아언약이 왜 필요한 것이며, 죄를 범할 때마다 폐하여 진다면 하나님의 구원계획이 어떻게 될 것인가를 생각해 보시기를 바랍니다. 하나님의 계획은 벌써 중단이 되고 실패로 끝나고 말았을 것입니다. 그러면 의로우신 하나님께서 다윗이 범한 죄를 어떻게 처리하셨는가 하는 문제가 대두되게 됩니다. 이는 하나님의 공의와 결부가 되는 중심적인 주제인 것입니다. 이를 여섯 단원으로 나누어 자세하게 살펴보고자 합니다.

첫째 단원(1-6) **이런 자는 죽을 자라**

둘째 단원(7-12) **당신이 그 사람이라**

셋째 단원(13-15) **당신의 죄를 사하셨나이다**

넷째 단원(16-23) **아버지의 원대로 하옵소서**

다섯째 단원(24-25) **여호와의 사랑을 입은 자**

여섯째 단원(26-31) **영광을 우리에게 돌리지 마소서**

첫째 단원(1-6) 이런 자는 죽을 자라

12장은 "여호와께서 나단을 다윗에게 보내시니" (1상) 하고 시작이 됩니다. 하나님께서는 전에도 나단을 다윗에게 보내신 적이 있으십니다. 그 때는 가서 내 종 다윗에게 말하기를, "네가 나를 위하여 내가 살 집을 건축하겠느냐—여호와가 너를 위하여 집을 짓으리라" (7:4, 11)는 메시아언약을 세워주셨던 것입니다.

그런데 하나님께서 나단을 다윗에게 또 보내신 것입니다. 이번에는 다윗이 범한 죄를 드러내게 하시기 위해서 보내셨습니다. 나단은 다윗에게 말하기를, "한 성읍에 두 사람이 있는데 한 사람은 부하고 한 사람은 가난하니" (1) 하고, 비유를 들어서 다윗 자신이 판단하도록 합니다. 먼저 생각할 점은 죄를 범한 다윗이 하나님을 찾은 것이 아니라, 하나님께서 선수 적으로 찾으셨다는 점입니다. 이는 다윗에게 회개할 기회를 주시기 위한 긍휼이요, 자비입니다. 하나님께서 선지자를 보내실 때는 아직은 소망이 있는 시간입니다.

나단이 든 비유는 부한 자가 한 가난한 자에게 행한 횡포였습니다. 부한 자에게는 양과 소가 심히 많았으나 가난한 자는 오직 자식처럼 기르고 있는 "작은 암양 새끼 한 마리"뿐이었다고 말합니다. 그런데 부자에게 손님이 오매 자기 양과 소를 아껴 잡지 아니하고 가난한 사람의 자식 같은 양 새끼를 빼앗아다가 잡았다는 것입니다.

나단의 말을 들으면서 다윗은 억울한 일을 당한 백성에 대한 상소를 하고 있는 줄로 여긴 모양입니다. "다윗이 그 사람으로 말미암아 노하여 나단에게 이르되 여호와의 살아 계심을 두고 맹세하노니 이 일을 행한 그 사람은 마땅히 죽을 자라"(5)고 사형을 받아 마땅하다고 말합니다.

사도 바울은 로마서에서 죄론(罪論)을 말씀하는 중에, "그들이 이 같은 일을 행하는 자는 사형에 해당한다고 하나님께서 정하심을 알고도 자기들만 행할 뿐 아니라 또한 그런 일을 행하는 자들을 옳다 하느니라"(롬 1:32)고, 지도자들의 잘못을 지적했습니다. 다윗은 이 같은 횡포를 행한 자는 죽어 마땅함을 알면서도 이에 비할 수도 없는 끔찍한 죄를 범했던 것입니다.

둘째 단원(7-12) 당신이 그 사람이라

나단이 다윗에게 이르되, "당신이 그 사람이라" 하고 손가락으로 가리키듯 지적합니다. 그런 후에 "이스라엘의 하나님 여호와께서 이와 같이 이르시기를 내가 너를 이스라엘 왕으로 기름 붓기 위하여 너를 사울의 손에서 구원하고 네 주인의 집을 네게 주고 네 주인의 아내들을 네 품에 두고 이스라엘과 유다 족속을 네게 맡겼느니라"고 하나님께서 베푸신 은혜를 상기시킵니다.

그리고 "만일 그것이 부족하였을 것 같으면 내가 네게 이것 저것을 더 주었으리라"(7-8) 하십니다. 그렇습니다. "만일 그것이 부족할 것 같으면" 이것 저것을 얼마든지 더 주실 수 있으신 하나님이십니다.

"그러한데 어찌하여 네가 여호와의 말씀을 업신여기고 나 보기에 악을 행하였느냐 네가 칼로 헷 사람 우리아를 치되 암몬 자손의 칼로 죽이고 그의 아내를 빼앗아 네 아내로 삼았도다"(9)고 구체적으로 죄를 적시하십니다. 이는 나단의 말이 아니라, "하나님 여호와께서 이와 같이 이르시기를"(7상) 한, 하나님의 말씀이요, "나 보기에" 하시는 하나님의 책망인 것입니다.

은밀한 중에 범한 자신의 숨은 죄를 낱낱이 적발해 내시는 하나님 앞에, "내가 여호와께 죄를 범하였노라"(13상)고 즉석에서 인정하고 자백합니다. 다윗의 자백은 비록 짧게 나타나 있지만, "그런데, 그렇지만" 하는 식의 변명이 없는 짧기에 더욱 솔직한 데가 있습니다. 사울 왕은 그렇지가 못했습니다. 사무엘의 책망을 듣고는, "나는 실로 여호와의 목소리를 청종하여 여호와께서 보내신 길로 가서 아말렉 왕 아각을 끌어 왔고 아말렉 사람들을 진멸하였으나 다만 백성이"(삼상 15:20-21) 하고, 길게 변명을 늘어놓으면서 백성들에게 죄를 전가시켰던 것입니다.

다윗이 죄를 지적받은 시점은, "아이가 반드시 죽으리라"는 말로 보아 사건이 있은 지 1년이라는 시간이 흐른 뒤였음을 알게 됩니다. 그 동안 다윗의 심령상태는 어떠했을 것인가? 다윗이, "내가 여호와께 죄를 범하였노라"(13상)고 시인을 하자 하나님께서는, "여호와께서도 당신의 죄를 사하셨나니"(13중) 하고 즉석에서 사하여 주십니다. 하나님의 사하심은 어찌 그리 빠른지요. 이점을 다윗은 시편 32편에서 이렇게 진술합니다.

> 내가 입을 열지 아니할 때에 종일 신음하므로 내 뼈가 쇠하였도다
> 주의 손이 주야로 나를 누르시오니 내 진액이 빠져서
> 여름 가뭄에 마름 같이 되었나이다 (셀라)
> 내가 이르기를 내 허물을 여호와께 자복하리라 하고 주께 내 죄를 아뢰고
> 내 죄악을 숨기지 아니하였더니 곧 주께서 내 죄악을 사하셨나이다
> (시 32:3-5)

나단의 책망 중에 특히 주목해야 할 점은, "이 일로 말미암아 여호와의 원수가 크게 비방할 거리를 얻게 하였다"(14상)는 대목입니다. 이 사건의 최대의 피해자는 하나님이시라는 말입니다. 여기에는 교훈적인 면과 신학적이 면 두 가지 의미가 있는데 첫째는, "하나님의 이름이 너희 때문에 이방인 중에서 모독을 받는도다"(롬 2:24) 한 윤리적인 면입니다. 그런데 둘째로, 여기에는 신학적인 의미가 있는데 그것은 "우리 형제들을 참소하던 자곧 우리 하나님 앞에서 밤낮 참소하던 자"(계 12:10)라 한, 사탄의 "참소"입니다. 이점이 "여호와의 원수가 크게 비방할 거리를 얻게 하였다"는 말에 나타납니다.

이런 맥락에서 다윗이 범한 죄를 묵과하실 수가 없고 죄에 대한 "책임"(責任)을 물으셔야만 하는 것입니다. 이 죄책(罪責)에도 두 가지 면으로 나타나는데 첫째는, "보라 내가 너와 네 집에 재앙을 일으키고 내가 네 눈앞

에서 네 아내를 빼앗아 네 이웃들에게 주리니 그 사람들이 네 아내들과 더불어 백주에 동침하리라 너는 은밀히 행하였으나 나는 온 이스라엘 앞에서 백주에 이 일을 행하리라"(11-12) 하신 징벌입니다.

징계하시는 하나님

이점에서 징계를 받을 때에 어떤 태도를 취해야 하는가를 말씀 드리는 것이 도움이 될 것입니다. 두 가지 반응으로 나타나게 되는데 첫째는, "내 아들아 주의 징계하심을 경히 여기지 말며"(히 12:5상) 한, "경히 여김", 즉 우연히 일어난 일인 양 여긴다는 것입니다. 신본주의사상에는 우연이란 없습니다. 둘째는, "그에게 꾸지람을 받을 때에 낙심하지 말라"(히 12:5하) 한, 하나님께 버림을 당한 양 좌절하는 반응입니다. 이는 오히려 믿음이 있는 사람들에게서 나타나기 쉬운 반응입니다. "경히 여기는 것이나 낙심하는 것", 모두가 바른 자세는 아닌 것입니다.

히브리서 기자는 징계의 목적을, "오직 하나님은 우리의 유익을 위하여 그의 거룩하심에 참여하게 하시기" 위하여 징계하신다고 말씀합니다. 그러므로 "무릇 징계가 당시에는 즐거워 보이지 않고 슬퍼 보이나 후에 그로 말미암아 연단 받은 자들은 의의 평강한 열매를 맺나니"(히 12:10-11) 합니다. 그래서 다윗은 징벌을 받을 때에, "내가 잠잠하고 입을 열지 아니함은 주께서 이를 행하신 까닭이니이다"(시 39:9) 합니다.

우리는 "여호와께서도 당신의 죄를 사하셨나이다" 하심으로 종결이 된 줄로 여기는데, "당신이 죽지 아니하려니와 당신이 낳은 아이가 반드시 죽으리이다"(13-14) 하는 것이 아닌가? "원수로 크게 비방할 거리를 얻게 했다"는 것은 윤리적인 차원만이 아니라, 대적 사탄에게 참소할 동기를 부여했다는 신학적인 의미라는 점을 인식해야만 합니다. 그러면 사탄의 참소가 "당신이 낳은 아이가 죽는" 것으로 해결이 된단 말인가? 이에 대한 구속사적인 의미가 무엇인가?

셋째 단원(13-15) 당신의 죄를 사하셨나이다

셋째 단원은 세 절에 불과하지만 하나님의 구원계획에 있어서 중요한 의미와, 문제에 대한 해답이 있기에 단원을 따로 설정한 것입니다. 그러므로 본 단원에서,

ㄱ "여호와께서도 당신의 죄를 사하셨나니"(13하) 한, "죄 사함"이 어떻게 가능해지는가 하는 점과,

ㄴ "원수로 크게 비방할 거리를 얻게 했다"는 것과,

ㄷ "당신이 낳은 아이가 반드시 죽으리이다" 한 구속사적 의미가 무엇인가를 추구해야만 합니다.

"여호와께서도 당신의 죄를 사하셨나이다" 하심으로 사건이 종결(終決)이 된 줄로 여기나 "기결(旣決)이 아닌 미결"(未決) 상태로 보류(保留)해 두셨을 뿐이라는 점을 인식해야만 합니다. 이점을 신약성경에서는, "이 예수를 하나님이 그의 피로써 믿음으로 말미암는 화목제물로 세우셨으니 이는 하나님께서 길이 참으시는 중에 전에 지은 죄를 간과하심으로 자기의 의로우심을 나타내려 하심이니"(롬 3:25) 라고 해설해주고 있습니다. 세 마디로 되어 있는데,

149

㉠ 첫째는 "예수를 화목제물로 세우셨다", 즉 십자가에 세우셨다 합니다. 왜냐하면,

㉡ 둘째로, "이는 하나님께서 길이 참으시는 중에 전에 지은 죄를 간과하셨기" 때문이라는 것입니다. "전에 지은 죄"란 구약시대에 지은 모든 죄를 포괄하는 말인데 "간과"(看過), 즉 보고도 못 본 척 지나치셨기 때문이라는 것입니다.

㉢ 그래서 셋째로, "자기의 의로우심을 나타내려 하심이라" 합니다. 그러니까 "길이 참으시는 중에 전에 지은 죄를 간과"하셨을 때는 하나님의 의로우심을 나타내지 못하신 때였다는 것입니다. 만일 의로우심을 나타내셨다면 다윗은 즉 결심판을 받았을 것입니다. 언제까지 참으셨는가?

"곧 이 때에"(롬 3:26), 즉 자기 아들을 화목제물로 십자가에 세우실 때까지였다는 것입니다. 우리 주님은 신구약시대의 모든 죄를 대신하여 담당하셨던 것입니다. 이렇게 하심으로 "자기의 의로우심을 나타내사 자기도 의로우시며 또한 예수 믿는 자를 의롭다 하려 하심이라" 합니다. "자기 아들을 화목제물로 삼으셨다는 점을 본문에서는, "당신이 낳은 아이가 반드시 죽으리이다" 하는 것으로 표현이 되고 있는 것입니다.

이점을 히브리서에서는, "이로 말미암아 그(그리스도)는 새 언약의 중보자시니 이는 첫 언약 때에 범한 죄에서 속량하려고 죽으사"(히 9:15) 라고 해설해주고 있습니다. 그러므로 다윗이 범한 죄도 근원적으로는 그 아이가 아니라, 다윗의 자손으로 오실 하나님의 아들의 죽으심을 통해서만 해결될 수가 있었음을 놓쳐서는 아니 됩니다.

다윗은 진술하기를, "허물의 사함을 받고 자신의 죄가 가려진 자는 복이 있도다"(시 32:1) 하는데 밧세바가 낳은 아이가 죽음으로 다윗의 죄가 사하여지고 가려질 수가 있단 말인가? 다윗의 자손으로 오실 그리스도가 죽으

심으로 죄가 사하여지고, 원수의 비방도 입을 다물게 할 수가 있다는 뜻입니다.

이런 맥락에서 "아이가 반드시 죽으리라" 한 것은,

　㉠ 자신보다 자식이 죽는 것을 통하여 죄의 가공스러움을 깨닫게 하시려는 도덕적인 의미와,

　㉡ 궁극적으로는 우리 대신 죽으실 다윗의 자손 예수 그리스도에게로 우리를 인도해주는 신학적인 의미가 있는 것입니다. 이점에서 "다윗이 밧세바와 동침한 후 선지자 나단이 저에게 온 때에" 라는 표제가 있는 시편 51편을 음미해 보는 것이 도움이 될 것입니다.

> 하나님이여 주의 인자를 따라 내게 은혜를 베푸시며
> 주의 많은 긍휼을 따라 내 죄악을 지워 주소서
> 나의 죄악을 말갛게 씻으시며 나의 죄를 깨끗이 제하소서
> 무릇 나는 내 죄과를 아오니 내 죄가 항상 내 앞에 있나이다
> 내가 죄악 중에 출생하였음이여
> 어머니가 죄 중에서 나를 잉태하였나이다
> (시 51:1-3, 5)

이를 관찰해 보면 다윗은 어쩌다 실수하여 죄를 범한 것으로 진술하고 있지를 아니합니다. 다윗은 자신이 죄 중에 잉태되어 죄 덩어리로 출생했다고 고백하고 있는 것입니다. 그러면 다윗만이 "죄 중에 잉태되어 죄악 중에 출생"한 것입니까? 원죄 하에 있는 아담의 후예는 모두가 태어날 때부터 죄 덩어리로 태어났다는 고백이 있어야 하는 것입니다. 즉 전적 타락하고

전적 부패하여 전적으로 무능한 존재임을 인정하는 말씀인 것입니다.

다윗은 "나를 정결하게 하소서, 나의 죄를 씻어주소서" 하면서, "주께서는 제사를 기뻐하지 아니하시나니 그렇지 아니하면 내가 드렸을 것이라 주는 번제를 기뻐하지 아니 하시나이다"(시 51:16), 즉 짐승이 대신 죽는 속죄제로는 불가능하다는 점을 깨달았던 것입니다. 이는 당시로서는 놀라운 깨달음이 아닐 수가 없습니다. 다윗은 이를 어떻게 알 수가 있었을까요?

> 주께서 내 귀를 통하여 내게 들려주시기를 제사와 예물을 기뻐하지 아니하시며
> 번제와 속죄제를 요구하지 아니하신다 하신지라
> 그 때에 내가 말하기를 내가 왔나이다
> 나를 가리켜 기록한 것이 두루마리 책에 있나이다
> (시 40:6-7)

하나님께서 자신의 귀를 뚫어서(통하여), "번제와 속죄제를 요구치 아니하신다"는 점을 깨닫게 해주셨다고 말합니다. 또한 하나님이 자기 자신을 요구하신다는 것을 깨닫고는, "내가 왔나이다" 한 진술이 신약성경에서는, "하나님이 제사와 예물을 원하지 아니하시고 오직 나를 위하여 한 몸을 예비하셨도다"(히 10:5) 하고 예수 그리스도에게서 성취가 되었다고 말씀합니다. 천 마리, 만 마리 짐승이 아닙니다. 하나님의 의로우심을 충족시키기 위해서 "한 몸"을 예비하셨던 것입니다. 구약시대의 제사제도는, "보라 세상 죄를 지고 가는 하나님의 어린 양이로다"의 그림자로 주어진 것이었습니다.

그러므로 죄라는 문제에 대한 해답은, "허물의 사함을 받고 자신의 죄가 가려진 자는 복이 있도다 마음에 간사함이 없고 여호와께 정죄를 당하지 아니하는 자는 복이 있도다"(시 32;1-2) 한, 복음(福音)뿐이라는 점에 확고해야만 합니다. 어떻게 "정죄를 당하지 않는" 것이 가능해지는가? "하나님은 하시나니 곧 죄로 말미암아 자기 아들을 죄 있는 육신의 모양으로 보내어 육신에 죄를 정하사"(롬 8:3), 즉 하나님께서 우리 대신 자기 아들에게 "정죄"(定罪)를 하셨기 때문에 가능해진다고 말씀합니다.

그러므로 사도 바울은 시편 32편을 인용하여, "일한 것이 없이 하나님께 의로 여기심을 받는 사람의 복에 대하여 다윗의 말한바 불법이 사함을 받고 죄가 가리어짐을 받는 사람들은 복이 있고 주께서 그 죄를 인정하지 아니하실 사람은 복이 있도다 함과 같으니라"(롬 4:6-8)고 칭의 교리를 증언했던 것입니다.

다윗도 그리고 바울도 예수 그리스도로 말미암아 값없이 의롭다 하심을 받는 사람의 행복을 알았던 것입니다. 감히 말씀드립니다만 다윗이 만일 범죄하지 않았더라면 이처럼 찬란하게 빛을 발하는, "그리스도의 영광의 복음의 광채"를 알 수가 없었을 것입니다. 다윗은 간음죄와 살인죄를 범한 절망 중에, "여호와께 정죄를 당하지 아니하는 자는 복이 있다"는 칭의를 깨달았으며 바울도, "비방자요 박해자요 폭행자"(딤전 1:13)였던 상태에서 해보다 더 밝은 빛의 비췸을 받음으로, "내가 가진 의는 율법에서 난 것이 아니요 오직 그리스도를 믿음으로 말미암은 것이니 곧 믿음으로 하나님께로부터 난 의"(빌 3:9)를 깨달을 수가 있었던 것입니다.

다윗이 범한 죄는 악이었습니다. 바울이 교회를 박해한 것도 악이었습니다. 그러나 하나님은 악을 선으로 바꾸시어 복음을 계시하시는 계기로 삼으신 것입니다. 다윗이나 바울은 죄만을 겨우 용서함 받은 것이 아니라, 하나님 앞에 의롭다함을 얻은 것입니다. 이것이 "죄가 더한 곳에 더욱 넘치는 은혜" (롬 5:20)인 것입니다.

사울과 다윗이 무엇이 다른가

이점에서 "사울과 다윗"의 차이를 생각하게 합니다. 즉 사울은 폐하시고 다윗은 폐하시지 않은 것이 하나님의 공의에 부합하는가 하는 점이 대두됩니다. 이점을 이해하기 위해서는, "죄가 너희를 주장치 못하리니 이는 너희가 법 아래 있지 아니하고 은혜 아래 있음이니라" (롬 6:14) 한 말씀을 이해해야만 합니다. 법 아래 있다는 말은 하나님께서 우리를 보실 때에 법을 통해서 보시게 된다는 뜻입니다.

사울은 "법 아래", 즉 하나님께서 법을 통해서 보셨다는 것이 됩니다. 왜냐하면 사울은, "너희가 구한 왕, 너희가 택한 왕" (삼상 12:13)이었기 때문입니다. 그러나 다윗은 하나님께서 택하여 세우신 왕이었던 점이 사울과 다윗의 차이입니다. "너희가 구한 왕, 너희가 택한 왕"이 죄를 범하게 되면 자신이 책임을 질 수 밖에 없는 것입니다. 그런데 하나님께서 다윗을 택하신 목적이 무엇입니까? 그의 자손으로 그리스도를 보내셔서 천하 만민을 구원하시기 위해서입니다. 이런 맥락에서 다윗은 "은혜 아래" 있었던 것입니다.

"은혜 아래" 있다는 말은 하나님께서 은혜를 통해서 보신다는 뜻이 되는데 은혜는 누구로 말미암아 주어집니까? 그렇습니다. "은혜와 진리는 예수 그리스도로 말미암아 온 것이라" (요 1:17)고 말씀합니다. 그러므로 은혜 아래 있다는 말은 하나님께서 그리스도의 십자가를 통해서 보신다는 뜻이됩니다. 그러므로 예수 그리스도께서 나 대신 정죄를 받으신 것을 믿는 자는 정죄함이 없게 되는 것입니다. 그러므로 하나님께서 범죄한 다윗을 폐하시지 않으셔도 하나님의 공의와 충돌하지 않게 되는 것입니다.

넷째 단원(16-23) 아버지의 원대로 하옵소서

"우리아의 아내가 다윗에게 낳은 아이를 여호와께서 치시매 심히 앓는지라 다윗이 그 아이를 위하여 하나님께 간구하되 다윗이 금식하고 안에 들어가서 밤새도록 땅에 엎드렸으니"(15하-16), 다윗이 "땅에 엎드렸다"고 말씀하나 실은 하나님 앞에 엎드린 것입니다. 이렇게 칠 일 동안을 금식하며 간구한 것입니다. 다윗이 무엇이라 간구했을까요?

ㄱ 죄를 미워하시는 하나님의 의로우심을 위하여 아이가 죽어야함을 알았습니다.

ㄴ 그러나 아버지 다윗의 마음은 찢어지는 듯 아팠을 것입니다.

ㄷ 이 갈등 속에서 자신의 범죄를 참회하고 있었을 것입니다.

ㄹ 결국 다윗은, "나의 원대로 마옵시고 아버지의 원대로 하옵소서"라고 간구했을 것입니다.

이점이 이어지는 말씀에 나타나는데, "늙은 신하들이 왕을 일으키려 하되 듣지 아니하고 더불어 먹지도 아니하더라" 합니다. 그러나 이레 만에 아이는 죽고 맙니다. "신하들이 아이가 죽은 것을 왕에게 아뢰기를 두려워하니 이는 그들이 말하기를 아이가 살았을 때에 우리가 그에게 말하여도 왕이 그 말을 듣지 아니하셨나니 어떻게 그 아이가 죽은 것을 그에게 아뢸 수 있으랴 왕이 상심하시리로다"(18) 합니다.

그러나 다윗은 신하들이 서로 수군거리는 것을 보고 아이가 죽은 줄을, "아이가 죽었느냐? 죽었나이다 하는지라 다윗이 땅에서 일어나 몸을 씻고 기름을 바르고 의복을 갈아입고", 최우선적으로 한 일이 무엇인가? 하나님을 원망했습니까? 아닙니다. "여호와의 전에 들어가서 경배했다" 합니다. 이것이 "나의 원대로 마옵시고 아버지의 원대로 하옵소서" 하고 의탁한 자의 순복하는 자세입니다.

그런 후에 왕궁으로 돌아와, "명령하여 음식을 그 앞에 차리게 하고 먹은지라"(19-20) 합니다. 신하들은 이렇게 하는 다윗을 이해할 수가 없었을 것입니다. 이는 다윗이 비록 실수하고 넘어졌으나, "이는 다윗이 헷 사람 우리아의 일 외에는 평생에 여호와 보시기에 정직히 행하고 자기에게 명령하신 모든 일을 어기지 아니하였음이라"(왕상 15:5) 한, 다윗의 영성에 이르지 못했기 때문일 것입니다.

이 단원을 마치기 전에 하나님께서 다윗의 범죄를 허용하신 의도를 다시 한 번 강조해야만 하겠습니다.

㉠ 소극적으로는 다윗으로 하여금, "자만하지 않게 하시려고 내 육체에 가시 곧 사탄의 사자"(고후 12:7)를 허용하셨을 것입니다.

㉡ 보다 적극적으로는 7장에서 세워주신 "메시아언약", 즉 복음이 어찌하여 필요한가? 복음이 아니면 어떻게 되는가를 계시하시기 위해서라 할 수가 있습니다. 밤하늘의 별이 빛을 발하듯이 다윗은 어두운 죄악 중에서, "죄가 더한 곳에 은혜가 더욱 넘쳤나니" 하는 찬란하게 빛을 발하는 복음을 깨달았던 것입니다.

다섯째 단원(24-25) 여호와의 사랑을 입음

"다윗이 그의 아내 밧세바를 위로하고 그에게 들어가 그와 동침하였더니 그가 아들을 낳으매 그의 이름을 솔로몬이라 하니라 여호와께서 그를 사랑하사 선지자 나단을 보내 그의 이름을 여디디야라 하시니 이는 여호와께서 사랑하셨기 때문이라"(24-25) 합니다.

하나님께서 선지자 나단을 또 다윗에게 보내셨다 합니다. 본문은 밧세바를, "다윗의 아내"(24상)라고 말합니다. 죄를 사하신 이제 밧세바를 다윗의 아내로 인정하는 것입니다. "그가 아들을 낳으매" 합니다. "그의 이름을 솔로몬", 즉 "평화"라 하였더니, 하나님께서는 그를 사랑하사, "그의 이름을 여디디야"라 하셨다 합니다.

하나님께서 "여디디야"라 하셨다는 것은 이름을 하사하셨다는 단순한 의미가 아니라 첫째는, 하나님과의 관계가 회복되었음을 나타내고, 둘째는 솔로몬을 다윗 왕위의 계승자로 택하심을 의미합니다. 이를 알았기에 다윗도, "여호와께서 내게 여러 아들을 주시고 그 모든 아들 중에서 내 아들 솔로몬을 택하사 여호와의 나라 왕위에 앉혀 이스라엘을 다스리게 하실 새"(대상 28:5) 라고 말했던 것입니다. 궁극적으로 이 말씀은, "하늘로부터 소리가 있어 말씀하시되 이는 내 사랑하는 아들이요 내 기뻐하는 자라"(마 3:17) 하신 다윗의 자손으로 오신 예수 그리스도로 성취가 될 말씀이었던 것입니다.

그렇습니다. 다윗에게 그리고 솔로몬에게 무슨 공로나 그럴만한 자격이 있었기 때문이 아닙니다. 진노를 받아 마땅한 자들인데, "네 수한이 차서 네 조상들과 함께 누울 때에 내가 네 몸에서 날 네 씨를 네 뒤에 세워 그의

157

나라를 견고하게 하리라"(7:12)고 세워주신 메시아언약을 이루시기 위해서였던 것입니다. 하나님의 말씀을 "업신여기고" 죄를 범한 다윗, 그리하여 여호와의 원수로 크게 "비방할 거리를 얻게 한" 다윗에게 이런 위로와 사랑과 은혜를 내리시다니! 앞부분이 밤이라면 본 단원은 광명한 아침이라 할 것입니다.

"찬송하리로다 그는 우리 주 예수 그리스도의 하나님이시요 자비의 아버지시요 모든 위로의 하나님이시며 우리의 모든 환난 중에서 우리를 위로하사 우리로 하여금 하나님께 받는 위로로써 모든 환난 중에 있는 자들을 능히 위로하게 하시는 이시로다"(고후 1:3-4) 라고 찬양할 것 밖에는 없습니다.

여섯째 단원(26–31) 영광을 우리에게 돌리지 마소서

"요압이 암몬 자손의 랍바를 쳐서 그 왕성을 점령하매"(26) 하고, 내용은 갑자기 중단되었던 전쟁 이야기로 바뀝니다. 불의의 씨로 태어난 아이가 죽고 또다시 솔로몬이 태어났다는 것은 적어도 2-3년의 시간이 경과했음을 말해줍니다. 그런데 암몬과의 전쟁이 이때까지 지속이 되고 암몬의 왕성(王城)을 지금에야 함락시키게 되었을까 하는 생각이 듭니다.

그러나 중요한 것은, 성령께서 이런 구조로 말씀하시는 의도를 깨닫는 것입니다. 이는 적의 왕성을 정복하는 것보다도 우선적으로 해결되어야 할 문제가 있었기 때문에, "암몬"과의 싸움 기사를 잠시 뒤로 미루신 것으로 보아야만 합니다.

우선하는 문제는 신정왕국에 침입한 "죄"가 해결되어야 하는 것입니다.

그리하여 "여호와의 원수로 크게 비방할 거리를 얻게 한"(14) 것에 대하여 하나님의 거룩하심과 의로우심을 옹호하는 일과 다윗이 죄를 자복함으로 하나님과의 관계를 "회복"(시 51:12)시키는 일이 암몬의 왕성을 점령하는 것보다도 우선하는 문제라는 점을 보여주기 위함인 것입니다.

또한 이를 통해서 말씀하시려는 적극적인 의미가 있는데 요압이 전령을 다윗에게 보내 이르기를, "내가 랍바 곧 물들의 성읍을 쳐서 점령하였으니 이제 왕은 그 백성의 남은 군사를 모아 그 성에 맞서 진치고 이 성읍을 쳐서 점령하소서 내가 이 성읍을 점령하면 이 성읍이 내 이름으로 일컬음을 받을까 두려워하나이다"(27-28) 한 의미입니다. 다시 말하면 "랍바"를 정복했다는 "영광"을 누구에게 돌려야 하는가 하는 문제입니다. 군사령관 요압은 대적을 정복한 영광을 자신이 취하려 하지 않고 다윗 왕에게 돌리고 있음을 봅니다.

어찌하여 영광을 "다윗 왕"에게 돌려야 하는가? 이 예표를 통해서 드러내고자 하는 불변의 진리는 영광은 죽으시고 다시 사심을 통해서 우리 죄를 대속하여 주시고 사망권세를 잡은 사탄을 정복하신 우리 주 예수 그리스도께 돌려야 한다는 점을 드러내기 위해서인 것입니다. 그렇습니다. 다윗이 아닙니다. 요압은 더욱 아닙니다. 하나님의 나라 건설에 부름을 받은 모든 군사들은 자신의 명예를 위해서가 아니라 먼저 "그 나라와 하나님의 영광을 위하여" 싸워야함을 계시해주고 있는 것입니다. 시편 115편은 이에 대한 빛을 비춰주고 있습니다.

여호와여 영광을 우리에게 돌리지 마옵소서
우리에게 돌리지 마옵소서 오직 주는 인자하시고

진실하시므로 주의 이름에만 영광을 돌리소서
어찌하여 뭇 나라가 그들의 하나님이 이제 어디 있느냐 말하게 하리이까
오직 우리 하나님은 하늘에 계셔서 원하시는 모든 것을 행하셨나이다
(시 115:1-3)

이 시는 바벨론 포로 중에 읊은 시입니다. 이들은 속히 돌아가게 해달라
고 간구하고 있습니다. 그러나 자신들이 고생스러우니까 자신들을 위해서
돌아가게 해달라는 것이 아닙니다. 자신들이 받는 고난은 죄 값으로 당연
하지만 자신들로 말미암아 저들이, "네 하나님이 이제 어디 있느냐"(2)고
조롱하는 "하나님의 이름과 명예"에 손상을 입히게 되었다는 이것이 마음
아프고 참을 수가 없다는 것입니다.

그래서 하나님의 이름과 명예를 위하여 돌아가게 해달라는 것입니다.
이것이 "영광을 우리에게 돌리지 마옵소서, 오직 주는 인자하시고 진실하
시므로 주의 이름에만 영광을 돌리소서"의 의미인 것입니다. 이것이 요압
이, "이 성읍이 내 이름으로 일컬음을 받을까 두려워하나이다"(28) 한 의미
요, 주님께서, "너희는 먼저 그의 나라와 그의 의를 구하라" 하신 뜻이기도
합니다. 이것이 "죄가 더한 곳에 더욱 넘치는 은혜"입니다.

나누어 봅시다.

① 다윗의 자복과 하나님의 사하심에 대해서,

② "당신이 낳은 아이가 반드시 죽으리이다"에 대해서,

③ 다윗의 범죄를 허용하신 의도에 해서,

13장
여호와는 의로우시다

　13장은 다윗 가문에 강간사건과 살인사건이 일어나는 내용입니다. 다윗의 맏아들 암논이 이복동생 다말을 강간하는 사건은 다윗이 밧세바를 취하는 것과 대응하고, 이로 인하여 다말의 오라비 압살롬이 암논을 죽이는 것은 다윗이 우리아를 죽인 일과 상응하고 있습니다. 이는 나단 선지자를 통하여 선언하신 "재앙"(12:11)의 시작일 뿐입니다.

　그런데 본문을 대할 때에 두 가지 극단을 경계해야만 하는데 첫째는, 윤리적으로 접근하여 교훈에 머물러서는 안 된다는 것입니다. 그렇게 한다면 다윗을 택하셔서 왕으로 세우신 하나님의 주권이 설자리가 없어지고 맙니다. 반면, 이러한 재앙을 하나님이 일어나게 하신 양 말하는 것을 조심해야만 합니다. 그렇게 한다면 하나님의 은혜가 폐하여지고 맙니다.

　그렇다면 영광스럽던 다윗 가문에 어째서 이러한 일이 벌어지는 것일까? 성경은 "여호와의 원수가 크게 비방할 거리를 얻게 하였다"(12:14) 했습니다. "그러므로 한 사람으로 말미암아 죄가 세상에 들어오고 죄로 말미암아 사망이 들어왔나니"(롬 5:12) 한 동일한 맥락으로 보아야만 합니다. 성경이 말씀하는 궁극적인 "원수"는 사탄이요, 사탄은 죽이고 멸망시킬 기회를 엿보는 자요, 하나님께서 이를 허용하심으로 이것이 하나님의 징벌로 나타나게 되는 것입니다.

①죄의 가공스러운 파괴력을 똑똑히 보아야만 했습니다.

②자력으로는 구원 얻을 가망이 없는 인간의 전적타락과 무능을 인식해야만 했습니다.

③결국 자신에게 세워주신 메시아 언약만을 의지하게 하시기 위하여 이 재앙을 허용하셨던 것입니다. 눈물의 선지자 예레미야는 범죄의 결과로 예루살렘이 멸망하고 성전이 불타버린 재앙의 현장을 바라보면서, "여호와는 의로우시도다"(애 1:18)고 말하고 있는데, 우리도 다윗 왕가에 닥친 재앙을 바라보면서 "여호와는 의로우시도다"고 말할 수 밖에 없는 것입니다. 이를 두 단원으로 나누어 상고합니다.

첫째 단원(1-22) **다윗의 집에 재앙이 임하다**

둘째 단원(23-39) **칼이 네 집에서 떠나지 아니하리라**

첫째 단원(1-22) 다윗의 집에 재앙이 임하다

13장은, "그 후에 이 일이 있으니라"(1상) 하고 시작이 되는데 이는 13장에서 벌어지는 "사건"이 12장에서 다윗이 범한 죄의 결과로 임하게 되었음을 나타냅니다. "다윗의 아들 압살롬에게 아름다운 누이가 있으니 이름은 다말이라 다윗의 다른 아들 암논이 그를 사랑하나 그는 처녀이므로 어찌할 수 없는 줄을 알고 암논이 그의 누이 다말 때문에 울화로 말미암아 병이 되니라"(1-2) 합니다.

"울화", 그렇습니다. 그의 마음에는 불이 붙고 있었던 것입니다. 그 불은 거룩한 불이 아니라 "온 몸을 더럽히고 삶의 바퀴를 불사르나니 그 사르는 것이 지옥 불에서 나느니라"(약 3:6) 한 그런 불이었던 것입니다.

"암논이 곧 누워 병든 체하다가 왕이 와서 그를 볼 때에 암논이 왕께 아뢰되 원하건대 내 누이 다말이 와서 내가 보는 데에서 과자 두어 개를 만들어 그의 손으로 내게 먹여 주게 하옵소서"(6) 하니, 다윗이 다말에게 "네 오라버니 암논의 집으로 가서 그를 위하여 음식을 차리라"(7) 함으로 암논의 궤계에 말려들어 성폭행을 당하게 되었던 것입니다.

성경의 예리함을 보십시오. 11장에서 다윗이 밧세바의 아름다움을 보고 마음에 음욕이 불붙듯 하여 죄를 범하는 것을 보여주었습니다. 그런데 "그 후에" 아들 암논이 다말의 아름다움을 보고 음욕이 불붙듯 하여 다말을 강간하는 것을 보여주고 있는 것입니다. 다말은 암논에게, "오라버니여 나를 욕되게 하지 말라 이런 일은 이스라엘에서 마땅히 행하지 못할 것이니 이 어리석은 일을 행하지 말라"(12)고 만류합니다. 그렇습니다. 다윗이나 암논이 행한 일은 "이스라엘에서 마땅히 행하지 못할 어리석은(괴악한) 일"이었던 것입니다. 그러나 "암논이 그 말을 듣지 아니하고 다말보다 힘이 세므로 억지로 그와 동침하니라"(14) 합니다. 밧세바도 다윗이 우리아보다 힘이 센 왕이므로 어쩔 수 없이 당하고 만 것입니다.

다른 점이 있는데 다윗은, "그(밧세바)를 왕궁으로 데려오니 그가 그 아내"(11:27)가 되었다고 말하나 음욕을 채운 암논은, "그를 심히 미워하니 이제 미워하는 미움이 전에 사랑하던 사랑보다 더한 지라"(15), 애걸하는 다말을 내쫓고 문빗장을 지르는 것이 다른 점입니다. 다윗이 밧세바를 아내로 맞이하여 솔로몬을 낳게 되고 하나님께서 그 이름을 여디디야라 하심을 통해서는 구원계획을 이루시고자 하는 하나님의 주권적인 "은혜"를 보게 되는 반면, 암논의 비정한 행동을 통해서는 죽이고 멸망시키려는 사탄의 "재앙"을 보여주는 것입니다.

"다말이 재를 자기의 머리에 덮어쓰고 그의 채색 옷을 찢고 손을 머리 위에 얹고 가서 크게 울부짖으니"(19) 그의 오빠인 압살롬은, "누이야 지금은 잠잠히 있고 이것으로 말미암아 근심하지 말라 하니라 이에 다말이 그의 오라버니 압살롬의 집에 있어 처량하게 지내니라"(20) 합니다.

이는 다윗이 원수에게 "비방"할 원인을 제공했기 때문에 일어나게 된 비극입니다. 사울이 범죄하자, "여호와의 영이 사울에게서 떠나고 여호와께서 부리시는 악령이 그를 번뇌하게 한지라"(삼상 16:14) 했습니다. 그 후 사울은 악령의 조종을 받아 여호와를 대적하는 자로 변신을 하게 되는데, 죄를 범한 다윗도 이렇게 전락할까봐 두려워했습니다. 그리하여, "나를 주 앞에서 쫓아내지 마시며 주의 성령을 내게서 거두지 마소서"(시 51:11) 하고 탄원했던 것입니다. 하나님께서 다윗에게 세워주신 메시아언약으로 말미암아 주의 성령을 거두시는, 이것만은 허용하시지 않으셨으나 징벌은 피할 수가 없었던 것입니다.

"다윗 왕이 이 모든 일을 듣고 심히 노하니라"(21) 합니다. 자신이 떳떳하지가 못했기 때문일까요? 그러나 노할 뿐 성경이 명하는, "그들의 민족 앞에서 그들이 끊어질지니 그가 자기의 자매의 하체를 범하였은즉 그가 그의 죄를 담당하리라"(레 20:17, 신 22:25) 한, 법대로 처리하지는 못했던 것입니다. 이것이 다음 재앙을 불러오는 원인제공을 하게 됩니다. 이것이 "다윗의 집에 임한 재앙"입니다.

둘째 단원(23-39) 칼이 네 집에서 떠나지 아니하리라

"만 이년 후에 에브라임 곁 바알하솔에서 압살롬이 양 털을 깎는 일이 있으매 압살롬이 왕의 모든 아들을 청하고"(23) 합니다. 압살롬은 자신의 여동생이 당한 복수의 칼을 2년 동안이나 갈면서 그 기회를 엿보고 있었던 것입니다. 그 배후에는 다윗 왕국을 파괴하기 위하여 엿보고 있는 사탄의 음모가 있음도 잊어서는 아니 됩니다.

양 털 깎는 날을 거사 일로 정하고, "압살롬이 간청하매 왕이 암논과 왕의 모든 아들을 그와 함께 그에게 보내니라"(27) 합니다. 다말을 암논에게 보낸 사람도 다윗이요, 결과는 성폭행을 당하게 되었고, 암논을 압살롬에게 보낸 사람도 다윗입니다. "압살롬이 이미 그의 종들에게 명령하여 이르기를 너희는 이제 암논의 마음이 술로 즐거워할 때를 자세히 보다가 내가 너희에게 암논을 치라 하거든 그를 죽이라 두려워하지 말라 내가 너희에게 명령한 것이 아니냐 너희는 담대히 용기를 내라 한지라 압살롬의 종들이 압살롬의 명령대로 암논에게 행하매 왕의 모든 아들들이 일어나 각기 노새를 타고 도망하니라"(28-29) 합니다.

그런데 소문은 "압살롬이 왕의 모든 아들들을 죽이고 하나도 남기지 아니하였다"(30)고 전해지니, "왕이 곧 일어나서 자기의 옷을 찢고 땅에 드러

눕고"(31) 합니다. 땅에 엎드린 다윗은 무엇을 생각했을 것인가? 암논을 죽인 "압살롬이 도망하여 그술로 가서 거기서 산지 삼 년이라"(38), 압살롬은 외가로 피신을 한 것입니다. 압살롬의 어머니는 "그술 왕 달매의 딸 마아가"(3:3)였던 것입니다.

13장은, "다윗 왕의 마음이 압살롬을 향하여 간절하니"(39) 하고 끝나고 있는데 37절에서도, "다윗은 날마다 그의 아들로 말미암아 슬퍼하니라" 합니다. 이것이 탕자와 같은 우리를 향하신 하나님 아버지의 마음이기도 합니다.

"한 사람으로 말미암아 죄가 세상에 들어오고 죄로 말미암아 사망이 들어온"(롬 5:12) 것처럼, 한 사람으로 말미암아 죄가 다윗의 왕가에 들어오자, 무차별 공격을 당하는 것을 보게 됩니다. 음란만 들어온 것이 아니라 "칼"도 들어 왔습니다. 아름다운 딸 다말은 성폭행과 박대를 당하여 오라비 압살롬의 집에서 "처량하게"(20하) 지내는 신세가 되었고, 암논은 동생에게 죽임을 당하고 압살롬은 집에 거하지를 못하고 도망쳐 3년이나 객이 됩니다.

13장에서 다윗은, "심히 노하고(21), 그 옷을 찢고 땅에 엎드리고(31), 심히 통곡"(36)을 하는 자로 등장합니다. 다윗이 얼마나 자책감과 자괴하는 마음에 빠졌을까요? 만일 우리 가정에, 섬기는 교회에 이런 일이 벌어진다면 우리들은 좌절과 낙망할 수 밖에 없을 것입니다. 모든 것을 던져버리고 싶은 심정일 것입니다.

하나님께서 이루어 오신 구원계획은 이처럼 부패하고 무능한 죄인들을 들어서 이루어 오셨습니다. 그들이 사고를 칠 때마다 악을 선으로 바꾸시면서 모든 것을 합력 하여 선을 이루어 오셨습니다. 마태복음 1장에 수록된 예수 그리스도의 족보를 보십시오. "유다는 (자부) 다말에게서 베레스를 낳고(3), 살몬은 (기생) 라합에게서 보아스를 낳고(5), 다윗은 우리야의 아내에게서 솔로몬을 낳았다"(6) 하니 얼마나 부끄러운 족보입니까?

그러나 하나님은 포기하시지 않으셨습니다. 중단하시지 않으셨습니다. 파상적으로 공격해 오는 대적자의 방해공작을 분쇄하시면서 기어코 그 줄기에서 그리스도라는 의로운 해는 떠올랐던 것입니다. 우리도 "여호와는 의로우시다"고 말할 것 밖에는 없습니다.

나누어 봅시다.

① 다윗이 사탄에게 틈을 줌으로 재앙이 임하게 되었다는 점에 대해서,

② 다윗이 범한 음란과 칼의 악순환에 대해서,

③ 징벌을 당하면서도 "여호와는 의로우시다" 하게 되는 점에 대해서,

14장

방책을 베푸시는 하나님

14장은 암논을 죽이고 그술로 도망갔던 압살롬이 돌아와 아버지 다윗과 화해하는 내용입니다. 다윗이 압살롬을 용납한 일이 "정의와 공의"에 합당한 일인가의 여부는 분별하기가 쉬운 문제는 아닙니다. 이점에서 관점(觀點)의 차이가 등장하게 되는데 모세의 율법이라는 잣대로 하면 용납할 수가 없는 것이 되고, 예수 그리스도로 말미암은 은혜로 하면 용서하고 받아줄 수가 있는 것입니다.

예를 들면 창세기 3장을 인간의 행위에 초점을 맞추면 타락 장임이 분명합니다만, 하나님의 행사에 초점을 맞추어 바라보게 되면 "원 복음"을 주신 은혜 장이 되는 것입니다. 그러므로 "죄가 더한 곳에 은혜가 더욱 넘쳤나니" (롬5:20)라고 말하게 되는 것입니다.

그러면 14장의 중심점이 무엇이라 할 수가 있는가? "하나님은 생명을 빼앗지 아니하시고 방책을 베푸사 내쫓긴 자가 하나님께 버린 자가 되지 아니하게 하시나이다" (14) 한 말에서 구할 수가 있습니다. 하나님의 구원계획은 죽어 마땅한 자를 죽지 않게 하시려는 "방책을 베푸심"이라 할 수가 있는데, 그 방책이 우리 대신 자기 아들을 대신 내어주셨다는 것입니다. 그리하여 "내쫓긴" 원죄 하에 있는 자들이 "버린 자가 되지 않게" 된 것입니다.

그러므로 14장의 주제를 "방책을 베푸시는 하나님"으로 정한 것입니다. 이를 두 단원으로 나누어 상고합니다.

첫째 단원(1-20) **압살롬을 돌아오게 할 방책**
둘째 단원(21-33) **왕이 압살롬과 입을 맞추니라**

첫째 단원(1-20) 압살롬을 돌아오게 할 방책

14장은 "스루야의 아들 요압이 왕의 마음이 압살롬에게로 향하는 줄 알고"(1)하고 시작이 됩니다. 13장 마지막 절에서 "다윗 왕의 마음이 압살롬을 향하여 간절하니 암논은 이미 죽었으므로 왕이 위로를 받았음이더라" 했습니다. 3년이라는 세월이 지나자 기왕에 죽은 아들보다는 살아있으면서도 만나지 못하고 있는 압살롬에게 향하는 마음이 더욱 간절했다는 것입니다.

요압이 이러한 왕의 마음을 알고 계책을 강구합니다. 왜냐하면 왕의 마음이 그토록 간절하지만 어떤 명분이 없이는 아들을 돌아오게 할 수가 없었기 때문입니다. 바로 이점이 어떻게 하면 하나님의 의로우심도 보존하시면서, 추방당한 자들을 받아 주실 수가 있는가 하는 하나님의 구원계획의 난제(難題)인 것입니다.

"드고아에 사람을 보내 거기서 지혜로운 여인 하나를 데려다가 그에게 이르되 청하건대 너는 상주가 된 것처럼 상복을 입고 기름을 바르지 말고 죽은 사람을 위하여 오래 슬퍼하는 여인 같이 하고 왕께 들어가서 그에게 이러이러하게 말하라"(2-3)고 계책을 꾸밉니다.

ㄱ 자신은 남편이 죽은 참 과부라는 것과(5),

ㄴ 아들 둘이 있었는데 싸우다가 형이 아우를 쳐 죽였는데 이는 말려줄 사람이 없는 들에서 충동적으로 일어난 사건이라는 것과(6),

ㄷ 그런데 온 족속이 일어나, "그 동생을 쳐 죽인 자를 내 놓으라" 한다는 것과,

ㄹ 그렇게 되면 상속자가 없어져, "남편의 이름과 씨를 세상에 남겨두지" 못하게 되지 않겠느냐고 호소하라는 것이었습니다.

여인의 호소를 듣고 다윗은, "여호와께서 살아 계심을 두고 맹세하노니 네 아들의 머리카락 하나도 땅에 떨어지지 아니하리라"(11), 즉 죽지 아니하리라는 보장을 합니다.

그러자 여인은 정색을 하고, "그러면 어찌하여 왕께서 하나님의 백성에게 대하여 이 같은 생각을 하셨나이까 이 말씀을 하심으로 왕께서 죄 있는 사람 같이 되심은 그 내쫓긴 자를 왕께서 집으로 돌아오게 하지 아니 하심이니이다"(13) 합니다. 즉 왕께서는 내 자식은 용납하겠다고 말씀하시면서 어찌하여 왕의 아들에 대하여는 돌아오게 아니하느냐는 것입니다.

여인의 말 중에서 중심점은 "우리는 필경 죽으리니 땅에 쏟아진 물을 다시 담지 못함 같을 것이오나 하나님은 생명을 빼앗지 아니하시고 방책을 베푸사 내쫓긴 자가 하나님께 버린 자가 되지 아니하게 하시나이다"(14)

한말에 있습니다.

　㉠ "우리는 필경 죽으리니" 합니다. 이는 인간의 연약성과 무상함을 나타내는 것
　　으로 다윗의 감성에 호소하는 말이요,

　㉡ "땅에 쏟아진 물을 다시 모으지 못함과 같을 것이오나" 합니다. 이는 암논은 이
　　미 죽었으니 엎질러진 물과 같아서 다시 돌아오게 할 수는 없다는 다윗의 이
　　성에 호소하는 말이요,

　㉢ "하나님은 생명을 빼앗지 아니하시고 방책을 베푸사 내쫓긴 자가 하나님께 버
　　린 자가 되지 않게 하시나이다"한 말에 14장의 중심점이 있는데, 이는 문제에
　　대한 해답을 제시하는 말인 것입니다.

창세기 3장 마지막 절은 "하나님이 그 사람을 쫓아내시고" (창 3:24) 하
는 절망적인 말로 끝이 납니다. 그런데 불과 네 절 뒤에서, "여호와께서 아
벨과 그의 제물은 받으셨으나" (창4:4)라고, 받아주셨다 말씀합니다. 받아
주심이 어떻게 가능해졌는가? "양의 첫 새끼"가 죽어 피를 흘렸기 때문입
니다. 이것이 하나님께서 추방당한 자를 돌아오게 하시려는 방책(方策)이
었던 것입니다.

아담과 하와를 쫓아내시기 전에 "여호와 하나님이 아담과 그의 아내를
위하여 가죽 옷을 지어 입히시니라" (창 3:21)는 말씀을 대하게 됩니다. 이
는 그들에게 돌아오게 할 방책을 베풀고 계심을 나타내는 예시임이 명백합
니다. 즉 "내가 벗었음으로 두려워하여 숨었나이다" (창3:10) 한 그들에게
"가죽 옷", 즉 의의 겉옷(사 61:10)을 입혀서 돌아오게 하시겠다는 묵시적
인 약속이었던 것입니다.

구원계획이란 내쫓긴 자로 하여금 하나님 앞으로 돌아오게 할 방책(方

策)을 베푸심이라고 말할 수가 있습니다. 그 방책이 무엇입니까? 다윗의 자손으로 그리스도를 보내셔서 그로 하여금 대신 죄를 담당케 하시고 돌아오게 하시려는 것입니다. 그러므로 성경은 "그리스도께서도 단번에 죄를 위하여 죽으사 의인으로서 불의한 자를 대신하셨으니 이는 우리를 하나님 앞으로 인도하려 하심이라"(벧전 3:18)고 말씀합니다.

그러므로 본문에서 아버지 다윗의 마음을 통해서 우리에게 향하신 하나님 아버지의 간절한 마음을 볼 수 있어야만 하겠습니다. 그리하여 방책을 베푸시는 하나님의 사랑을 만나야만 합니다.

복음이 무엇인가? "우리가 아직 연약할 때에, 우리가 아직 죄인 되었을 때에, 곧 우리가 원수 되었을 때에 그 아들의 죽으심으로 말미암아 하나님으로 더불어 화목하게"(롬 5:6-10) 하시려는 방책(方策)을 베푸심인 것입니다.

둘째 단원(21-33) 왕이 압살롬과 입을 맞추니라

"왕이 요압에게 이르되 내가 이 일을 허락하였으니 가서 청년 압살롬을 데려오라"(21)합니다.

그리하여 요압이 일어나 그술로 가서 압살롬을 데리고 예루살렘으로 오니 왕이 이르되, "그를 그의 집으로 물러가게 하여 내 얼굴을 볼 수 없게 하라" 하매 압살롬이 자기 집으로 돌아가고 왕의 얼굴을 보지 못하니라(23-24)합니다.

28절에 의하면, "압살롬이 이태 동안 예루살렘에 있으되 왕의 얼굴을 보지 못하였다"고 말합니다. 이럴 경우 압살롬의 입장만 생각하여 동정을 해서는 부족합니다. 왜냐하면 압살롬만 아버지의 얼굴을 보지 못한 것이 아니라, 압살롬에게 향한 마음이 그토록 간절한 아버지 다윗도 같은 예루살렘에 있으면서 아들의 얼굴을 이태 동안이나 보지 못했다는 점을 생각해야만 합니다.

왜 이렇게 하였는가? 이는 다윗이 육신의 소욕으로만 행한 것이 아니라 영적 분별력을 행사했음을 뜻합니다. 그리하여 압살롬을 데려오는 것까지는 허락하였으나, 그의 얼굴을 본다는 것은 그의 공의가 용납이 안 되었음을 나타냅니다.

어떤 의미에서 이는 구약시대를 상징적으로 나타내고 있다 하겠습니다. 하나님께서는 시내 산에 강림하시고 그들 가운데 거하실 성막을 지으라 명하셨습니다. 왜 그렇게 하셨습니까? 자기 백성들에게 향하신 마음이 간절하셨기 때문입니다. 그러나 시내 산에는 지경(地境)을 두어 이를 범하지 못하게 하셨고, 성막은 가운데를 막으라 명하셨습니다. 본문의 표현대로 하면 "내 얼굴을 보지 말게 하라"(24) 하셨던 것입니다. 왜 그리하셔야만 했습니까? 짐승의 피로는 죄가 완결이 되지 않았기 때문입니다.

"온 이스라엘 가운데에서 압살롬 같이 아름다움으로 크게 칭찬 받는 자가 없었으니 그는 발바닥부터 정수리까지 흠이 없음이라"(25)는 말을 이 시점에 말씀하고 있는 의도가 무엇이겠습니까? 이를 압살롬에 대한 예찬으로 볼 수가 있겠습니까? 아닙니다. 이처럼 아름답고 크게 칭찬 받고 흠이 없던 압살롬이, 아버지 다윗의 기대를 저버리고 이런 지경에 이르렀다는 탄식하는 의미가 있는 것입니다.

인류의 시조 아담을 하나님의 형상대로 지으셨다는 것은 최고 걸작 품으로 지으셨음을 의미합니다. 실로 "그는 발바닥부터 정수리까지 흠이 없는" 자로 지음을 받았었는데 하나님을 반역하고 추방당한 행위는 아버지의 기대를 저버린 압살롬과 조금도 다를 바가 없는 것입니다. 성경은 "네가 지음을 받던 날로부터 네 모든 길에 완전하더니 마침내 네게서 불의가 드러났도다"(겔 28:15) 합니다.

14장은 이태가 지난 후 요압의 중재로 압살롬을 부르니, "그가 왕께 나아가 그 앞에서 얼굴을 땅에 대어 그에게 절하매 왕이 압살롬과 입을 맞추니라"(33)는 말씀으로 끝을 맺고 있습니다. 이는 그술에서의 3년과 예루살렘에서의 2년을 합한다면 5년만의 화해였던 것입니다. 그런데 입을 맞추는 압살롬의 입술은 진실한 입술인가? 아니면 가룟 유다와 같은 입술인가? "주여, 주여" 하는 나의 입술은 어떤 입술인가 돌아보게 합니다. 이것이 "방책을 베푸시는 하나님"에 대한 인간의 거짓됨입니다.

나누어 봅시다

① 압살롬을 돌아오게 할 방책에 대해서,
② "내 얼굴을 보지 못하리라" 한 구속사적 의미에 대해서,
③ 원죄 하에 있는 자들을 돌아오게 할 하나님의 방책에 대해서,

15장
선히 여기시는 대로 행하시옵소서

15장은 압살롬의 반란으로 말미암아 다윗이 망명길에 오르는 내용입니다. 13장에서 시작 된 다윗 가문의 비극은 다윗이 사탄에게 원인을 제공함으로 야기된 재앙이요, 이를 허용하신 하나님의 "징벌"(12:11)이라는 관점으로 보아야만 합니다. 인과응보론 적으로 접근하게 되면 다윗이 누이 다말을 욕보인 암논을 의법 조치 아니한 것이 압살롬이 암논을 죽이는 살인사건을 낳게 했고, 살인한 압살롬에게 관용을 베풀었기 때문에 반역이 일어나게 된 것으로 여길 수도 있습니다만 이는 교훈적인 접근입니다.

그러므로 15장의 중심점은 법궤를 메고 다윗에게 달려온 사독에게 다윗이, "하나님의 궤를 성읍으로 도로 메어 가라 만일 내가 여호와 앞에서 은혜를 입으면 도로 나를 인도하사 내게 그 궤와 그 계신 데를 보이시리라 그러나 그가 이와 같이 말씀하시기를 내가 너를 기뻐하지 아니한다 하시면 종이 여기 있사오니 선히 여기시는 대로 내게 행하시옵소서 하리라"(25-26) 한 말씀에 있는 것입니다.

환난 날에 다윗은 사람들을 의지하고 의식하고 있는 것이 아니라, 하나님께서 자기를 보실 때 어떻게 보시느냐? 하나님께서 진실로 "내가 너를 기뻐하지 아니한다" 하실 것인가에 관심을 집중하고 있는 것입니다. "법궤"를 도로 메어 가라 한 것도 법궤를 자신의 지위를 유지하기 위한 방편으로 삼으려 하지 않았기 때문입니다.

다윗의 이와 같은 신본주의 사상은 이어지는 사건 속에서도 일관되게 나타나고 있는데 참기 어려운 시므이의 저주를 들으면서도, "그가 저주하는 것은 여호와께서 그에게 다윗을 저주하라 하심이니 네가 어찌 그리하였느냐 할 자가 누구겠느냐, 여호와께서 그에게 명령하신 것이니 그가 저주하게 버려두라 혹시 여호와께서 나의 원통함을 감찰하시리니 오늘 그 저주 때문에 여호와께서 선으로 내게 갚아 주시리라"(16:10-12)고 다윗의 눈과 마음이 하나님에게서 떨어지지 않고 있는 것입니다.

그러므로 15장의 주제가 "선히 여기시는 대로 행하시옵소서"가 될 수가 있습니다. 이를 네 단원으로 나누어 상고하겠습니다.

첫째 단원(1-6) **마음을 도적하는 압살롬**

둘째 단원(7-12) **압살롬의 반란**

셋째 단원(13-29) **다윗의 망명**

넷째 단원(30-37) **배신자와 충신**

첫째 단원(1-6) 백성의 마음을 도적하는 압살롬

"그 후에 압살롬이 자기를 위하여 병거와 말들을 준비하고 호위병 오십 명을 그 앞에 세우니라"(1) 하는데, 이는 자기 세력을 불려나가고 있다는 점을 드러내는 말입니다. 이점이 "사람이 가까이 와서 그에게 절하려 하면 압살롬이 손을 펴서 그 사람을 붙들고 그에게 입을 맞추니 이스라엘 무리 중에 왕께 재판을 청하러 오는 자들마다 압살롬의 행함이 이와 같아서 이 스라엘 사람의 마음을 압살롬이 훔치니라"(5-6)는 말에서도 드러납니다.

성경의 역사는 정지해 있는 것이 아니라 쉬지 않고 움직이고 있는데, 반 복되는 악순환이기도 합니다. 가인이 아벨을 죽인 것이나, 이스마엘이 이 삭을 희롱한 것이나, 에서가 야곱을 죽이려한 것이나, 사울이 다윗을 죽이 려고 한 것이나, 아들 압살롬이 아버지 다윗을 죽이려고 반역하고 있는 것 도 같은 맥락에서 일어나고 있는 사건들입니다.

이점에서 놓쳐서는 아니 될 점은 이 사건들의 배후에는 언제나 "여자의 후손"이라 지칭 된 그리스도의 탄생을 저지하려는 사탄의 음모가 있다는 것입니다. 왜냐하면 사탄은 여자의 후손에 의하여 멸망당할 것을 창세기 3:15절에서 선고 받은 자이기 때문입니다. 그러므로 구속사는 "네 후손도 여자의 후손과 원수가 되게 하리니" 하신 적대감의 연속입니다. 이렇게 반 복되다가 헤롯이 아기 예수를 죽이기 위하여 베들레헴의 영아들을 학살하 게 되고, 종내는 가룟 유다 속에 들어가 그리스도를 십자가에 못 박아 죽이 는데서 악의 정점을 보게 되는 것입니다.

그러므로 다윗이 그리스도를 예표하는 인물로 세움을 입었다면 압살롬 은 사탄의 하수인인 거짓 그리스도의 모형으로 등장합니다. 다윗은 사울에게 쫓기면서 또는 압살롬의 반란으로 인하여 망명객이 되어서 여러 편의 시를 기록하였습니다. 그 시편들이 1차적으로는 다윗의 처지를 말해주고 있지만 궁극적으로는 그리스도의 수난을 예언해주고 있는 것입니다. 주님께서도, "시편에 나를 가리켜 기록된 모든 것이 이루어져야 하리라"(눅 24:44)고 이점을 인정하셨습니다.

그러므로 본문에서도 고난당하는 다윗만을 볼 것이 아니라 수난 당하실 그리스도를 바라볼 수 있어야만 하는 것입니다. 그런 의미에서 첫째 단원의 핵심은 "이스라엘 사람의 마음을 훔치(도적)니라"에 있습니다. 어느 시대를 막론하고 거짓 그리스도, 거짓 선지자들의 특성은 백성들의 마음을 하나님께 향하도록 인도하는 것이 아니라 자기에게로 향하도록 "마음을 도적"하는 일인 것입니다. 그러므로 압살롬의 행사를 통해서 거짓 그리스도의 전형적인 모습을 보게 됩니다.

①"그 후에 압살롬이 자기를 위하여 병거와 말들을 준비하고 호위병 오십 명을 그 앞에 세우니라"(1)고, 당을 짓고 세력을 확장해 나갑니다.

②"압살롬이 일찍이 일어나 성문 길 곁에 서서", 누군가는 말했습니다. 종들 가운데 가장 충성스럽고 부지런한 종은 사탄의 종들이라고! 다윗은 "저녁때에 침상에서 일어났다"(11:2) 하는데 압살롬은 왕자이면서도, "일찍이 일어나 성문 길 곁에 서서" 사람을 기다리고 있었습니다. 잠언 7장에 묘사된 음녀를 보십시오. "그때에 기생의 옷을 입은 간교한 여인이 그를 맞으니 이 여인은 떠들며 완악하며 그의 발이 집에 머물지 아니하여 어떤 때에는 거리, 어떤 때에는 광장 또 모퉁이마다 서서 사람을 기다리는 자라 그 여인이 그를 붙잡고 그에게 입맞추며"(잠7:10-13), 이 유혹에 마음을 도적맞지 않을 자가 누구이겠습니까?

③"어떤 사람이든지 송사가 있어 (다윗) 왕에게 재판을 청하러 올 때에

그 사람을 불러 이르되(2), 네 일이 옳고 바르다마는 네 송사들을 사람을 왕께서 세우지 아니하셨다" (3하), 즉 자기라면 네 억울함을 해결해줄 수가 있겠는데 내게는 그런 권리가 없구나 하는 뜻으로, 백성의 마음을 도적질하고 이간질을 했던 것입니다. 성경은 "그들이 너희에게 대하여 열심 내는 것은 좋은 뜻이 아니요 오직 너희를 이간시켜 너희로 그들에게 대하여 열심을 내게 하려 함이라" (갈 4:17)고 말씀합니다.

④ 이점이 압살롬이 말하기를, "내가 이 땅에서 재판관이 되고 누구든지 송사나 재판할 일이 있어 내게로 오는 자에게 내가 정의를 베풀기를 원하노라" (4) 한 말에 나타나는데, 거짓 선지자들은 한 결 같이 자신의 말이 진리라고 말합니다.

⑤ "사람이 가까이 와서 그에게 절하려 하면 압살롬이 손을 펴서 그 사람을 붙들고 입을 맞추니" (5) 합니다. 여기 간교함의 극치가 있습니다. 절하려는 자에게 고답적으로 대한 것이 아니라 손을 펴서 이를 만류하면서 도리어 그 사람을 붙들고 "입을 맞췄다"니, 이처럼 사랑 많고 겸손한 분이 또 어디 있단 말인가!

성경은, "그런 사람들은 거짓 사도요 속이는 일꾼이니 자기를 그리스도의 사도로 가장하는 자들이니라 이것은 이상한 일이 아니니라 사탄도 자기를 광명의 천사로 가장하나니 그러므로 사탄의 일꾼들도 자기를 의의 일꾼으로 가장하는 것이 또한 대단한 일이 아니니라 그들의 마지막은 그 행위대로 되리라" (고후 11:13-15)고 말씀합니다.

마음을 도적하니라

"이스라엘 무리 중에 왕께 재판을 청하러 오는 자들마다 압살롬의 행함이 이와 같아서 이스라엘 사람의 마음을 압살롬이 훔치니라"(6)고, "훔쳤다"고 말씀합니다. 그런데 다윗은 이를 모르고 있는 것입니다. 그러므로 정신을 바짝 차려야만 합니다. 그래서 바울은 교회 감독자에게 "여러분은 자기를 위하여 또는 온 양 떼를 위하여 삼가라 성령이 그들 가운데 여러분을 감독자로 삼고 하나님이 자기 피로 사신 교회를 보살피게 하셨느니라"(행 20:28)고 말씀합니다.

성경은 "무릇 지킬 만한 것보다 더욱 네 마음을 지키라"(잠 4:23)고 말씀합니다. 마음에 뿌려진 말씀의 씨를 도적맞지 않도록 지켜야만 합니다. 도적질하고 죽이고 멸망시키려는 사탄이 노리고 있지 않은 분야란 아무 것도 없습니다. 그러므로 복음진리를 보수해야만 합니다. 예배 · 기도 · 찬양 등이 혼잡 됨으로 거짓 것에게 도적맞지 않도록 신령과 진리로 드려야만 합니다. 한 예를 든다면 성탄절이 되면 TV 화면에 온통 산타할아버지가 판을 칩니다. 우리는 성탄절을 이미 도적맞았는지도 모릅니다.

둘째 단원(7-12) 압살롬의 반란

"사년 만에 압살롬이 왕께 아뢰되 내가 여호와께 서원한 것이 있사오니 청하건대 내가 헤브론에 가서 그 서원을 이루게 하소서"(7) 합니다. 자신이 그술로 피신해 있을 때에 "만일 여호와께서 반드시 나를 예루살렘으로 돌아가게 하시면 내가 여호와를 섬기리이다"(8) 라고 서원을 했다는 것입니다. 그러나 이는 거사(擧事)하기 위한 계궤였던 것입니다.

"여호와를 섬기리이다"고 서원을 하였다는데 어느 누가 막을 자가 있겠습니까? 압살롬이 말한 두 절(7-8) 속에는 "여호와와 서원"이라는 말이 각각 세 번이나 등장합니다. 거짓 선지자들의 특징을 보면 한결같이 "여호와께서 이같이 말씀하셨느니라"고 여호와의 이름을 빙자하고 있다는 점입니다. 이 말을 듣는 아버지 다윗 왕은 너무나 감격해서 마음이 찡했으리라고 여겨집니다.

그런데 압살롬은 헤브론에 가서 실제로 "제사"(12)를 드렸습니다. 여기에 함정이 있는 것입니다. 압살롬은 헤브론으로 행차하면서 예루살렘에서 이백 명을 초청해서(11) 동행을 했는데 이들은 지체가 높은 사람들로, "그들은 압살롬이 꾸민 그 모든 일을 알지 못하고 그저 따라가기만 한 사람들이라"(11) 합니다. 이점을 주님은 "사람의 미혹을 받지 않도록 주의하라 많은 사람이 내 이름으로 와서 이르되 내가 그로라 하여 많은 사람을 미혹하게 하리라"(막 13:5-6) 경계하십니다.

또한 제사를 드리는 동안 사람을 보내어 다윗의 모사(謀士)인 아히도벨도 초청해(12) 옵니다. 아히도벨은 다윗의 모사인데 압살롬이 그를 자기편으로 만들었다는 것은 천마를 얻은 것 같았을 것입니다. 어찌하여 거사 장소로 헤브론을 택했는가? 그곳은 사울이 죽은 후에 다윗이 유다 사람들의 왕이 되어서 7년 6개월 동안 다스린 유서 깊은 곳입니다. 압살롬이 헤브론을 택한 데는 이러한 배경을 감안했을 것입니다.

이처럼 치밀하게 추진한 후에 "이에 압살롬이 정탐을 이스라엘 모든 지파 가운데에 두루 보내 이르기를 너희는 나팔 소리를 듣거든 곧 말하기를 압살롬이 헤브론에서 왕이 되었다 하라"(10)고 지령을 내립니다. 영문도 모른 체 헤브론으로 동행한 이백 명도 어정쩡하니 반역하는 일에 가담하게 되었을 것입니다. 이렇게 해서, "반역하는 일이 커가매 압살롬에게로 돌아오는 백성이 많아지니라"(12) 합니다.

성경은 말씀합니다. "하늘이여 들으라 땅이여 귀를 기울이라 여호와께서 말씀하시기를 내가 자식을 양육하였거늘 그들이 나를 거역하였도다 소는 그 임자를 알고 나귀는 그 주인의 구유를 알건만은 이스라엘은 알지 못하고 나의 백성은 깨닫지 못하는도다 하셨도다 슬프다 범죄한 나라요 허물 진 백성이요 행악의 종자요 행위가 부패한 자식이로다 그들이 여호와를 버리며 이스라엘의 거룩하신 이를 만홀히 여겨 멀리하고 물러갔도다"(사 1:2-4). 하나님께서 세우신 가정은 하나님 나라의 축소판입니다.

셋째 단원(13-29) 다윗의 망명

"전령이 다윗에게 와서 말하되 이스라엘의 인심이 다 압살롬에게로 돌아갔나이다 한지라"(13), 대세가 이미 기울었다는 뜻입니다. 다윗은 어떤 판단에서였을까요? "일어나 도망하자 그렇지 아니하면 우리 중 한 사람도 압살롬에게서 피하지 못하리라 빨리 가자 두렵건대 그가 우리를 급히 따라와 우리를 해하고 칼날로 성읍을 칠까 하노라"(14) 합니다. 다윗은 어떤 판단에서 이토록 신속하게 왕궁과 성전과 예루살렘 성을 포기할 수가 있었던 말인가?

① 하나님께서 허용하신 "재앙"(12:11), 즉 자기 탓으로 여겼기 때문일

것입니다. 이점이 16:10절과 사독이 메어온 언약궤를 성으로 돌려보내는 (25) 데서도 드러납니다.

② 보다 더 "부자지간의 살상"과 하나님의 도성 예루살렘이 내전(內戰)에 휩쓸리는 것을 방지하려 했기 때문으로 여겨집니다. 이점이 "두렵건대 그가 우리를 급히 따라와 우리를 해하고 칼날로 성읍을 칠까 하노라" (14하) 한 데서 엿볼 수가 있습니다. 압살롬의 입장에서는 "하나님의 거룩하신 이름을 두신 예루살렘 성과 백성들"이 어떻게 되든 수단과 방법을 가리지 않고 왕위만 찬탈하면 목적을 달성하는 것이었을 것입니다.

그러나 다윗의 마음은 달랐습니다. 자신의 범죄의 결과로 야기된 재앙으로 말미암아 예루살렘이 훼손되고 무고한 백성들이 살육을 당하고 하나님의 법궤가 수난을 당하게 할 수는 없었던 것입니다. 그렇게 될지라도 왕위를 유지해야만 하겠다, 그럴 수는 없었던 것입니다. 여기에 참과 거짓이 드러납니다.

이점이 솔로몬의 재판에 나타나는데 "왕이 이르되 산 아이를 둘로 나누어 반은 이 여자에게 주고 반은 저 여자에게 주라" 하니 어떤 반응으로 나타났는가? "그 산 아들의 어머니 되는 여자가 그 아들을 위하여 마음이 불붙는 것 같아서 왕께 아뢰어 청하건대 내 주여 산 아이를 그에게 주시고 아무쪼록 죽이지 마옵소서 하되 다른 여자는 말하기를 내 것도 되게 말고 네 것도 되게 말고 나누게 하라" (왕상 3:25-26) 했던 것입니다.

주님의 몸 된 교회에서 예배 후에 큰 소리가 나고 불미스러운 일이 벌어지는 경우가 혹 있습니다. 그들은 주님의 이름은 어떻게 되든 자신의 주장만 관철시키려고 합니다. 교회서 큰 소리를 지르면 꼼짝 못하는 줄로 알고 이를 빌미로 이용하려 듭니다. 이에 맞설 수가 있단 말인가? 이럴 경우 성경은 말씀합니다. "너희가 피차 고발함으로 너희 가운데 이미 뚜렷한 허물이 있나니 차라리 불의를 당하는 것이 낫지 아니하며 차라리 속는 것이 낫지 아니하냐 너희는 불의를 행하고 속이는구나"(고전 6:7-8) 합니다.

다윗의 신하들도 왕의 의중을 알았던 듯 싶습니다. "우리 주 왕께서 하고자 하시는 대로 우리가 행하리이다"(15) 합니다. "왕이 나갈 때에 그의 가족을 다 따르게 하고 후궁 열 명을 남겨 두어 궁을 지키게 하니라"(16) 한데서도, 12:11절의 성취를 위한 하나님의 섭리를 보게 됩니다.

이점에서 우리의 주목을 끄는 점은 자기 아들과 자기 백성들에게 배척을 당한 다윗에게 충성을 바치고 있는 군사 가운데, "모든 그렛 사람과 모든 블렛 사람과 및 왕을 따라 가드에서 온 모든 가드 사람 육백 명이 왕 앞으로 행진하니라"(18) 하고, 이방인들이 주를 이루고 있다는 것은 놀라운 일이 아닐 수가 없습니다. 그들 중에 블레셋 사람 "잇대"가 대표적인 인물인데 다윗은 그에게, "너는 어제 왔고 나는 정처 없이 가니 오늘 어찌 너를 우리와 함께 떠돌아다니게 하리요 너도 돌아가고 네 동포들도 데려가라 은혜와 진리가 너와 함께 있기를 원하노라"(20)고 축복하여 돌려보내려 합니다.

은혜와 진리가 너와 함께 있기를 원하노라

그러나 잇대는, "여호와의 살아 계심과 내 주 왕의 살아 계심으로 맹세하옵나니 진실로 내 주 왕께서 어느 곳에 계시든지 사나 죽으나 종도 그 곳에 있겠나이다"(21)고 말합니다. 이들 이방인들은 독실한 "여호와" 신앙으로 개종한 자들로 여겨집니다. 다윗이 "은혜와 진리"로 축복한 것이 그렇고, 잇대가 "여호와로 맹세"하는 것이 더욱 그러합니다.

그렇다면 잇대의 말을 다윗에게 충성을 맹세하는 것으로만 여길 수가 있 겠습니까? 이는 분명 다윗 언약을 통해서 구속사의 총사령관이 되시는 그 리스도에게 충성을 맹세한 것이 되는 것입니다. 이점에서 다윗이 "은혜와 진리가 너와 함께 있기를 원하노라" 한 축복 속에 함의 된 의미를 생각해보 아야만 합니다. 다윗은 야베스 사람들에게도, "여호와께서 은혜와 진리로 너희에게 베푸시기를 원하노라"(2:6)고 축복을 했습니다. 이를 의례적인 인사쯤으로 여겨서는 부족합니다. 여호와께서 베푸실 "은혜와 진리"가 무 엇입니까? 성경은 대답합니다. "율법은 모세로 말미암아 주신 것이요 은혜 와 진리는 예수 그리스도로 말미암아 온 것이라"(요 1:17).

이방인 룻도, "내게 어머니를 떠나며 어머니를 따르지 말고 돌아가라 강 권하지 마옵소서 어머니께서 가시는 곳에 나도 가고 어머니께서 머무시는 곳에서 나도 머물겠나이다 어머니의 백성이 나의 백성이 되고 어머니의 하 나님이 나의 하나님이 되시리니 어머니께서 죽으시는 곳에서 나도 죽어 거 기 묻힐 것이라 만일 내가 죽는 일 외에 어머니를 떠나면 여호와께서 내게 벌을 내리시고 더 내리시기를 원하나이다"(룻 1:16-17)고 고백했습니다. 그리하여 룻은 그리스도의 족보에 오르는 영광에 참여한 것입니다. 이런 자들의 믿음은, "내가 진실로 너희에게 이르노니 이스라엘 중 아무에게서 도 이만한 믿음을 보지 못하였노라"(마8:10) 하신 믿음이요, 구원 얻을 이 방인들의 예표라 할 수가 있을 것입니다. 또한 "이 사람들은 여자로 더불어 더럽히지 아니하고 정절이 있는 자라 어린 양이 어디로 인도하든지 따라가 는 자며 사람 가운데서 구속을 받아 처음 익은 열매로 하나님과 어린 양에 게 속한 자들이니 그 입에 거짓말이 없고 흠이 없는 자들이더라"(계 14:4- 5) 한 그런 믿음이라 할 수가 있습니다.

189

하나님의 언약궤를 성으로 도로 메어 가라

다윗이 잇대에게 "앞서 건너가라"(22) 합니다. "온 땅 사람이 큰 소리로 울며 모든 백성이 앞서 건너가매 왕도 기드론 시내를 건너가니 건너간 모든 백성이 광야 길로 향하니라"(23) 합니다. 이때 사독과 레위 사람이 "하나님의 언약궤를 메어다가 하나님의 궤를 내려놓았다"(24) 합니다.

다윗이 왕위에 오르자 최우선적으로 메어다가 예루살렘에 안치한 언약궤입니다. 그러면서 "문들아 너희 머리를 들지어다 영원한 문들아 들릴지어다 영광의 왕이 들어가시리로다"(시 24:7)고 찬양하던 다윗입니다. 이제 하나님의 징벌을 받아서 망명길을 떠나는 자신에게로 메어온 "언약궤"를 어떻게 하는 것이 옳은 처사이겠습니까?

지금 아들과 백성들에게 배척을 당하고 있는 다윗의 처지로는 하나님의 언약궤가 자신과 함께 있다는 것은 전략상 유리하고도 크나큰 힘이요, 위로가 될 수가 있었을 것입니다. 그럼에도 불구하고 어찌하여 하나님의 궤를 반란군의 수중에 들어가게 될 "성읍으로 도로 메어 가라" 하는 것일까요?

㉠ 하나님의 궤를 자신을 입신을 위한 수단이나 방편으로 삼으려 하지 않았기 때문입니다.

㉡ 무엇보다 하나님을 이용하려하지 않고, 도리어 하나님의 주권 앞에 자신을 굴복시키는 의미에서입니다.

이런 심정이 그의 말에 나타나는데, "하나님의 궤를 성읍으로 도로 메어 가라 만일 내가 여호와 앞에서 은혜를 입으면 도로 나를 인도하사 내게 그 궤와 그 계신 데를 보이시리라 그러나 그가 이와 같이 말씀하시기를 내가 너를 기뻐하지 아니한다 하시면 종이 여기 있사오니 선히 여기시는 대로 내게 행하시옵소서 하리라"(25-26)고 말합니다. 저는 이 대목을 묵상하면서 자신도 모를 눈물이 흘렀습니다. 제 자신을 위시하여 이런 신앙의 소유자가 그리웠기 때문이었을 것입니다.

다윗은 하나님의 궤를 정략적으로 이용하려 하지 않았습니다. 하나님을 종처럼 부리려하지 않았습니다. 도리어 자신을 하나님의 뜻에 의탁하였던 것입니다. "그러나 그가 이와 같이 말씀하시기를 내가 너를 기뻐하지 아니한다 하시면 종이 여기 있사오니 선히 여기시는 대로 내게 행하시옵소서 하리라" 합니다.

다윗은 법궤만 돌려보낸 것이 아니라, 대제사장 사독과 아비아달과 그들의 아들 제사장들까지도 성전이 있는 예루살렘으로 돌려보냈습니다. 그러면서 "너희에게서 내게 알리는 소식이 올 때까지 내가 광야 나루터에서 기다리리라"(28)고 말합니다. 여기에는 그들의 "기별"을 하나님의 인도하심으로 믿고 따르겠다는 의도가 담겨져 있는 것입니다. 비록 징벌을 당하는 다윗이지만 얼마나 순수한 믿음입니까? 오늘의 시대는 이렇게 말하는 순수한 믿음을 만나보기가 얼마나 어려운 시대입니까?

넷째 단원(30-37) 배신자와 충신

"다윗이 감람 산 길로 올라갈 때에 그의 머리를 그가 가리고 맨발로 울며 가고 그와 함께 가는 모든 백성들도 각각 자기의 머리를 가리고 울며 올라가니라"(30) 합니다. 이로부터 천 년 후 다윗의 자손으로 오신 그리스도께서도 이 감람산 길을 울면서 걸으셨으며(마 21:1), "또 백성과 및 그를 위하여 가슴을 치며 슬피 우는 여자의 큰 무리가 따라오는지라"(눅 23:27)에서 그 성취를 보게 됩니다.

그러나 한 가지 분명히 다른 점은 다윗은 자신의 죄로 말미암아 고난을 당하였지만, 다윗의 자손 그리스도께서는 우리 죄를 대신 하여 받으신 고난이었다는 점이 다른 것입니다. 그러므로 "예루살렘의 딸들아 나를 위하여 울지 말고 너희와 너희 자녀를 위하여 울라"(눅 23:28)고 말씀하셨던 것입니다.

고난과 환난을 당하게 되면 배신자와 충신이 나타나게 되는 것은 필연적인 일입니다. 주님께서도 "불법이 성하므로 많은 사람의 사랑이 식어지리라"(마 24:12)고 말씀하셨습니다.

그가 곧 너로다

"어떤 사람이 다윗에게 알리되 압살롬과 함께 모반한 자들 가운데 아히도벨이 있나이다 하니 다윗이 이르되 여호와여 원하옵건대 아히도벨의 모략을 어리석게 하옵소서"(31) 했다 합니다. 아히도벨은 다윗의 모사(대상 27:33)로 제갈공명 같은 지략가였습니다. 그러므로 다윗은 자신의 모사였던 아히도벨의 머리에서 나오는 계략의 단수를 충분히 인식하고 있었을 것입니다. 그리하여 그가 압살롬의 모사가 되었다는데 큰 위협을 느꼈음이 분명합니다. 그래서 "여호와여 원컨대 아히도벨의 모략을 어리석게 하옵소서" 라고 기도하지 않을 수가 없었을 것입니다. 이 무렵에 읊은 시가 있습니다.

나를 책망한 자는 원수가 아니라 원수일진대 내가 참았으리라

나를 대하여 자기를 높이는 자는 나를 미워하는 자가 아니라

미워하는 자일진대 내가 그를 피하여 숨었으리라

그는 곧 너로다 나의 동료, 나의 친구요 나의 가까운 친우로다

(시 55:12-13)

나가 신뢰하여 내 떡을 나눠먹던 나의 가까운 친구도

나를 대적하여 그의 발꿈치를 들었나이다

(시 41:9)

　다윗이 읊은 이 시편들이 1차적으로는 아히도벨과 같은 가까운 친구의 배신을 가리킨다 하여도 궁극적으로는 그리스도를 배신한 가룟 유다로 성취되었던 것입니다. 그런데 성경은 "아히도벨"이나, "가룟 유다"라 하지 않고, "그는 곧 너로다" 하십니다. 다윗이 이렇게 묘사하고 있는 데는 뼈저린 과거를 상기했기 때문일 것입니다. 나단 선지자가 다윗의 범죄를 우회적으로 지적했을 때에 다윗은, "그런 자는 마땅히 죽을 자라"고 남의 이야기로 여겼던 것입니다. 그때 나단이 한 말이, "당신이 그 사람이라"였습니다. 그렇습니다. 우리 속에는 시조 아담으로부터 물려받은 배신의 기질이 있으며 그러므로 배신자는 바로 "그는 곧 너로다"라는 깨달음입니다.

아히도벨의 모략을 패하게 하리라

"다윗이 하나님을 경배하는 마루턱에 이를 때에 아렉 사람 후새가 옷을

찢고 흙을 머리에 덮어쓰고 다윗을 맞으러 온지라"(32) 합니다. 그는 다른 사람이 아니라 다윗의 신실한 친구였습니다. 후세는 아히도벨과 쌍벽을 이룰만한 모략가(대상27:33)입니다. 옷을 찢고 머리에 티끌을 무릅쓴다는 것은 극도의 슬픔을 나타낼 때 하는 일입니다. 다윗이 "여호와여 원컨대 아히도벨의 모략을 어리석게 하옵소서" 라고 간구하자 "후새" 가 달려왔다는 것을 형제가 다윗이라면 우연한 일로 여기겠습니까?

사도 바울이 마게도냐에 이르렀을 때에 사방으로 환난을 당하여 밖으로는 다툼이요 안으로는 두려움에 처해 있었다고 말씀합니다. "그러나 낙심한 자들을 위로하시는 하나님이 디도가 옴으로 우리를 위로하셨으니" (고후 7:5-6) 합니다. 모사 아히도벨의 배신으로 인하여 마음이 상하고 두려움에 처해있는 다윗에게 하나님께서는 충성스러운 후세를 보내주심으로 위로하여 주셨던 것입니다. 위로만 얻은 것이 아닙니다. 후세를 압살롬에게 보내어 아히도벨의 결정적인 모략을 폐하게 하심으로 다윗을 위기에서 구원하여 주시고, 아히도벨은 유다처럼 목매어 자살하고 맙니다.

33-36절에 나오는 다윗의 작전을 보면서 주님께서, "보라 내가 너희를 보냄이 양을 이리 가운데로 보냄과 같도다 그러므로 너희는 뱀같이 지혜롭고 비둘기같이 순결하라" (마 10:16) 하신 말씀을 상기하게 합니다. 사탄과의 영적인 전쟁에서는 때로는 뱀같이 지혜로워야 하는 것입니다.

그렇다면 이 지혜는 어떻게 얻을 수가 있단 말인가? 하나님의 주권을 의뢰한다는 것은 속수무책으로 있는 것을 의미하지 않습니다. 후새가 달려온 것이나, 그 후새를 적진으로 침투시킬 결단을 하게 된 것이 하나님께 "기도를 드리고(31), 하나님을 경배를 한 마루턱" (32상)에 이르렀을 때에 일어난 일임을 주목할 필요가 있습니다. 다윗이 "아히도벨의 모략을 어리석게 하옵소서" 한 기도의 응답으로 후새는 달려왔으며, 아히도벨의 모략을 폐하게 할 자로 후새를 침투시킬 지혜를 주셨다고 보아야만 합니다.

15장은, "다윗의 친구 후새가 곧 성읍으로 들어가고 압살롬도 예루살렘으로 들어갔더라"(37) 하는 말씀으로 마치고 있습니다. 언약궤도 성으로 도로 메어갔습니다. 대제사장 사독과 아비아달도 예루살렘으로 돌아갔습니다. 충신 후새도 성으로 들어갔습니다. 이제 그 성에서 어떤 대결이 벌어질 것인가? 다윗만 언약궤가 있는 예루살렘으로부터 멀리 떠나 있는 것입니다. 다윗은 갈망합니다.

> 하나님이여 사슴이 시냇물을 찾기에 갈급함 같이
> 내 영혼이 주를 찾기에 갈급하니이다
> 내 영혼이 하나님 곧 살아 계시는 하나님을 갈망하나니
> 내가 어느 때에 나아가서 하나님의 얼굴을 뵈올까
> (시42:1-2)

나누어 봅시다.

① 마음을 도적 하는 압살롬과 이런 경험이 있는지에 대해서,
② 법궤를 도로 메어가라 한 다윗의 믿음과 정당성에 대해서,
③ 아히도벨과 후새의 예표적인 의미에 대해서,

16장

감찰하시는 하나님

16장은 망명길에 오른 다윗에게 시바가 나타나 주인 므비보셋을 모함하는 일과, 사울의 집 족속 시므이가 다윗을 저주하는 일과, 압살롬이 예루살렘에 입성하여 아버지의 후궁들과 동침하는 내용들입니다. 이는 주님께서 말씀하신바, "그러나 이제는 너희 때요 어두움의 권세로다"(눅 22:53) 하신 어두움이 지배하고 있는 시기입니다. 이런 처지에서도 다윗은 사람이나 환경을 바라보지 않고, "여호와께서 나의 원통함을 감찰(鑑察)하시리니"(12) 하고, "감찰하시는 하나님"을 바라보면서 신뢰하고 있는 것입니다. 여기에 16장의 중심점이 있습니다.

다윗 사상에 있어서, "감찰하시는 하나님"은 그의 평생을 지배하는 신앙 사상이었습니다. 그는 임종을 앞두고, "내 아들 솔로몬아 너는 네 아버지의 하나님을 알고 온전한 마음과 기쁜 뜻으로 섬길지어다 여호와께서는 모든 마음을 감찰하사 모든 의도를 아시나니 네가 만일 그를 찾으면 만날 것이요 만일 네가 그를 버리면 그가 너를 영원히 버리시리라"(대상 28:9)고 훈계합니다. 파란만장한 일생을 마감하는 임종기도에서도, "나의 하나님이여 주께서 마음을 감찰하시고 정직을 기뻐하시는 줄을 내가 아나이다"(대상 29:17) 라고 고백합니다.

그러므로 16장의 주제가, "감찰하시는 하나님"이 될 수가 있습니다. 이를 세 단원으로 나누어 상고합니다.

첫째 단원(1-4) **므비보셋의 사환 시바의 모함**
둘째 단원(5-14) **사울의 집 족속 시므이의 저주**
셋째 단원(15-23) **아히도벨의 모략(謀略)**

첫째 단원(1-4) 므비보셋의 사환 시바의 모함

"다윗이 마루턱을 조금 지나니 므비보셋의 종 시바가 안장 지운 두 나귀에 떡 이백 개와 건포도 백 송이와 여름 과일 백 개와 포도주 한 가죽부대를 싣고 다윗을 맞는지라"(1) 합니다. 실로 다윗 일행에게는 여름 가뭄에 냉수와 같았을 것입니다. 시바도 사울 집 족속인데 반란을 당하여 망명길에 오른 다윗에게 무슨 의도로 이처럼 환대를 한단 말인가?

다윗도 의외라, "네가 무슨 뜻으로 이것을 가져왔느냐" 합니다. "시바가 이르되 나귀는 왕의 가족들이 타게 하고 떡과 과일은 청년들이 먹게 하고 포도주는 들에서 피곤한 자들에게 마시게 하려 함이니이다"(2) 하는 것이 아닌가? 만일 가져온다면 은혜를 입은 그의 주인 므비보셋이 가져와야 마땅하지 않겠는가?

그래서 다윗은, "네 주인의 아들이 어디 있느냐" 하고 묻습니다. 간교한 시바는 이때를 노리고 있다가 므비보셋이, "예루살렘에 있는데 그가 말하기를 이스라엘 족속이 오늘 내 아버지의 나라를 내게 돌리리라 하나이다" (3) 라고 말합니다. 다윗은 다시 한 번 뒤통수를 얻어맞은 기분이었을 것입니다. 이점이, "므비보셋에게 있는 것이 다 네 것이니라"(4) 한데서 드러납니다. 그러나 이것은 터무니없는 거짓말이요, 기회를 엿보고 있던 간교한 시바의 모함이었던 것입니다.

이런 점에서 "감찰하시는 하나님"이라는 주제가 중요하게 등장하게 되는 것입니다. 다윗(인간은 누구나)은 보지 못하고 알지 못하여 므비보셋을 의심하고, "므비보셋에게 있는 것이 다 네 것이니라"(4)고 말하는 실수를 범하나, "감찰하시는 하나님"께서는 "다윗 · 시바 · 므비보셋" 모두를 보고 계시는 것입니다.

그러면 이때 므비보셋은 어떻게 하고 있었는가? "그는 왕이 떠난 날부터 평안히 돌아오는 날까지 그의 발을 맵시 내지 아니하며 그의 수염을 깎지 아니하며 옷을 빨지 아니"(19:24) 하면서 기도하고 있었던 것입니다. 아버지 요나단과 아들 므비보셋은 다 같이 다윗이 위태한 상황에 처해 있을 때에도 그에게 향하신 하나님의 뜻을 알고 믿음과 신뢰를 보냈던 것입니다. 아버지 요나단에게 있던 믿음이 그의 아들 므비보셋에게도 있었던 것입니다. 이점을 구속사라는 맥락으로 보게 되면 므비보셋이 다윗에게 행한 정절은 그리스도에게 바친 것이 되는 것입니다.

그러므로 이를 통하여 우리에게 말씀하시고자 하는 바는, "그 때에 많은 사람이 실족하게 되어 서로 잡아 주고 서로 미워하겠으며 거짓 선지자가 많이 일어나 많은 사람을 미혹하겠으며 불법이 성하므로 많은 사람의 사랑이 식어지리라 그러나 끝까지 견디는 자는 구원을 얻으리라"(마 24:10-13)는 말씀입니다. 이것이 "시바의 모함과 므비보셋의 정절"입니다.

둘째 단원(5-14) 사울 집 족속 시므이의 저주

"다윗 왕이 바후림에 이르매 거기서 사울의 친족 한 사람이 나오니 게라의 아들이요 이름은 시므이라 그가 나오면서 계속하여 저주하고 또 다윗과 다윗 왕의 모든 신하들을 향하여 돌을 던지니 그 때에 모든 백성과 용사들은 다 왕의 좌우에 있었더라"(5-6) 합니다. 본 단원에는 "저주"라는 말이 무려 8번이나 나옵니다.

시므이가 저주하기를, "피를 흘린 자여 사악한 자여 가거라 가거라 사울의 족속의 모든 피를 여호와께서 네게로 돌리셨도다 그를 이어서 네가 왕이 되었으나 여호와께서 나라를 네 아들 압살롬의 손에 넘기셨도다 보라 너는 피를 흘린 자이므로 화를 자초하였느니라"(7-8)고 저주합니다.

다윗을 호위하는 장수 아비새가, "이 죽은 개가 어찌 내 주 왕을 저주하리이까 청하건대 내가 건너가서 그의 머리를 베게 하소서" 합니다. 형제가 다윗이었다면 무엇이라 대답했겠습니까? 다윗도 인간인데 시므이의 저주하는 말을 들으면서 얼마나 분통이 터질 것 같았을까요? 그러나 다윗은, "그가 저주하는 것은 여호와께서 그에게 다윗을 저주하라 하심이니 네가 어찌 그리하였느냐 할 자가 누구겠느냐" 합니다.

시므이가 "피를 흘린 자여 사악한 자여 가거라" 한 말은 틀린 말이면서 맞는 말이었던 것입니다. 사울을 죽일 수 있는 기회가 주어졌음에도 그의 옷자락을 벨지언정 피를 흘리지 않음으로 틀린 말이었으나, 충신 우리야를 사악한 방법으로 죽게 함으로 맞는 말이었던 것입니다. 이를 생각했기에, "여호와께서 그에게 다윗을 저주하라 하심이니(10), 여호와께서 그에게 명령하신 것이니(11), 네가 어찌 그리하였느냐 할 자가 누구겠느냐" 하는 것입니다.

다윗은 이렇게 말한 셈입니다. "나는 저 시므이가 저주하는 것보다도 더 저주를 받아 마땅한 자이다". 다윗은 분명, "그가 만일 죄를 범하면 내가 사람의 매와 인생의 채찍으로 징계하리라"(7:14) 하신 하나님의 말씀을 생각했을 것입니다. 그래서 다윗은, "혹시 여호와께서 나의 원통함을 감찰하시리니 오늘 그 저주 때문에 여호와께서 선으로 내게 갚아 주시리라"(12) 하고, 감찰하시는 하나님의 긍휼을 기대했던 것입니다.

여호와여 내가 깊은 곳에서 주께 부르짖었나이다
주여 내 소리를 들으시며 나의 부르짖는 소리에 귀를 기울이소서
여호와여 주께서 죄악을 지켜보실(감찰)진대 주여 누가 서리이까
그러나 사유하심이 주께 있음은 주를 경외하게 하심이니이다
나 곧 내 영혼은 여호와를 기다리며 나는 주의 말씀을 바라는도다

파수꾼이 아침을 기다림보다 내 영혼이 주를 더 기다리나니
참으로 파수꾼이 아침을 기다림보다 더하도다
이스라엘아 여호와를 바랄지어다
여호와께서는 인자하심과 풍성한 속량이 있음이라

그가 이스라엘을 그의 모든 죄악에서 속량하시리로다

(시 130편)

이점이 우리와 다른 점입니다. 다윗이 어떻게 이와 같이 마음을 정리할 수가 있었을까요? 그 비결이 16장의 주제로 정한, "혹시 여호와께서 나의 원통함을 감찰하시리니 오늘 그 저주 때문에 여호와께서 선으로 내게 갚아 주시리라"(12)는 말에서 구할수가 있습니다. 이 상황에서 다윗은 하나님 을 "감찰하시는 하나님"으로 고백하고 있는 것입니다. 다윗은 저주하는 시 므이를 바라본 것이 아니라 이 모든 것을 감찰하시는 하나님을 바라보고 있었던 것입니다.

그렇습니다. "감찰하시는 하나님"께서는 다윗이 시므이의 저주를 어떻 게 받아드리고 있는가 하는 점을 보고 계셨던 것입니다. 왜냐하면 여기에 "회개"(悔改)의 진정성이 나타나기 때문입니다. 앞 단원에서도 우리의 시 선을 시바가 아니라 므비보셋에게 돌림과 같이, 이 대목에서도 초점을 저 주하는 시므이가 아니라, "감찰하시는 하나님"을 바라보아야 한다는 것이 우리의 적용입니다. 시편 3편의 표제는 "다윗이 그 아들 압살롬을 피할 때 에 지은 시"로 되어있습니다.

여호와여 나의 대적이 어찌 그리 많은지요
일어나 나를 치는 자가 많으니이다
많은 사람이 나를 대적하여 말하기를 그는 하나님께
구원을 받지 못한다 하나이다 (셀라)
여호와여 주는 나의 방패시요 나의 영광이시오

나의 머리를 드시는 자이시니이다

내가 나의 목소리로 여호와께 부르짖으니

그의 성산에서 응답하시는도다 (셀라)

내가 누워 자고 깨었으니 여호와께서 나를 붙드심이로다

천만인이 나를 에워싸 진 친다 하여도 나는 두려워하지 아니하리이다

여호와여 일어나소서 나의 하나님이여 나를 구원하소서

주께서 나의 모든 원수의 뺨을 치시며 악인의 이를 꺾으셨나이다

구원은 여호와께 있사오니 주의 복을 주의 백성에게 내리소서 (셀라)

"천만인이 나를 에워싸는" 상황에서도 "내가 누워 자고 깨었으니" 하고 평강을 유지할 수 있었던 것은, "감찰하시는 하나님"을 바라보았기에 가능한 것입니다. "다윗과 그의 추종자들이 길을 갈 때에 시므이는 산비탈로 따라가면서 저주하고 그를 향하여 돌을 던지며 먼지를 날리더라"(13).

셋째 단원(15-23) 아히도벨의 모략

"압살롬과 모든 이스라엘 백성들이 예루살렘에 이르고 아히도벨도 그와 함께 이른지라"(15). 압살롬 곁에는 모사 아이도벨이 붙어있습니다. 그의 모략을 누가 꺾을 것인가? 이 때 "다윗의 친구 아렉 사람 후새가 압살롬에게 나갈 때에"(16상) 하고, 후새가 등장을 합니다. 후새는 다름 아닌 아이도벨의 모략을 무력화시키기 위한 실로 중대한 임무를 띠고 보냄을 받은 (17:14) 하나님의 사신이었던 것입니다. 압살롬도 처음에는 후새를 의심의

눈초리로 바라보지만 그의 충성서약에 신임하기에 이릅니다.

예루살렘 성에 무혈 입성한 압살롬이 아히도벨에게 이르되, "너는 어떻게 행할 계략을 우리에게 가르치라"(20) 합니다. 아히도벨의 모략을 보십시오. "왕의 아버지가 남겨 두어 왕궁을 지키게 한 후궁들과 더불어 동침하소서"(21) 합니다. 이는 참으로 아히도벨이 아니면 나올 수 없는 고단수의 모략이었던 것입니다. 왜냐하면 이렇게 하므로 얻고자 하는 몇 가지 계책이 숨어 있었기 때문입니다.

ⓐ 부자간의 의리를 완전히 끊어버리는 계책입니다. 이는 넘어서는 아니 될 선이었던 것입니다.

ⓑ 이렇게 함으로 백성들로 하여금 압살롬 편에 서도록 결단을 촉구하는 계책이었던 것입니다. 반란을 바라보는 백성들의 시각에는 부자지간인 다윗과 압살롬이 결국은 전처럼 다시 화해하리라는 예측을 하고 관망하는 태도를 취하고 있었을 것입니다. 그러나 압살롬이 넘어서는 아니 될 선을 넘는 것을 보게 되면 상황은 달라질 수 밖에 없는 것입니다. 다시 합쳐질 수 없음을 알고 양자택일을 하지 않을 수가 없게 될 것이요, 자의든 타의든 간에 모든 인심이 압살롬 편에 서게 될 것이라는 계책이었던 것입니다. 이것이 "그리하면 왕께서 왕의 아버지가 미워하는바 됨을 온 이스라엘이 들으리니 왕과 함께 있는 모든 사람의 힘이 더욱 강하여지리이다"(21하)라는 뜻입니다.

ⓒ 결론은 압살롬의 왕위를 확고하게 못을 박는 계책이었습니다. 고대에는 대적의 처첩을 차지한다는 것은 완전한 승리를 의미했기 때문입니다.

"이에 사람들이 압살롬을 위하여 옥상에 장막을 치니 압살롬이 온 이스라엘 무리의 눈앞에서 그 아버지의 후궁들과 더불어 동침하니라"(22) 합니다. 하나님께서 나단을 통하여, "너는 은밀히 행하였으나 나는 온 이스라엘 앞에서 백주에 이 일을 행하리라"(12:12) 하신 말씀이 그대로 성취가 되고 말았던 것입니다. 하나님은 이것까지 허용하셨습니다. 그러나 다윗의 생명을 해하려는 계책만은 용납하시지 않고 폐하게 하심을 다음 장에서 대하게 될 것입니다.

그리고 어둠의 권세가 주장하는 16장은, "그 때에 아히도벨이 베푸는 계략은 사람이 하나님께 물어서 받은 말씀과 같은 것이라 아히도벨의 모든 계략은 다윗에게나 압살롬에게나 그와 같이 여겨졌더라"(23), 즉 아히도벨의 말이 하나님의 말씀과 같은 권위가 있었다는 것으로 마치고 있습니다. 다윗에게는 위협적인 존재가 아닐 수가 없습니다. 이러한 아히도벨의 모략을 누가 분쇄할 수가 있을 것인가?

나누어 봅시다

① 시바의 모함과 시므이의 저주에 대해서,

② 여호와께서 저주하라 하심으로 받아드리는 점에 대해서,

③ 감찰하시는 하나님이라는 주제와 우리의 적용에 대해서,

17장

아히도벨의 모략을 폐하신 하나님

17장은 아히도벨의 모략이 받아들여지지 않고 후새의 모략이 채택되어, 다윗이 위기를 모면하게 되는 내용입니다. 아히도벨은 군사 만 이천 명을 달라고 요청합니다. 그리하여 숨 돌릴 여지를 주지 않고, "오늘 밤에 내가 일어나서 다윗의 뒤를 추적하여 내가 다윗 왕만 쳐 죽이면" 백성이 다 압살롬에게 돌아오게 되리라는 계책을 내어놓습니다.

이는 상대를 꿰뚫어보는 놀라운 통찰력이었던 것입니다. 16:14절을 보십시오. "왕과 그와 함께 있는 백성들이 다 피곤하여 한 곳에 이르러 거기서 쉬니라", 이것이 다윗 진영의 형편이었던 것입니다. 아히도벨은 이를 내다본 것입니다. 그리하여 이 기회를 놓치지 말고 야습(夜襲)을 하여 다윗을 쳐 죽이자는 것입니다.

만일 이 모략이 시행이 되었더라면 다윗은 꼼짝없이 당하고 말았을 것입니다. 그러나 "여호와께서 압살롬에게 화를 내리려 하사 아히도벨의 좋은 계략을 물리치라고 명령하셨음이더라"(14) 합니다. 그러므로 17장의 주제

207

가 "아히도벨의 모략을 폐하신 하나님"이 될 수가 있습니다. 이를 세 단원으로 나누어 상고합니다.

첫째 단원(1-14) **아히도벨의 모략과 후새의 모략**

둘째 단원(15-20) **정탐꾼을 영접한 여인**

셋째 단원(21-29) **두 진영이 대진함**

첫째 단원(1-14) 아히도벨의 모략과 후새의 모략

"아히도벨이 또 압살롬에게 이르되 이제 내가 사람 만 이천 명을 택하게 하소서 오늘 밤에 내가 일어나서 다윗의 뒤를 추적하여 그가 곤하고 힘이 빠졌을 때에 기습하여 그를 무섭게 하면 그와 함께 있는 모든 백성이 도망하리니"(1-2상) 합니다.

가히 모사다운 아히도벨의 계략입니다. 오늘밤에 곤하고 힘이 빠졌을 때에 전열(戰列)을 가다듬을 시간과 숨 돌릴 틈을 주지 않고, 기습작전을 하면 혼비백산(魂飛魄散)하여 도망하게 되리라는 것입니다. 그리하여 "내가 다윗 왕만 쳐 죽이고 모든 백성이 당신께 돌아오게 하리니 모든 사람이 돌아오기는 왕이 찾는 이 사람(다윗)에게 달렸음이라"(3)고 말합니다. "압살롬과 이스라엘 장로들이 다 그 말을 옳게 여기더라"(4) 합니다. 위기일발이 아닐 수가 없습니다.

후새의 모략

그런데 압살롬이 말하기를 "아렉 사람 후새도 부르라 우리가 이제 그의 말도 듣자"(5) 하는 것이 아닌가? 절체절명(絶體絶命)의 위기에서 천재일우(千載一遇)의 기회를 만난 것입니다. 이는 하나님의 도우심입니다. 후새는 이 때를 위하여 보냄을 받은 사람이었던 것입니다. 후새는 먼저, "이번에는 아히도벨이 베푼 계략이 좋지 아니하니이다"(6) 하고 계략의 부당성을 지적합니다.

㉠ 왕도 아시다시피 다윗과 그 추종자들은 만만히 볼 상대가 아니라 용사라는 것과,

㉡ "그들은 들에 있는 곰이 새끼를 빼앗긴 것 같이 격분해 있다"는 것과(8),

㉢ "왕의 부친은 전쟁에 익숙한 사람인즉 백성과 함께 자지 아니하고 지금 그가 어느 굴에나 어느 곳에 숨어 있으리라"(9)는 것과,

㉣ 그러므로 경솔하게 공격했다가, "무리 중에 몇이 먼저 엎드러지면", 압살롬이 패했다는 소문이 퍼지게 될 것이고,

㉤ 그렇게 되면 모든 군사의 사기가 땅에 떨어지게 될 것이라(10)고 논박합니다.

그런 후에 "나는 이렇게 계략을 세웠나이다"(11) 하고 자신의 모략을 베풉니다.

① 만 이천 명이 아니라 바닷가의 많은 모래같이 모든 군사를 모아야 한다는 것과,

② 아히도벨이 아니라 압살롬이 친히 앞장서서 지휘해야 한다는 것(11)과,

③ 그리하여 이슬이 땅에 내림 같이 우리가 그의 위에 덮여, 즉 일망타진해야 한다는 것(12)이었습니다.

그러자 압살롬과 온 이스라엘 사람들이 이르되, "아렉 사람 후새의 계략은 아히도벨의 계략보다 낫다 하니 이는 여호와께서 압살롬에게 화를 내리려 하사 아히도벨의 좋은 계략을 물리치라고 명령하셨음이더라"(14) 합니다.

후새의 모략이 압살롬에게 어필할 수 있었던 것은 교만하고 자고(自高)하기를 좋아하는 반역자의 마음을 읽고 있었기 때문입니다. 대군(大軍)을 동원하라는 것이 그렇고, 진두지휘하라는 것이 그렇고, 무엇보다도 마지막에 한 말이 압권이라 할 수가 있는데, "만일 그(다윗)가 어느 성에 들었으면 온 이스라엘이 밧줄을 가져다가 그 성을 강으로 끌어들여서 그 곳에 작은 돌 하나도 보이지 아니하게 할 것이니이다"(13)라는 말입니다. 이는 백발삼천척(白髮三千尺)이라는 말처럼 과장어법입니다.

그런데 명예와 군림하기를 좋아하는 폭군들에게는 호탕한 듯이 여겨져 구미에 맞는 말이었던 것입니다. 후새의 모략을 들으면서 압살롬이 얼마나 기고만장했을 것인가? 그 모습이 눈에 선하지 않습니까?

하나님께서는, "내가 사람의 매와 인생의 채찍으로 징계하려니와 내가 네 앞에서 물러나게 한 사울에게서 내 은총을 빼앗은 것처럼 그에게서 빼앗지는 아니하리라"(7:15) 하신 약속을 지켜주신 것입니다. 구원계획을 이루시기 위하여 그리스도의 예표로 세우신 다윗을 보호하여주신 하나님을 찬양하십시다.

둘째 단원(15-20) 정탐꾼을 영접한 여인

이렇게 한 후에 후새는 사독과 아비아달 두 제사장에게 아히도벨이, "압살롬과 이스라엘 장로들에게 이러이러하게 계략을 세웠고 나도 이러이러하게 계략을 세웠으니 이제 너희는 빨리 사람을 보내 다윗에게 전하기를 오늘밤에 광야 나루터에서 자지 말고 아무쪼록 건너가소서 하라 혹시 왕과 그를 따르는 모든 백성이 몰사할까 하노라"(15-16)고 암살롬 진영의 정보를 다윗에게 전달하게 합니다.

왜냐하면 아히도벨의 입에서 오늘밤에 기습공격을 하자는 제의가 나온 이상 작전계획이 언제 어떻게 별할지 불확실한 상황이었기 때문입니다. 이는 위기를 늦춘 것 뿐이지 완전히 살아진 것은 아니었던 것입니다. 그리하여 다윗과 한 약속대로 긴급한 상황을 전달해주어야만 했던 것입니다. 그러면 삼엄한 경비 속에 이 급보를 어떻게 다윗에게 전할 수가 있단 말인가?

전달책임을 맡은 사독과 아비아달의 아들인 요나단과 아히마아스는 발각될 것이 두려워서 성에 들어가지 못하고 에느로겔 가에서 대기하고 있었습니다. 그리하여 연락망을 보면 후새가 "어떤 여종"에게 전하면, "어떤 여종"이 성 밖에 있는 그들에게 나와서 말하고, "그들은 가서 다윗 왕에게 알리는"(17) 것으로 되어 있었습니다.

그런데 성 밖에서 대기하고 있던 요나단과 아히마아스가 한 청년에게 발각이 된 것입니다. "한 청년이 그들을 보고 압살롬에게 알린지라 그 두 사람이 빨리 달려서 바후림 어떤 사람의 집으로 들어가서 그의 뜰에 있는 우물 속으로 내려갔다"(18) 합니다. 얼마 후에 압살롬의 종들이 그 집에 들이닥쳐서 여인에게, "아히마아스와 요나단이 어디 있느냐"(20)고 묻습니다. 두 사람의 목숨은 이 무명의 여인에게 달려있는 셈입니다. 나아가 다윗의 생명까지도 연관이 되어있는 것입니다. 그리고 이 일은 구원계획을 이루어 나가시는 하나님의 사역에 중요한 영향을 미칠 수 있는 사안이었던 것입니다.

두 사람이 몸을 피한 "바후림"은 베냐민의 지경이요, 돌을 던지면서 다 윗을 저주하던 시므이가 살고 있는 고장(16:5)이기도 합니다. 당시 상황으로는 적지나 다름이 없는 지역인 것입니다. 여인이 어떤 반응을 보일 것인가? 손가락으로 우물을 가리킨다면 어떻게 될 것인가? 그러나 아히도벨의 모략을 폐하신 하나님께서는 여인의 마음을 주장하셔서, "그 집 여인이 덮을 것을 가져다가 우물 아귀를 덮고 찧은 곡식을 그 위에 널매 전혀 알지 못하더라"(19)고 말씀합니다. 그리고 여인은 말했습니다. "그들이 시내를 건너가더라"(20중).

하나님의 구원계획은 반복을 하면서 전진을 하고 있습니다. 이런 일이 있기 수백 년 전에 여리고의 기생 라합은 자기 집에 피신한 두 정탐꾼을 지붕으로 이끌고 올라가서 벌여 놓은 삼대에 숨겨주었습니다. 그리고 정보를 받고 추격해 온 군사들에게, "그 사람들이 어두워 성문을 닫을 때쯤 되어 나갔으니, 급히 따라가라 그리하면 그들을 따라 잡으리라"(수 2:5)고 말했던 것입니다.

성경은 말씀합니다. "또 이와 같이 기생 라합이 사자들을 접대하여 다른 길로 나가게 할 때에 행함으로 의롭다 하심을 받은 것이 아니냐"(약2:25). 이점에서 놀라움을 금할 수 없는 것은 라합이 정탐꾼을 영접하므로 "의롭다 하심을 받았다"고 말씀한다는 점입니다. 여리고의 기생 라합이 어떻게 의롭다 하심을 받을 수가 있었단 말인가? 신구약을 막론하여 의롭다함을 받을 수 있는 길은 오직 예수 그리스도의 대속을 믿음으로만이 가능하다는 점입니다. 그런데 라합이 의롭다 하심을 받는 것이 가능했던 것은 정탐꾼을 영접한 것을 그리스도를 영접한 것으로 여김을 받았기 때문입니다. 왜냐하면 그 정탐꾼은 사사로운 개인이 아니라 구속사역을 이루시는데 쓰임받고 있는 하나님의 전사(戰士)였기 때문입니다.

구속사의 동일 선상에서 이러한 일이 다윗이 가장 위급한 상황에 처해있을 때에 재연이 되고 있는 것입니다. 성안과 성 밖을 이어주고 있는 사람도 "어떤 여종"이었으며 결정적인 순간에 두 정탐꾼을 숨겨준 사람도 이름 없는 "그 집 여인"이었습니다. 이 여인의 결단은 생각같이 간단하고 결코 쉬운 일이 아닌 것입니다. 그들은 바로 자신들의 생명을 걸고 이 일을 수행했던 것입니다. 그러므로 이들이 다윗 개인에게 충성을 바친 양 교훈에 머무른다면 너무나 부족합니다. 이들은 다윗에게 세워주신 메시아 언약을 통해 그리스도를 위하여 죽도록 충성한 자들이었던 것입니다. 그들은 창세기에서 시작되어 계시록에서 완성되는 구속의 역사를 이루시는데 쓰임을 받은 헌신 자들인 것입니다.

그로부터 1000년 후, "그 후에 예수께서 각 성과 마을에 두루 다니시며 하나님의 나라를 선포하시며 그 복음을 전하실 새 열두 제자가 함께 하였고 또한 악귀를 쫓아내심과 병 고침을 받은 어떤 여자들 곧 일곱 귀신이 나간 자 막달라인이라 하는 마리아와 헤롯의 청지기 구사의 아내 요안나와 수산나와 다른 여러 여자가 함께 하여 자기들의 소유로 그들을 섬기더라"(눅 8:1-3) 합니다. 주님은 이들을 가리켜, "내 어머니와 내 동생들은 곧 하나님의 말씀을 듣고 행하는 이 사람들이라"(눅 8:21) 하십니다. 그들이 주님으로부터 "모친과 동생", 즉 내 가족이라는 황공한 말씀을 들을 수 있었던 것은 비록 미력이나마 하나님의 나라건설에 동참했기 때문입니다.

지금 구속사의 무대에는 형제가 서 있는 것입니다. 우리의 각성은 구속사역을 1m, 아니 1cm만이라도 전진시키는데 쓰임 받고 있다는 사명감입니다.

셋째 단원(21-29) 양 진영의 대진

"그들이 간 후에 두 사람이 우물에서 올라와서 다윗 왕에게 가서 다윗 왕에게 말하여 이르되 당신들은 일어나 빨리 물을 건너가소서 아히도벨이 당신들을 해하려고 이러이러하게 계략을 세웠나이다"(21)고 전달해줍니다. 이 소식이 다윗에게 전해지게 하기 위한 하나님의 섭리적인 인도하심을 잊어서는 아니 될 것입니다.

"다윗이 일어나 모든 백성과 함께 요단을 건널 새 새벽까지 한 사람도 요단을 건너지 못한 자가 없었더라"(22) 합니다. "이에 다윗은 마하나임에 이르고 압살롬은 모든 이스라엘 사람과 함께 요단을 건너니라(24) 합니다. 이리하여 양 진영이 대진하게 이른 것입니다.

사무엘상 17장에서는, "블레셋 사람들은 이쪽 산에 섰고 이스라엘은 저쪽 산에 섰고 그 사이에는 골짜기가 있었더라"(3)고, 블레셋과 대진하고 있었는데, 이제는 반란군인 아들의 진영과 대진하고 있는 것입니다. 잡히시는 날 밤 주님은, "아버지여, 아버지께서 내 안에, 내가 아버지 안에 있는 것 같이 그들도 다 하나가 되어 우리 안에 있게 하사 세상으로 아버지께서 나를 보내신 것을 믿게 하옵소서"(요 17:21) 라고 기도하셨습니다. 그런데 현대교회는 적과 대진하고 있는 것이 아니라, 아군(我軍) 끼리 두 진영으로 나누어져 싸우고 있는 것은 아닌가?

아히도벨의 자살

"아히도벨이 자기 계략이 시행되지 못함을 보고 나귀에 안장을 지우고 일어나 고향으로 돌아가 자기 집에 이르러 집을 정리하고 스스로 목매어 죽으매 그의 조상의 묘에 장사되니라"(23) 합니다. 왜 자결을 했을까?

㉠ 16:23절에서, "아히도벨의 베푸는 계략은 사람이 하나님께 물어서 받은 말씀과 일반이라" 했었는데 이 권위에 치명적인 타격을 받았기 때문일 것입니다.

㉡ 아히도벨은 압살롬이 패할 것을 그의 통찰력으로 내다보고 알았을 것입니다. 그렇다면 다윗을 배신하고, 더욱이나 왕의 후궁들로 더불어 동침하도록 계략을 베풀었던 자신은 죽을 몸임을 알았기 때문일 것입니다. 어떻든 아히도벨은 주님을 배반한 후에 스스로 목매어 죽은 구약에 나타난 가룟 유다였던 것입니다.

> 그는 곧 너로다 나의 동료, 나의 친구요 나의 가까운 친우로다
> 우리가 같이 재미있게 의논하며 무리와 함께 하여
> 하나님의 집 안에서 다녔도다
> 사망이 갑자기 그들에게 임하여 산 채로 스올에 내려갈지어다
> 이는 악독이 그들의 거처에 있고 그들 가운데에 있음이로다
> (시 55:13-15)

반면 다윗에게는 뜻밖에 세 사람의 후원자가 나타납니다. 그들은 암몬 족속인 소비와 마길과 바실래(27)입니다. 그들은 "침상과 대야와 질그릇과 밀과 보리와 밀가루와 볶은 곡식과 콩과 팥과 볶은 녹두와 꿀과 버터와 양과 치즈를 가져다가 다윗과 그와 함께 한 백성에게 먹게 하였으니 이는 그들 생각에 백성이 들에서 시장하고 곤하고 목마르겠다 함이더라"(28-29)고 말씀합니다.

이점에서 주의를 끄는 것은, "침상과 대야와 질그릇"이라는 목록입니다. 지금의 다윗 처지에는 어울리지 않는 물건들 같이 여겨질 수가 있습니다. 그렇지가 않습니다. 이는 이들의 지극한 정성과 세심한 배려를 말해주고 있는 것입니다. 비록 망명객이 된 몸이지만 궁을 떠난 다윗 왕의 잠자리나 처지가 얼마나 궁색할까를 염려하여 마련한 것이기 때문입니다.

열왕기하 4장에 이와 맥을 같이하는 말씀이 나옵니다. 수넴 여인은 그곳을 지나는 엘리사가 "하나님의 거룩한 사람"인 줄을 알고 그를 위하여 작은 방을 담 위에 짓고 침상과 책상과 의자와 촛대를 진설하고 엘리사를 초대합니다. 침상에 누어 엘리사는 이런 생각을 합니다. "네가 이같이 우리를 위하여 세심한 배려를 하는도다"(13). 이것입니다. 이 세 사람의 조력자는 시바가 한 것 같이(16:2) 불순한 동기에서 한 것이 아니었습니다. 다윗은 이렇게 노래합니다.

> 가난한 자를 보살피는 자에게 복이 있음이여
>
> 재앙의 날에 여호와께서 그를 건지시리로다
>
> 여호와께서 그를 지키사 살게 하시리니
>
> 그가 이 세상에서 복을 받을 것이라
>
> 주여 그를 그 원수들의 뜻에 맡기지 마소서
>
> (시 41:1-2)

성령께서는 다윗이 어려움에 처해 있을 때 두 부류의 사람이 나타나는 것을 보여주십니다. 그리고 이는 다윗을 예표로 한 그리스도에게서 성취될 예시(豫示)적인 사건이었던 것입니다. 그렇습니다. 배신한 아히도벨도 다윗을 배신 한 것에 머무는 것이 아니라 다윗이라는 예표를 통해서 그리스도를 배신한 것이요, 다윗이 어려운 처지에 있을 때에 그를 돌아본 소바와 마길과 바실래도 다윗에게 세워주신 언약을 통하여 그리스도를 돌아본 것이 되었던 것입니다. 그래서 이 사건이 성경에 기록된 의미가 있고, 후대에 읽는 자들에게 적용이 되는 접촉점인 것입니다. 이것이 "아히도벨의 모략을 폐하신 하나님"입니다.

나누어 봅시다

① 아히도벨의 모략과 자살로 끝을 맺은 점에 대해서,

② 구원계획을 이루시는데 쓰임 받은 여인들에 대해서,

③ 반란군 아들의 진영과 아버지 다윗의 진영이 대치하고 있는 점에 대해서,

18장

다윗에게
은혜를 입게 하신 하나님

18장은 다윗을 옹위(擁衛)하는 군대가 압살롬이 이끄는 반란군에 완승(完勝)을 거두는 내용입니다. 압살롬이 패한 것만이 아니라 죽임을 당합니다. 압살롬의 모사 아히도벨이, "내가 다윗 왕만 쳐 죽이고 모든 백성으로 왕께 돌아오게 하겠다"(17:3) 한 말이 압살롬의 머리로 돌아가고 만 것입니다.

아히도벨의 모략이 시행되었더라면 다윗이 이렇게 되었을 것입니다. 그러나 "여호와께서 압살롬에게 화를 내리려 하사 아히도벨의 좋은 계략을 물리치기로 작정"(17:14)하셨기 때문에 전세(戰勢)는 역전으로 나타난 것입니다.

다윗에게 아히도벨의 계략을 전해주어 급히 요단을 건너가게 했던 사독의 아들 아히마아스가, 이번에는, "왕의 하나님 여호와를 찬양하리로소이다 그의 손을 들어 내 주 왕을 대적하는 자들을 넘겨주셨나이다"(28)고, 승전의 소식을 전해줍니다. 18장의 중심점이 여기에 있습니다만 제목을, "다윗에게 은혜를 입게 하신 하나님"이라 정한 것은, "왕이 사독에게 이르되 보라 하나님의 궤를 성읍으로 도로 메어 가라 만일 내가 여호와 앞에서 은혜를 입으면 도로 나를 인도하사 내게 그 궤와 그 계신 데를 보이시리라" (15:25) 한 말에 근거해서입니다. 이를 세 단원으로 나누어 상고합니다.

첫째 단원(1-5) **세 대로 나누어 출전함**

둘째 단원(6-15) **압살롬의 죽음**

셋째 단원(16-33) **내 아들 내 아들 압살롬아**

첫째 단원(1-5) 세 대로 나누어 출전함

대진하고 있던 두 진영 간에 결전(決戰)의 날이 온 것입니다. 다윗은,

㉠ 그와 함께 한 백성을 계수하고,

㉡ 천부장과 백부장을 그 위에 세우고(1),

㉢ 삼분지 일은 요압의 휘하에,

㉣ 삼분지 일은 아비새의 휘하에 붙이고

㉤ 삼분지 일은 가드 사람 잇대의 휘하에 붙이고,

㉥ "백성에게 이르되 나도 반드시 너희와 함께 나가리라"(2)고 말합니다. 병법(兵法)에 능한 다윗의 면모를 엿볼 수가 있습니다.

백성들은 대적이 찾는 것은 우리가 아니라 "다윗 왕" 한 사람인 것을 들어서, "왕은 우리 만 명보다 중하시오니 왕은 성읍에 계시다가 우리를 도우심이 좋으니이다" (3)고 만류합니다. 그런데 다윗은 출정하는 요압과 아비

새와 잇대에게, "나를 위하여 젊은 압살롬을 너그러이 대우하라"(5), 즉 죽이지는 말라고 당부합니다.

반면 압살롬은 대군을 이끌고 직접 출전을 합니다. 아히도벨은 자신이 12,000명을 거느리고 야습하여 다윗을 쳐 죽이겠다고 말했으나, 후새는 압살롬이 "친히 전장에 나가야"(17:11)한다고 말했던 것입니다. 여기에 메시아 언약을 대적하는 압살롬을 심판하시려는 하나님의 작정이 있는 것입니다.

둘째 단원(6-15) 압살롬의 죽음

"이에 백성이 이스라엘을 치러 들로 나가서 에브라임 수풀에서 싸우더니"(6), 성 안에서가 아니라 "들로 나가서 에브라임 수풀에서 싸우더니" 라는 말을 통해서 다윗이 예루살렘을 포기하고 피신을 한, 즉 성전이 있는 예루살렘을 욕되게 하지 않으려는 의도를 생각하게 합니다.

"거기서 이스라엘 백성이 다윗의 부하들에게 패하매 그 날 그 곳에서 전사자가 많아 이만 명에 이르렀고 그 땅에서 사면으로 퍼져 싸웠으므로 그 날에 수풀에서 죽은 자가 칼에 죽은 자보다 많았더라"(7-8) 합니다.

수적으로 하면 반란군이 절대적인 우위에 있었을 것으로 여겨집니다. 그럼에도 불구하고 압살롬의 대군이 그토록 무기력하게 패한 데는 병력 외적인 요인이 작용하였음을 관찰할 수가 있는데 첫째는, "수풀"이라는 말에서 찾을 수가 있습니다. "수풀"이라는 말이 2번(6, 8), "상수리나무라"는 말이 4번(9, 9, 10, 14)이나 등장합니다. "그 날에 수풀에서 죽은 자가 칼에 죽은 자보다 많았더라"(8)합니다. 다윗의 군사들은 세 대로 나누어 기습적인 공격을 폈을 것입니다. 그러나 압살롬의 대군은 우거진 수풀과 번성한 나무로 인하여 제대로 실력발휘를 하지 못하고 오합지졸(烏合之卒)이 되어 자멸하고 만 것입니다.

둘째는, "압살롬이 노새를 탔는데 그 노새가 큰 상수리나무 번성한 가지 아래로 지날 때에 압살롬의 머리가 그 상수리나무에 걸리매 그가 공중과 그 땅 사이에 달리고 그가 탔던 노새는 그 아래로 빠져나간지라"(9)합니다. 참으로 기이한 일이 벌어진 것입니다. 이점에서 14:26절을 상기하게 되는데 압살롬이, "그 머리털이 무거우므로 연말마다 깎았으며 그의 머리털을 깎을 때에 그것을 달아본즉 그의 머리털이 왕의 저울로 이백 세겔이었더라"고 말한 바가 있습니다. 압살롬의 머리털은 모든 사람이 부러워한 자랑이요, 그를 돋보이게 했고 그리하여 교만의 상징이었습니다. 그런데 하나님은 그를 심판하시되 그 머리털을 이용하셔서 교만한 자를 공중에 매달리게 하신 것입니다.

열왕기하 19:28절에 보면 앗수르 왕이 유다를 침공하고 교만히 말하는 것을 하나님께서 꾸짖는 대목이 있습니다. "네가 내게 향한 분노와 네 교만한 말이 내 귀에 들렸도다 그러므로 내가 갈고리로 네 코에 꿰고 재갈을 네 입에 물려 너를 오던 길로 끌어 돌이키리라"고 책망하십니다. 하나님께서는 그리스도의 예표로 세움을 받은 다윗을 대적하는 압살롬의 머리털을 잡으시고 공중에 매다신 셈입니다.

이점에서 갈등을 겪게 됩니다. 압살롬은 덫에 걸린 격이 된 것입니다. 이는 압살롬을 죽이지 않고 생포할 수가 있는 상황입니다. 하나님이 그렇게 하셨다고 보아야만 합니다. 이럴 경우 압살롬을 죽여야 할 것인가? 아니면 생포해야 할 것인가? 이 광경을 제일 처음 목격한 한 군사는, "내가 내 손에 은 천 개를 받는다 할지라도 나는 왕의 아들에게 손을 대지 아니하겠나이다"고 말합니다. 그러면서, "우리가 들었거니와 왕이 당신과 아비새와 잇대에게 명령하여 이르시기를 삼가 누구든지 젊은 압살롬을 해하지 말라 하셨나이다"(12)고 왕의 당부를 상기시킵니다.

그렇습니다. 5절에서는, "왕이 압살롬을 위하여 모든 군 지휘관에게 명령할 때에 백성들이 다 들으니라"(5하) 합니다. 그러나 요압은 망설이는 빛이 전혀 없이, "나는 너와 같이 지체할 수 없다 하고 손에 작은 창 셋을 가지고 가서 상수리나무 가운데서 아직 살아 있는 압살롬의 심장을 찔렀다"(14) 합니다. 하나님 보시기에 누가 더 옳은 것일까를 생각하게 합니다. 이 경우 나라면 어떻게 했을 것인가?

셋째 단원(16-33) 내 아들 내 아들 압살롬아

"요압이 나팔을 불어 백성들에게 그치게 하니 그들이 이스라엘을 추격하지 아니하고 돌아오니라"(16). "그들이 압살롬을 옮겨다가 수풀 가운데 큰 구멍에 그를 던지고 그 위에 매우 큰 돌무더기를 쌓으니라"(17) 합니다.

싸움은 끝이 나고 반란은 진압이 된 것입니다. 사독의 아들 아히마아스가, "내가 빨리 왕에게 가서 여호와께서 왕의 원수 갚아 주신 소식을 전하게 하소서"(20) 합니다. 요압은 다윗이 말한, "전에 사람이 내게 알리기를 보라 사울이 죽었다 하며 그가 좋은 소식을 전하는 줄로 생각하였어도 내가 그를 잡아 시글락에서 죽여서 그것을 그 소식을 전한 갚음으로 삼았거든"(4:10)한 말을 생각했을 것입니다. 그래서 아히마스에게, "너는 오늘 소식을 전하는 자가 되지 말고 다른 날에 전할 것이니라"(20) 합니다. 왜냐하면 압살롬이 죽었다는 소식을 전하는 자는 선히 여김을 받지 못할 줄을 알았기 때문입니다.

그리하여 구스 사람에게 이 임무를 맡깁니다. 뒤늦게 달려간 아히마아스는 구스 사람보다 먼저 도착했으면서도 승전했다는 소식만을 전하고 압살롬의 죽음만은 차마 전하지를 못합니다. 그러다가 구스 사람을 통하여 아들의 죽음을 안 다윗은, "왕의 마음이 심히 아파 문 위층으로 올라가서 우니라 그가 올라갈 때에 말하기를 내 아들 압살롬아 내 아들 내 아들 압살롬아 차라리 내가 너를 대신하여 죽었더면, 압살롬 내 아들아 내 아들아 하였더라"(33) 합니다. "내가 너를 대신하여 죽었더면"한 다윗의 탄식에는 아버지로써의 육적인 애정만이 아니라 "죽을 죄를 범한 자는 바로 나다"라는 참회하는 마음이 섞여 있었을 것입니다.

이점에서 우리로 다시 생각하게 합니다. 이런 경우 내가 다윗이었다면 어떻게 했을 것인가? 하나님께서는 다윗의 이러한 모습을 보시면서 어떻게 여기셨을까?

한 가지 분명한 것이 있습니다. 압살롬은 "살았을 때에 자기를 위하여 한 비석을 마련하여 세웠다" 합니다. 왜냐하면, "이는 자기 이름을 전할 아들이 내게 없기"(18) 때문이라 하는데, 그 기념비에 무엇이라 기록을 해야만 하겠습니까?

이 큰 돌무더기는 압살롬의 무덤이다.
그는 하나님께서 그의 아버지 다윗에게 세워주신

메시아 언약 하에 태어났음에도 이를 무시하고

대적하였다가 비극적인 최후를 맞았다.

죄의 삯은 사망이요 하나님의 은사는

그리스도 예수 우리 주안에 있는 영생이니라.

나누어 봅시다

① 반역자인 아들의 생명을 해하지 말라는 다윗의 심정에 대하여,

② 이를 무시하고 죽인 요압에 대해서,

③ 아들을 위한 다윗의 애곡에 대해서,

19장

다윗의 왕위를
회복시켜주신 하나님

19장은 압살롬이 죽고 반란이 진압 된 후 다윗이 환궁하는 내용입니다. 이는 다윗이 망명길에 오르면서, "만일 내가 여호와 앞에서 은혜를 입으면 도로 나를 인도하사 내게 그 궤와 그 계신 데를 보이시리라"(15:25)고 말한 대로 하나님께서 회복시켜주신 것입니다. 이점에서 잊지 말아야 할 점은 다윗을 회복시켜주심이 다윗에게 그럴만한 자격이 있어서가 아니라 메시아왕국 건설이라는 구원계획을 이루시려는 하나님의 의지 때문이라는 점입니다. 거짓된 인간을 바라본다면 몇 번이고 포기할 수 밖에 없지만 하나님의 거룩하신 이름과 명예를 위하여 결코 중단하실 수 없으셨기 때문입니다.

여기서 예레미야 선지자로 하신 말씀을 통해서 징벌하시는 하나님의 마음을 엿보고자 합니다. 예레미야는 유다를 향하여 멸망과 심판을 눈물로 경고한 선지자였습니다. 그러나 막상 예루살렘이 멸망하고 그들이 바벨론으로 끌려가자, "여호와께서 이와 같이 말씀하시니라 바벨론에서 칠십 년

227

이 차면 내가 너희를 돌보고 나의 선한 말을 너희에게 성취하여 너희를 이 곳으로 돌아오게 하리라"(렘 29:10)는 위로와 소망의 말씀을 전했던 것입니다.

예레미아 29-31장에는 "돌아오게 하리라"는 말씀이 여러 번 반복적으로 강조되어 있습니다. 그러니까 하나님께서는 반역한 자기 백성들을 징벌하기 위하여 바벨론으로 추방하시면서도 그들이 멀어져 보이지 않을 때까지 손을 흔드시면서, "돌아오게 하리라, 돌아오게 하리라"고 말씀하고 계시는 셈입니다. 이것이 징계하시는 아버지의 마음입니다. 그 하나님께서는 다윗도 돌아오게 해 주셨습니다. 이를 다섯 단원으로 나누어 상고합니다.

첫째 단원(1-8) **신복들의 마음을 위로하여 주옵소서**
둘째 단원(9-15) **백성들의 마음이 돌아옴**
셋째 단원(16-30) **오늘 어찌 사람을 죽이겠느냐**
넷째 단원(31-39) **내가 너를 공궤하리라**
다섯째 단원(40-43) **유다와 이스라엘의 다툼**

첫째 단원(1-8) 신복들의 마음을 위로하여 주옵소서

"어떤 사람이 요압에게 아뢰되 왕이 압살롬을 위하여 울며 슬퍼하시나이다 하니"(1). 압살롬의 죽음으로 인한 다윗 왕의 슬픔이 워낙 크고 심하여, "그 날의 승리가 모든 백성에게 슬픔이 된지라"(2) 합니다. 그리하여 "그 날에 백성들이 싸움에 쫓겨 부끄러워 도망함 같이 가만히 성읍으로 들어가니라"(3), 즉 패잔병들처럼 돌아왔다는 것입니다.

다윗 왕은 군사들이 돌아오는 것은 아랑곳하지 않고, "왕이 그의 얼굴을 가리고 큰 소리로 부르되 내 아들 압살롬아 압살롬아 내 아들아 내 아들아"(4) 하고 슬퍼하고만 있었습니다. 이를 어떻게 평가해야만 하겠습니까? 혹자는 공과 사를 분간하지 못한 처사라고 비난합니다. 어떤 사람은 압살롬이 하나님의 언약을 대적하였음에도 그를 슬퍼함은 하나님의 뜻을 거역하는 처사라고 말합니다.

다 맞는 말입니다. 그러나 생각해 보십시오. 다윗이 아들 압살롬이 죽었다는 소식을 듣고도 승리만을 기뻐했다면 그것도 보기에 좋은 모습은 아니었을 것이라는 사실입니다. 이점에서 다윗의 눈물의 의미를 생각하게 되는데 어찌하여 다윗 왕가에 이런 "재앙"(12:11)이 임하게 되었는가 하는 점입니다. 다윗에게는 요압이나 백성들이 헤아리지 못하는 통회(痛悔), 즉 죽을죄를 범한 것은 자신인데 자식을 죽게 했다는 통회하는 마음이 있었기 때문일 것입니다. 이점이 "내가 너를 대신하여 죽었더면"(18:33하) 하는 표현 속에 나타납니다.

이러한 다윗의 마음은 이해함이 없이 요압은, "이는 왕께서 미워하는 자는 사랑하시며 사랑하는 자는 미워하시고 오늘 지휘관들과 부하들을 멸시하심을 나타내심이라 오늘 내가 깨달으니 만일 압살롬이 살고 오늘 우리가 다 죽었더면 왕이 마땅히 여기실 뻔 하였나이다"(6) 한 것은 자신이 왕위를 회복시켜준 것으로 여기는 교만이요, "이제 곧 일어나 나가 왕의 부하들의 마음을 위로하여 말씀하옵소서 내가 여호와를 두고 맹세하옵나니 왕이 만일 나가지 아니하시면 오늘 밤에 한 사람도 왕과 함께 머물지 아니할지라 그리하면 그 화가 왕이 젊었을 때부터 지금까지 당하신 모든 화보다 더욱

심하리이다"(6-7)고 말하는 것은 협박이나 다름이 없었던 것입니다.

이는 왕을 공경하는 태도는 아닌 것입니다. 압살롬이 밖에 있는 반역자라면 요압은 안에 있는 반역자나 다름이 없다는 이점이 다윗의 마음을 상하게 했을 것입니다. 요압은 "오직 사랑 안에서 참된 것을"(엡 4:15) 말했어야만 했습니다. 그렇지 못한 요압은 훗날 결국 아도니야의 반란에 가담(왕상 1:7)하게 됨을 봅니다.

여기에 균형과 조화가 필요한 것입니다. 이럴 경우 성경은 "은혜와 진리"(15:20), 또는 "인자와 엄위"(롬 11:22)라고 말씀하고 있습니다. 하나님께서 인간을 구속하신 행사는 "은혜(恩惠)와 인자(仁慈)"로만 행하신 것이 아니라, "진리(眞理)와 엄위(嚴威)"로 행하신 것입니다. 그러하기 때문에 자기 아들을 대신 내어주시고야 용서하실 수가 있으셨던 하나님이십니다.

다윗의 처신이 옳았다고 말할 수는 없다하여도 분명한 것은 요압의 태도에서는 인정도 눈물도 없는 율법(律法)을 보게 된다면, 다윗의 처신에서는 인자와 긍휼과 복음을 보게 된다 하겠습니다. 이런 점이 다윗에게 저주를 퍼 부운 시므이를 죽여야 마땅하다 하는 "아비새"에게, "오늘 어찌하여 이스라엘 가운데에서 사람을 죽이겠느냐" 하면서 시므이에게, "네가 죽지 아니하리라"(21-23) 하는 데서도 들어납니다. 율법은 죽이는 것이요, 복음은 살리는 것입니다.

요압의 말을 듣고 다윗 "왕이 일어나 성문에 앉으매 어떤 사람이 모든 백성에게 말하되 왕이 문에 앉아 계신다 하니 모든 백성이 왕 앞으로 나아오니라"(8) 합니다. 다윗은 아직 예루살렘에서 멀리 떨어진 피난지에 있는 것입니다.

둘째 단원(9-15) 백성들의 마음이 돌아옴

"이스라엘 모든 지파 백성들이 변론하여 이르되 왕이 우리를 원수의 손에서 구원하여 내셨고 또 우리를 블레셋 사람들의 손에서 구원하셨으나 이제 압살롬을 피하여 그 땅에서 나가셨다"(9) 하는데 무슨 뜻인가? 압살롬에게 마음을 빼앗겨 반란에 가담했던 이스라엘 모든 지파(10지파) 백성들이 지난날의 다윗의 공적은 생각함이 없이 자신들이 압살롬의 반란에 가담하여 왕을 추방했던 일이 잘못되었음을 뒤늦게 생각하는 말입니다.

그리하여 압살롬이 죽은 이 마당에, "이제 너희가 어찌하여 왕을 도로 모셔 올 일에 잠잠하고 있느냐"(10)고 말합니다. 이로 보건대 반란이 진압이 된 후에도 백성들이 정세를 관망하고 있었던 것으로 여겨집니다. 그런데 "왕을 도로 모셔 올 일에 (왜) 잠잠하고 있느냐"고 서두르고 있는 지파가 유다 지파가 아니라 이스라엘 지파들이었다는 점입니다. 그들은 사울 왕이 죽자 그의 아들 이스보셋을 옹위하여 이스라엘의 왕을 삼았던(2:9) 사람들입니다.

다윗이 사독과 아비아달 두 제사장을 유다로 보내어, "너희는 유다 장로들에게 말하여 이르기를 왕의 말씀이 온 이스라엘이 왕을 왕궁으로 도로 모셔오자 하는 말이 왕께 들렸거늘 너희는 어찌하여 왕을 궁으로 모시는 일에 나중이 되느냐"(11-12) 하고 통보한 것도 이 때문이었습니다. 유다 지파 사람들이 이처럼 나서지를 못하고 난처한 태도를 취할 수 밖에 없었던 것은 압살롬의 반란 때에 다윗을 적극적으로 옹호했어야 할 지파가 그러하지를 못하고 반란에 가담했기 때문으로 여겨집니다. 그 점이 "모든 유다 사람들의 마음을(압살롬에게서) 하나 같이 기울게"(14상) 했다는 데서 들어납니다.

이런 맥락에서 둘째 단원의 핵심은 "사람들의 마음을 하나 같이" 돌아오게 했다는데 있습니다. 즉 "이스라엘의 인심이 다 압살롬에게로 돌아갔나이다"(15:13) 하고, 돌아갔던 마음이 다윗에게로 다시 돌아왔다는 것입니다.

이 시점에서 다윗이 반란군의 군장이었던 아마샤(17:25)를 요압을 대신한 군장으로 삼으려(13)한 것은 너무 성급한 처사로 여겨지면서도 자신에게서 이탈했던 자들을 껴안으려는 의도로 여겨집니다. "왕이 돌아와 요단에 이르매 유다 족속이 왕을 맞아 요단을 건너가게 하려고 길갈로 오니라"(15) 합니다. 다윗을 예루살렘 왕궁으로 환궁하게 하려는 것입니다.

셋째 단원(16-30) 오늘 어찌 사람을 죽이겠느냐

"바후림에 있는 베냐민 사람 게라의 아들 시므이가 급히 유다 사람과 함께 다윗 왕을 맞으러 내려올 때에"(16) 합니다. 환궁하는 다윗을 네 부류의 사람이 맞으러 나오는 것을 주목해 보시기를 바랍니다.

　㉠ 첫째는 다윗이 망명길에 올랐을 때에 따라가면서 저주를 퍼붓던 "시므이"(16) 입니다. 그는 자기가 속해 있는 "베냐민 사람 일천 명"(17상)을 거느리고 왔습니다. 어떤 심산에서였을까요? 지금의 다윗에게 있어서는 한 사람의 마음도 섭섭하게 할 처지가 아닙니다. 그런 다윗에게 일천 명을 거느리고 오다니. 그 것은 다윗을 환대하는 뜻에서 보다는 자신의 세를 과시하려는 의도로 여겨집니다.

그가 왕 앞에 엎드려 왕께 아뢰되 "내 주여 원하건대 내게 죄를 돌리지 마옵소서 내 주 왕께서 예루살렘에서 나오시던 날에 종의 패역한 일을 기억하지 마시오며 왕의 마음에 두지 마옵소서 왕의 종 내가 범죄한 줄 아옵기에 오늘 요셉의 온 족속 중 내가 먼저 내려와서 내 주 왕을 영접하나이다" (20)고 아첨의 말을 합니다.

그러자 군장 아비새가 "시므이가 여호와의 기름 부으신 자를 저주하였으니 그로 말미암아 죽어야 마땅하지 아니하니이까" (21) 하고 말합니다. 그러나 다윗은 아비새에게 "오늘 어찌하여 이스라엘 가운데에서 사람을 죽이겠느냐" (22) 하면서, 그것이 도리어 "나의 원수", 즉 대적하는 일이라고 책망을 합니다.

그러면 "오늘"은 어떤 날이기에 사람을 죽여서는 아니 된다 하는가? "내가 오늘 이스라엘의 왕이 된 것을 내가 알지 못하느냐" (22하) 합니다. 무슨 뜻인가? 멸망 받아 마땅한 다윗을 왕으로 복귀시켜주신 은혜로운 날이라는 것입니다. 이처럼 일만 달란트 탕감함을 받았다면 백 데나리온 빚진 자를 용서해주어야 마땅하지 않겠느냐는 뜻입니다.

ⓛ 둘째는 자기 상전 므비보셋을 모함했던 시바가, "그의 아들 열다섯과 종 스무 명과 더불어 그와 함께" (17) 왕 앞으로 나아 왔습니다. 그도 서른 다섯 명을 이끌고 나온 것입니다.

ⓒ 세 번째는 "사울의 손자 므비보셋이 내려와 왕을 맞으니 그는 왕이 떠난 날부터 평안히 돌아오는 날까지 그의 발을 맵시 내지 아니하며 그의 수염을 깎지 아니하며 옷을 빨지 아니하였더라" (24) 합니다. 그는 누구를 거느리고 나왔다는 말이 없습니다. 자기 자신 한 사람, 두 발을 저는 불구자인 그 모습 그대로 나아온 것입니다. 다윗이 그에게 묻습니다.

"므비보셋이여 네가 어찌하여 나와 함께 가지 아니 하였더냐"(25). 이렇게 묻는 다윗의 심중에는 그의 종 시바가 므비보셋을 모함하던 말, "이스라엘 족속이 오늘 내 아버지의 나라를 내게 돌리리라 하나이다"(16:3) 한 말을 생각했기 때문일 것입니다. "내 주 왕이여 왕의 종인 나는 다리를 절므로 내 나귀에 안장을 지워 그 위에 타고 왕과 함께 가려 하였더니 내 종이 나를 속이고 종인 나를 내 주 왕께 모함하였나이다 내 주 왕께서는 하나님의 사자와 같으시니 왕의 처분대로 하옵소서"(26-27) 하고 진상을 밝힙니다.

다윗은 그러한 므비보셋을 의심했던 자신이 부끄러웠을 것입니다. 그런데 시바의 말만 듣고 "므비보셋에게 있는 것이 다 네 것이니라"(16:4)고 판결한 것이 잘못된 일임이 들어 났음에도 시므이에게 주었던 재산을 전부 환수하는 판단을 내리지 않고, "너는 시바와 밭을 나누라"(29)고 조치한 것은 온 국민의 화합을 최우선의 목표로 삼았기 때문으로 여겨집니다.

이점에서 사무엘상하에 걸쳐있는 다윗의 특별나다 할 행적을 더듬어 볼 필요가 있습니다. 적장 골리앗을 죽이고 왕위에 오른 다윗이었으나, 그 후로 동족을 살상하는 자로는 결코 등장하고 있지 않다는 점입니다. 이는 주목할 만한 중요한 일인 것입니다. 자신을 죽이려고 악랄하게 추격하는 사울을 죽일 결정적인 기회가 두 번(삼상 24:4, 26:12)이나 주어졌음에도 결코 죽이지를 않습니다.

나발을 죽일 뻔했었는데 아비가일에게 이르되, "오늘 너를 보내어 나를 영접하게 하신 이스라엘의 하나님 여호와를 찬송할지로다, 오늘 내가 피를 흘릴 것과 친히 복수하는 것을 네가 막았느니라"(삼상 25:32-33) 합니다. 죽어 마땅한 암논(13:21)이나 압살롬(14:33)도 사형에 처하지를 않습니다.

반란을 진압하러 출정하는 장수들에게 압살롬을 죽이지 말아달라고 도리어 부탁까지 합니다. 심지어 즉결처분을 받아 마땅한 시므이에게도, "네가 죽지 아니하리라"(19:23)고 맹세까지 합니다. 이는 결코 무심한 일로 여겨지지가 않습니다. 이는 생명의 주로 오실 그리스도를 예표하는 그의 역할과 관련이 있는 듯이 여겨집니다. 그리스도의 사역은 살리는 사역이요, 죽이는 직분이 아니기 때문입니다.

므비보셋은 말합니다. "내 주 왕께서 평안히 왕궁에 돌아오시게 되었으니 그로 그 전부를 차지하게 하옵소서"(30) 합니다.

넷째 단원(31-39) 내가 너를 공궤하리라

㉣ 네번째로 다윗을 맞으러 온 사람은, "길르앗 사람 바르실래가 왕이 요단을 건너가게 하려고 로글림에서 내려와 함께 요단에 이르니"(31) 한 "바르실래"입니다. 바르실래는 다윗이 압살롬의 반란에 쫓기어 도망갈 때에 극진히 대접했던 (17:27-29) 사람입니다. 환궁하는 다윗 왕을 전송하기 위하여 나온 것입니다.

다윗 왕은, "너는 나와 함께 건너가자 예루살렘에서 내가 너를 공궤하리라"(33)고 그때 일을 잊지 아니합니다. 그러나 그는 "내 나이가 이제 팔십세라, 어찌하여 종이 내 주 왕께 아직도 누를 끼치리이까 당신의 종은 왕을 모시고 요단을 건너려는 것 뿐이거늘 왕께서 어찌하여 이 같은 상으로 내게 갚으려 하시나이까"고 사양을 하면서, "그러나 왕의 종 김함이 여기 있사오니 청하건대 그가 내 주 왕과 함께 건너가게 하시옵고 왕의 처분대로 그에게 베푸소서"(35-37) 하고 진언합니다. "백성이 다 요단을 건너매 왕도 건너가서 왕이 바르실래에게 입을 맞추고 그에게 복을 비니 그가 자기

곳으로 돌아가니라"(39) 합니다.

우리는 다윗의 왕위가 회복이 되어서 예루살렘으로 돌아오는 길에 만난 네 부류의 사람을 살펴보았습니다.

①시므이와 시바 : 입으로는 주여 주여 하나, 믿을 만한 자로 여겨지지가 않습니다. 특히 시므이는 진심으로 회개한 것으로 볼 수가 없습니다. 그는 간사하고 간교한 자로 보입니다. 그런데 다윗은 그에게 "네가 죽지 아니하리라"(23)고 말합니다. 이는 자신이 원수를 갚지 않고 의탁하겠다는 뜻이지 그가 죄가 없다는 말이 아닙니다. 이점이 열왕기상 2:8-9절에 나타나는데, "시므이가 너와 함께 있나니 그러나 그를 무죄한 자로 여기지 말지어다" 합니다. 사도 바울도 "구리 세공업자 알렉산더가 내게 해를 많이 입혔으매 주께서 그 행한 대로 그에게 갚으시리니"(딤후 4:14) 하고 의탁합니다.

②므비보셋 : 주님께서 "보라 이는 참으로 이스라엘 사람이라 그 속에 간사한 것이 없도다"(요 1:47) 하신 나다나엘과 같은 진실한 종입니다. 사울의 자손이 죽임을 당하는 큰 재앙의 날에, "그러나 다윗과 사울의 아들 요나단 사이에 서로 여호와를 두고 맹세한 것이 있으므로 왕이 사울의 손자 요나단의 아들 므비보셋은 아끼고"(21:7) 하고, 한 번 약속한 것을 끝까지 책임져주는 것을 봅니다.

③바실래 : 다윗은 임종머리에서 "마땅히 길르앗 바르실래의 아들들에게 은총을 베풀어 그들이 네 상에서 먹는 자 중에 참여하게 하라 내가 네 형 압살롬의 낯을 피하여 도망할 때에 그들이 내게 나왔느니라"(왕상 2:7)고 잊지 않고 있습니다.

순교를 앞에 둔 사도 바울에게도 그를 배신한 자와 그를 조력한 잊을 수 없는 동역자가 있었습니다. "아시아에 있는 모든 사람이 나를 버린 이 일을 네가 아나니 그 중에는 부겔로와 허모게네도 있느니라 원하건대 주께서 오네시보로의 집에 긍휼을 베푸시옵소서 그가 나를 자주 격려해 주고 내가 사슬에 매인 것을 부끄러워하지 아니하고 로마에 있을 때에 나를 부지런히 찾아와 만났음이라 (원하건대 주께서 그로 하여금 그 날에 주의 긍휼을 입게 하여 주옵소서) 또 그가 에베소에서 많이 봉사한 것을 네가 잘 아느니라"(딤후 1:15-18) 합니다.

주님은 말씀하십니다. "보라 내가 속히 오리니 내가 줄 상이 내게 있어 각 사람에게 그가 행한 대로 갚아 주리라"(계 22:12). 주님을 따르는 무리 가운데는 시므이와 시바와 같은 자도, 므비보셋과 같은 자도, 그리고 바실래와 같은 자도 있기 마련입니다. 어쩌면 우리 속에는 이 네 부류의 사람이 공존하고 있는지도 모릅니다.

다섯째 단원(40-43) 유다와 이스라엘의 다툼

"왕이 길갈로 건너오고 김함도 함께 건너오니 온 유다 백성과 이스라엘 백성의 절반이나 왕과 함께 건너니라"(40). 그러자 "온 이스라엘 사람이 왕께 나아와 왕께 아뢰되 우리 형제 유다 사람들이 어찌 왕을 도둑하여 왕과 왕의 집안과 왕을 따르는 모든 사람을 인도하여 요단을 건너가게 하였나이까"(41) 합니다. 무슨 뜻이냐 하면 9-10절에서 "이스라엘 모든 지파 백성들이, 이제 너희가 어찌하여 왕을 도로 모셔 올 일에 잠잠하고 있느냐" 하고 왕의 복귀에 앞장서는 것을 보았습니다.

그런데 15절에서, "왕이 돌아와 요단에 이르매 유다 족속이 왕을 맞아 요단을 건너가게 하려고 길갈로 오니라" 하는 것을 대하게 됩니다. 그리하여 이스라엘과 유다 지파 간에 주도권 다툼을 하고 있는 것입니다. 유다는 다윗이 자신들의 지파 사람임을 내세우고 있고, 이스라엘은 열 지파는 "우리는 왕에 대하여 열 몫을 가졌으니 다윗에게 대하여 너희보다 더욱 관계가 있거늘 너희가 어찌 우리를 멸시하여 우리 왕을 모셔 오는 일에 먼저 우리와 의논하지 아니하였느냐"(43)고 주장합니다.

생각해 봅시다. 그들 중에는 모든 사람들의 마음이 다윗 왕에게서 돌아섰을 때에 마음을 오로지 하여 정절을 지켰던 자가 몇이나 된단 말인가? 반역자가 죽은 이제 왕을 도로 모시자는 일에 뒤질세라 다투고 있는 것입니다. 여기에 육신에 속한 자, 즉 성숙하지 못한 자들의 모습이 나타납니다.

이점에서 다시 한 번 므비보셋의 숨은 신앙이 빛을 발하게 되는데, "그는 왕이 떠난 날부터 평안히 돌아오는 날까지 그의 발을 맵시 내지 아니하며 그의 수염을 깎지 아니하며 옷을 빨지 아니하였더라"(24) 합니다. 시바가 자신을 모략하여 전 재산을 탈취했음에도, "너는 시바와 밭을 나누라"는 말을 들었을 때에도 섭섭해 하는 기색이 없이, "내 주 왕께서 평안히 궁에 돌아오시게 되었으니 그로 그 전부를 차지하게 하소서"(30) 하고, 오직 소원은 다윗 왕 자신 뿐임을 말합니다. 이 순수하고도 변절되지 않는 신앙은 다름 아닌 그의 아비 요나단에게 있던 믿음인 것입니다.

19장은, "유다 사람의 말이 이스라엘 사람의 말보다 더 강경하였더라"(43)고 마치고 있습니다. 다윗은 모두를 아우르려는 포용정책을 썼지만 여기서 아물지 않은 상처를 보게 됩니다. 이것이 "유다와 이스라엘의 다툼"입니다.

인간이란 구제불능이어서 일까요? "제자 중에서 누가 크냐 하는 변론이 일어나니 예수께서 그 마음에 변론하는 것을 아시고 어린 아이 하나를 데려다가 자기 곁에 세우시고" (눅 9:46-47). 예나 이제나 변함이 없으니 말입니다. 우리 중에 누가 므비보셋과 같고 어린 아이와 같을 것인가?

나누어 봅시다

① "오늘 어찌 사람을 죽이겠느냐" 한 오늘의 의미에 대해서,
② 시므이와 시바의 정함이 없는 말에 대해서,
③ 므비보셋과 바실래의 정절이 있는 신앙에 대해서,
④ 유다와 이스라엘 지파의 주도권 다툼에 대해서,

20장
약한 자의 지혜로
기업을 보존하신 하나님

20장의 중요 내용은 세바가 또 반란을 일으켰는데 아벨 성 사람들이 죽임으로 반란이 평정되는 것과 요압이 아마사를 죽이는 내용입니다. 세바는 "다윗과 나눌 분깃이 없다", 즉 "기업"이 없다고 반란을 일으켰으나 아벨 성의 무명의 여인은 세바를 잡기 위해서 아벨 성을 파괴하려는 요압에게, "여호와의 기업을 삼키지 말라"고 이를 보수(保守)합니다. 그러니까 요압이 아마사를 죽인 것도 "여호와의 기업"을 파괴한 것과 같은 것입니다. 이처럼 20장의 중심점이, "여호와의 기업"에 있습니다.

20장에는 다윗의 쟁쟁한 군장들인 아마사(4), 아비새(6), 요압(8)이 등장하는데, 하나님께서는 그들을 들어서 역사하신 것이 아니라 아벨 성의 이름 없는 연약한 여인의 지혜를 들어서 강한 자들을 부끄럽게 하시고 여호와의 기업(19)을 보존하시는 것을 보여주고 있습니다. 그러므로 20장의 주제가, "약한 자의 지혜로 기업을 보존하신 하나님"이 될 수가 있습니다. 이를 세 단원으로 나누어 상고하겠습니다.

첫째 단원(1-3) **다윗과 나눌 분깃이 없도다**

둘째 단원(4-13) **여호와의 기업을 삼킨 요압**

셋째 단원(14-26) **여호와의 기업을 지킨 지혜**

첫째 단원(1-2) 다윗과 함께 할 분의가 없도다

"마침 거기에 불량배 하나가 있으니 그의 이름은 세바인데 베냐민 사람 비그리의 아들이었더라 그가 나팔을 불며 이르되 우리는 다윗과 나눌 분깃이 없으며 이새의 아들에게서 받을 유산이 우리에게 없도다 이스라엘아 각각 장막으로 돌아가라"(1) 하고, 또다시 반란이 일어납니다.

우리는 지금 이스라엘의 역사를 공부하고 있는 것도 아니요, 삼국지를 대하듯 하고 있는 것도 아닙니다. 우리는 하나님께서 구원계획을 어떻게 성취해 오셨는가 하는 구속사를 연구하고 있는 중입니다.

어찌하여 또 반란이 일어나게 되었는가? 유다 지파 사람들과 이스라엘 열 지파 간에 왕을 모시는 일에 주도권 다툼(19:41-43)을 벌이는 것을 보았습니다. 다윗 왕을 옹위하는 일에 먼저는 이스라엘 지파 사람들이, "너희가 어찌하여 왕을 도로 모셔 올 일에 잠잠하고 있느냐"(19:10) 하고 주도적으로 나섰는데, 다윗이 유다 지파 출신이라는 지파감정을 내세워, "유다 사람의 말이 이스라엘 사람의 말보다 더 강경하였더라"(19:43하) 하고 배타적인 태도를 취했던 것입니다.

이로 말미암아 이스라엘 지파 사람들이 상심하고 배신감을 느끼게 되었을 것입니다. 간악한 사탄이 이 틈을 놓칠리가 있겠습니까? 베냐민 사람 세바가 나팔을 불며, "다윗과 나눌 분깃이 없으며 이새의 아들에게서 받을 유산이 우리에게 없도다" 하고 선동을 했다는 것입니다. 세바의 말을 구속사의 맥락으로 보면 다윗을 배반하는 데 멈추는 것이 아니라, 하나님께서 다윗에게 세워주신 "메시아언약"을 배반하는 말이었던 것입니다. 그러므로 다윗을 섬겨봤자 분깃이 없고, 유산이 없다는 말은, 예수를 믿어봤자 돌아올 유업이 없다는 뜻이 되는 것입니다.

이는 훗날 남북이 분열 될 당시 이스라엘 열 지파가 내건 비극적인 구호(口號)이기도 했는데, "우리가 다윗과 무슨 관계가 있느냐 이새의 아들에게서 받을 유산이 없도다 이스라엘아 너희의 장막으로 돌아가라"(왕상 12:16)고 외치면서 금송아지 우상을 섬겼던 것입니다.

"이에 온 이스라엘 사람들이 다윗 따르기를 그치고 올라가 비그리의 아들 세바를 따랐다"(2) 합니다. 사울의 아들 이스보셋으로 왕을 삼고(2:9) 다윗을 대적했던 그들은, 이스보셋이 죽자 다윗에게 돌아왔습니다. 그러나 압살롬이 반란을 일으키자 다윗을 배반하고 그에게 가담했었는데(15:13), 압살롬이 죽자 다윗에게 돌아오는 듯 했습니다. 그런데 베냐민 지파 세바가 반역하자 다윗에게 분깃이 없도다 하고 또다시 배반하고 반역하는 일에 가담을 한 것입니다. 이것이 정함이 없고 성실치 못한 인간의 본성인데, 인류의 시조 아담으로부터 시작하여 그들의 조상 대대로 부터 지금까지 그러한 것입니다. 이점을 시편에서는,

그러나 그들이 입으로 그에게 아첨하며 자기 혀로 그에게 거짓을 말하
였으니
이는 하나님께 향하는 그들의 마음이 정함이 없으며
그의 언약에 성실하지 아니 하였음이로다
오직 하나님은 긍휼하시므로 죄악을 덮어 주시어 멸망시키지 아니하
시고 그의 진노를 여러 번 돌이키시며 그의 모든 분을 다 쏟아 내지 아
니하셨으니 그들은 육체이며 가고 다시 돌아오지 못하는 바람임을 기
억하셨음이라 그들이 광야에서 그에게 반항하며 사막에서 그를 슬프
시게 함이 몇 번인가 그들이 돌이켜 하나님을 거듭거듭 시험하며 이스
라엘의 거룩하신 이를 노엽게 하였도다
그들이 그의 권능의 손을 기억하지 아니하며
대적에게서 그들을 구원하신 날도 기억하지 아니하였도다
(시 78:36-42)

그리하여 "유다 사람들은 그들의 왕과 합하여 요단에서 예루살렘까지 따
르니라"(2하) 합니다. 유다 사람들의 행사가 옳았다고는 말할 수는 없을 것
입니다. 그러나 분명하고 중요한 것은 "다윗에게 합하여", 즉 메시아언약을
떠나지 않았다는 것인데 이는 사활이 걸려 있는 중요한 문제인 것입니다.

둘째 단원(4-13) 여호와의 기업을 삼킨 요압

다윗 왕은 아마사에게, "너는 나를 위하여 삼일 내로 유다 사람을 큰 소리

로 불러 모으고 너도 여기 있으라"(4) 고, 세바의 난을 진압하기 위하여 아마사를 기용합니다. "아마사"는 압살롬의 반역에 가담했던(17:25) 군장입니다. 그런데 그를 기용한 것은 지난날의 잘못을 만회할 기회를 주기 위한 배려요, 반면 충성은 하면서도 번번이 자신을 내세우는 요압을 거세하려는 의도로 여겨집니다.

그런데 유다 사람을 소집하러 보낸 아마사가 지체하고 오지를 않았습니다. 그리하여 다윗은 급한 마음에 아비새에게, "비그리의 아들 세바가 압살롬보다 우리를 더 해하리니 너는 네 주의 부하들을 데리고 그의 뒤를 쫓아가라 그가 견고한 성읍에 들어가 우리들을 피할까 염려하노라"(6)고, "아비새"를 출정을 시킵니다. 아비새는 요압의 아우인데 이 때도 요압에게 명하지 않고 아비새에게 명했다는 것은 요압을 견제하려는 의도로 여겨지는데, 아비새가 출동하자 요압도 따라 나섭니다.

그리하여 기브온 큰 바위 곁에서 유다 사람을 소집하러 갔던 아마사를 만나게 됩니다. 요압은 아마사에게, "내 형은 평안하냐" 라고 인사하는 체하면서 그를 찔러 죽입니다. 아마사는 세바의 난을 진압하기 위하여 함께 출동한 우군(友軍)인데, 그를 죽이되 야비한 방법으로 죽인 것은, "여호와의 기업"을 삼키는 행위였던 것입니다.

요압은 다윗을 도우러 온 군장 아브넬도, "더불어 조용히 말하려는 듯" 하다가 배를 찔러 죽인 전례(3:27)가 있습니다. 다윗은 포용하려하나 요압은 매사에 자신을 내세우려 "여호와의 기업"을 헤치는 것을 보게 됩니다. 그리하여 종래는 "이스라엘의 온 군대의 지휘관"(23)을 차지하게 됩니다. 훗날 다윗은, "스루야의 아들 요압이 내게 행한 일 곧 이스라엘 군대의 두 사령관 넬의 아들 아브넬과 예델의 아들 아마사에게 행한 일을 네가 알거니와 그가 그들을 죽여 태평 시대에 전쟁의 피를 흘리고 전쟁의 피를 자기의 허리에 띤 띠와 발에 신은 신에 묻혔으니 네 지혜대로 행하여 그의 백발이 평안히 스올에 내려가지 못하게 하라"(왕상 2:5-6)고 유언을 합니다.

이는 "원수 갚는 것이 내게 있으니 내가 갚으리라"(롬 12:19) 하신 주님께 맡긴 것과 같은 의미가 됩니다. 왜냐하면 요압이 하나님의 군대의 두 장수를 죽인 행위는, "여호와의 기업을 삼키는"(19하) 이적행위와 같았기 때문입니다.

셋째 단원(14-26) 여호와의 기업을 지킨 지혜

"그 성읍에서 지혜로운 여인 한 사람이 외쳐 이르되 들을지어다 들을지어다 청하건대 너희는 요압에게 이르기를 이리로 가까이 오라 내가 네게 말하려 하노라 한다 하라"(16) 합니다. 다윗이 우려한대로 세바는 아벨 성을 점거하고 있었고, 요압은 아벨 성을 에워싸고 토성을 쌓고 "성벽을 쳐서 헐고자"(15) 했습니다. 평화롭던 성이 졸지에 파괴를 당하고 전란에 휩쓸릴 위기에 처한 것입니다.

이때 한 지혜로운 여인이 등장합니다. 그는 남자도 아니었습니다. 그 성의 장로나 방백도 아니었습니다. 그의 이름을 후대에 남기지도 않았습니다. 그럼에도 불구하고 그가 나선 것은, "여호와의 기업"을 지키려는 열정에서였다고 보아야만 합니다. 요압이 그 여인에게 가까이 가니 여인이 이르되, "당신이 요압이니이까, 말을 들으소서"(17), "나는 이스라엘의 화평하고 충성된 자 중 하나이거늘 당신이 이스라엘 가운데 어머니 같은 성을 멸하고자 하시는도다 어찌하여 당신이 여호와의 기업을 삼키고자 하시나이까"(19) 합니다.

그녀는 이스라엘이 그리고 아벨 성이 "여호와의 기업"임을 믿었습니다. 그러므로 이 기업을 구원하려는 열정에서 담대할 수가 있었던 것입니다. 그녀의 담대함은 "믿음에 큰 담력을 얻느니라"(딤전 3:13) 한 그러한 담대함이었다고 말 할 수가 있습니다. "어찌하여 당신이 여호와의 기업을 삼키고자 하시나이까"(19) 라고 항변합니다. 이는 여인의 말이 아니라 주 성령의 말씀으로 들려옵니다.

여인이 보기에는 성안에 있는 세바도 다윗을 대적함으로, "여호와의 기업을 삼키려는" 자요, "성벽을 쳐서 헐고자" 하는 요압도 여호와의 기업을 삼키려는 자로 여겨졌던 것입니다. 요압은 아벨 성에 오기 전에 아마사라는 여호와의 군대의 군장을 죽임으로 여호와의 기업을 삼킨 자가 아니던가!

요압은, "세바라 하는 자가 손을 들어 왕 다윗을 대적하였나니 너희가 그만 내주면 내가 이 성벽에서 떠나가리라" 합니다. "이에 여인이 그의 지혜를 가지고 모든 백성에게 나아가매 그들이 비그리의 아들 세바의 머리를 베어 요압에게 던진지라 이에 요압이 나팔을 불매 무리가 흩어져 성읍에서 물러나 각기 장막으로 돌아갔다"(20-21) 합니다. 여인의 지혜는 요압만을 감화시킨 것이 아니라 백성들도 설득했습니다. 그리하여 세바 한 사람을 제거하므로 온 성을 구원할 수가 있었고, "여호와의 기업"을 삼키려던 반란도 평정이 된 것입니다. 지혜서는 말씀합니다.

> 내가 또 해 아래에서 지혜를 보고 내가 크게 여긴 것이 이러하니
> 곧 작고 인구가 많지 아니한 어떤 성읍에 큰 왕이 와서

그것을 에워싸고 큰 흉벽을 쌓고 치고자 할 때에

그 성읍 가운데에 가난한 지혜자가 있어서 그의 지혜로 그 성읍을 건진

그것이라

그러나 그 가난한 자를 기억하는 사람이 없었도다

(전 9:13-15)

그러면 지혜 있는 여인이 "어머니 같은 성을 멸하고자 하시는도다" 한 "성"은 무엇이며 지혜자는 누구의 예표이겠습니까? 하나님의 교회·가정·심령이 "여호와의 기업"입니다. 그런데 자신의 유익이나 자존심을 내세우려 "여호와의 기업"을 무너지게 하려는, "세바·요압"과 같은 자들이 교회 내에는 있는 것입니다. 그리고 구속사의 맥락에서 지혜 자는 "오직 부르심을 받은 자들에게는 유대인이나 헬라인이나 그리스도는 하나님의 능력이요 하나님의 지혜니라"(고전 1:24) 한, 그리스도입니다. 그리고 그리스도를 믿는 형제입니다.

그러므로 내가 이르기를 지혜가 힘보다 나으나 가난한 자의 지혜가

멸시를 받고 그의 말들을 사람들이 듣지 아니한다 하였노라

조용히 들리는 지혜자들의 말들이 우매한 자들을 다스리는 자의 호령

보다 나으니라

지혜가 무기보다 나으니라 그러나 죄인 한 사람이

많은 선을 무너지게 하느니라

(전 9:16-18)

나누어 봅시다

① 세바가 반란을 일으키게 된 배경에 대해서,

② 여호와의 기업을 삼키려는 세바와 요압의 유형에 대해서,

③ 여호와의 기업을 지킨 이름 없는 지혜자에 대해서,

21장
여호와의 기업과 이스라엘의 등불

21장은, "다윗의 시대에 해를 거듭하여 삼 년 기근이 있으므로"(1) 하고 시작이 됩니다. 이 연대가 언제였는가는 재위 초기로, 또는 말기로 견해가 갈리고 있습니다. 이는 결정적으로 중요한 것은 아닙니다. 중요한 점은 다 윗이 여호와 앞에 간구했더니 여호와께서 말씀하시기를, "이는 사울과 피를 흘린 그의 집으로 말미암음이니 그가 기브온 사람을 죽였음이니라"(1) 하시는데 있습니다.

이점에서 주목할 점은 사울 왕이 기브온 사람을 죽인 지난 날에 있었던 사건이 어떤 의미가 있기에 이 시점에 놓이게 되었는가 하는 문맥입니다. 이는 다윗이 기브온 사람들에게, "내가 너희를 위하여 어떻게 하랴 내가 어떻게 속죄하여야 너희가 여호와의 기업을 위하여 복을 빌겠느냐"(3)고 말한 "여호와의 기업"이라는 주제 때문인 것입니다. 20장에서 약한 자를 들어서 "여호와의 기업"을 보존하시는 것을 보았습니다. 그런데 21장 전반부에서는 약한 자의 원한으로 말미암아 여호와의 기업이 재난을 당하고 있음을 보여주고 있는 것입니다. 어찌하여 여호와의 기업에 화가 미친 것일 까요? 이 재난의 원인이 어디에 있으며 이를 속하기 위해서는 어떻게 해야 만 하는가?

후반부에서는 블레셋과의 전장에서 다윗이 죽을 위기를 모면하게 됩니 다. 만일 다윗이 대적에 의하여 죽임을 당했다면 어떻게 되는가? 백성들은 다윗에게 다시는 전장에 나가지 말아서 "이스라엘의 등불이 꺼지지 말게 하옵소서"(17) 하고 간청을 합니다. 다윗이 죽는다면 등불이 꺼지게 된다 고 말합니다. 그러므로 21장의 메시지는 분명합니다. 중심점은 "여호와의 기업"에 있고 그 핵심은 "이스라엘의 등불"입니다. 이에 근거하여 21장의 주제를 "여호와의 기업과 이스라엘의 등불"이라고 말할 수가 있습니다. 그 렇다면 "여호와의 기업과 등불"의 구속사적 의미가 무엇일까요? 이를 두 단원으로 나누어 상고하겠습니다.

첫째 단원(1-14) **여호와의 기업**
둘째 단원(15-22) **이스라엘의 등불**

첫째 단원(1-14) 여호와의 기업

"다윗의 시대에 해를 거듭하여 삼 년 기근이 있으므로 다윗이 여호와 앞 에 간구하매 여호와께서 이르시되 이는 사울과 피를 흘린 그의 집으로 말 미암음이니 그가 기브온 사람을 죽였음이니라"(1) 하십니다.

여호수아가 가나안을 정복할 당시 기브온 사람들에게, "그들과 화친하

여 그들을 살리리라는 조약을 맺고 회중 족장들이 그들에게 맹세"(수 9:15)
한 일이 있습니다. 그리하여 기브온 사람들이, "그 날에 여호수아가 그들을
여호와께서 택하신 곳에서 회중을 위하며 여호와의 제단을 위하여 나무를
패며 물을 긷는"(수 9:27) 직무를 수행해 왔던 것입니다. 이는 그들이 여호
와의 기업에 참여하게 됨을 의미합니다.

그런데 "사울이 이스라엘과 유다 족속을 위하여 열심이 있으므로 그들
을 죽인"(2하) 일이 있었다는 것입니다. 사울은 이들을 제거함으로 백성들
에게 환심을 얻으려 했던 모양입니다. 예를 들면 히틀러가 유대인 말살 정
책을 쓴 것과 같은 것입니다. 이것이 기브온 사람들이, "우리를 학살하였고
또 우리를 멸하여 이스라엘 영토 내에 머물지 못하게 하려고 모해"(5)했다
는 뜻입니다. 이는 잘못된 충성이요, 열심이었던 것입니다.

이것이 어째서 중한 죄가 되며 이로 인하여 계속 3년이나 하늘이 닫히고
비가 내리지 않았단 말인가? 이점을 성경은, "그가 이미 손을 내밀어 언약
하였거늘 맹세를 업신여겨 언약을 배반하고 이 모든 일을 행하였으니 피하
지 못하리라 그러므로 주 여호와의 말씀이니라 내가 나의 삶을 두고 맹세
하노니 그가 내 맹세를 업신여기고 내 언약을 배반하였은즉 내가 그 죄를
그 머리에 돌리되"(겔 17:18-19) 라고 말씀합니다. 이런 뜻입니다. 당초에
언약을 말든지, 일단 맹세를 했으면 끝까지 지켜야지 이를 파기하는 것은
여호와의 이름으로 맹세한 "여호와의 이름"을 업신여긴 것이 된다는 말입
니다. 다윗은, "내가 너희를 위하여 어떻게 하랴 내가 어떻게 속죄(贖罪)하
여야 너희가 여호와의 기업을 위하여 복을 빌겠느냐"(3)고 묻습니다. 기브
온 사람들은 대답하기를,

㉠ "사울과 그의 집과 우리 사이의 문제는 은금에 있지 아니하오며", 즉 돈으로 해

결될 문제가 아니라는 것입니다. 이럴 경우 성경은, "너희는 너희가 거주하는 땅을 더럽히지 말라 피는 땅을 더럽히나니 피 흘림을 받은 땅은 그 피를 흘리게 한 자의 피가 아니면 속함을 받을 수 없느니라"(민 35:33)고 말씀합니다.

ⓛ 그런데 "이스라엘 가운데에서 사람을 죽이는 문제도 우리에게 있지 아니 하니이다"(4) 즉 복수할 권리가 자신들에게는 없다는 것입니다..

그리하여 다윗은 사울 집 족속 일곱을 처형하도록 내어주게 됩니다. "기브온 사람이 그들을 산 위에서 여호와 앞에 목매어 달매 그들 일곱 사람이 동시에 죽으니"(9상) 합니다. 이 비극적인 사건을 통해서 하시고자 하는 메시지가 무엇일까요? 이 말씀을 대할 때에 불가해(不可解)한 마음이 들지 않습니까? 그렇다면 우리가 범한 죄를 속하기 위하여 하나님의 아들을 십자가에 달도록 내어주신 사건을 생각해 보십시오.

그러므로 이 사건의 중심점은 다윗이, "내가 어떻게 속죄(贖罪)하여야 너희가 여호와의 기업을 위하여 복을 빌겠느냐"(3) 한 "속죄"(贖罪)에 있고, 속죄의 방도는 위에서 인용한 대로(민 35:33) "피가 아니면 속할 수가 없다"(레 17:11)는데 본문의 핵심이 있는 것입니다. 다윗도 이를 알았기에 여호와의 기업을 위한 대국적인 견지에서 그들의 요구대로 사울의 족속 일곱을 내어주지 않을 수가 없었던 것입니다.

저들을 "목매달았다"는 말은 "저주"를 받았음을 의미합니다. 성경은 "나무에 달린 자는 하나님께 저주를 받았음이니라"(신 21:23)고 말씀하고 있습니다. 그러므로 "하늘에서 비가 시체에 쏟아지기까지"(10중), 즉 저주가 물러가기까지는 시체를 치울 수가 없었던 것입니다. 비가 쏟아짐은 저주가 물러갔다는 증거이기 때문입니다.

이 사건은 우리를 죄가 없으신 하나님의 아들이 나무에 달려 저주를 받은 사건으로 인도해줍니다. 사울의 족속들은 자신들의 죄 값으로 저주를 받은바 되었으나 그리스도께서는 우리의 죄를 대신하여 저주를 받으신 것입니다. 이점에서 "기브온" 사람들은, "우리에게 율법의 요구(要求)가 이루어지게 하려 하심이니라"(롬 8:4) 한, "율법의 요구"를 하는 자로 등장합니다. 율법은 "죄 값은 사망이라" 한, 죄를 범한 자를 내어주기를 요구하였던 것입니다.

이점에서 사울의 족속들이 기브온 사람들을 위하여 죽었다고 말해서는 아니 됩니다. 기브온 사람들에게 맹세한 "여호와의 이름"이 업신여김을 받았기 때문에 거룩하시고 의로우신 하나님의 이름과 영예를 위하여 죽어야만 했던 것입니다. 같은 논리로 우리 주님께서 죄 값을 사탄에게 지불했다고 말해서는 아니 됩니다. 하나님의 의로우심, 즉 공의(公義)를 위해서 우리 대신 저주를 받으셨던 것입니다.

이를 정리하면 하나님의 이름으로 맹세한 언약을 어기고 기브온 사람들을 죽임으로 저주가 임한 사건은, 인류의 시조가 "먹으면 반드시 죽으리라" 하신 하나님의 말씀을 업신여기고 범함으로 저주가 임한 것과 대칭을 이룹니다. 그리고 사울의 족속이 죽임을 당함으로 저주가 물러가게 되었다는 것은, 하나님 아들 예수 그리스도께서 대신 저주를 받으심으로 인류의 시조의 범죄로 말미암아 임한 저주가 물러가고 여호와의 기업에 복이 임하게 되었던 것과 짝을 이루게 됩니다. 본문은 사울의 족속들이 받은 저주를 통해서 하나님의 아들이 우리 대신 저주를 받으신 십자가를 바라보기를 원하고 있는 것입니다.

이런 구속사의 맥락에서 이 사건은 사울 족속들의 이야기가 아니라, 바로 우리들의 이야기로 다가 오게 되는 것입니다. 성경의 궁극적인 기록목적은 우리를 대신하여 나무에 달리신 그리스도의 십자가로 인도하려는 것이기 때문입니다.

나무에 달려 죽은 사울의 족속과, 전에 블레셋에 의하여 죽임을 당한 사울의 **뼈**와 그의 아들 요나단의 **뼈**를, "함께 베냐민 땅 셀라에서 그의 아버지 기스의 묘에 장사하되 모두 왕의 명령을 따라 행하니라 그 후에야 하나님이 그 땅을 위한 기도를 들으시니라"(13-14), 즉 하나님의 의로우심이 충족이 되었다 합니다.

둘째 단원(15-22) 이스라엘의 등불

"블레셋 사람이 다시 이스라엘을 치거늘 다윗이 그의 부하들과 함께 내려가서 블레셋 사람과 싸우더니 다윗이 피곤하매 거인족의 아들 중에 무게가 삼백 세겔 되는 놋 창을 들고 새 칼을 찬 이스비브놉이 다윗을 죽이려 하므로"(15-16) 하고, 전쟁 이야기로 이어집니다.

블레셋의 "거인족의 아들"이란 골리앗의 아들을 가리키는 것이 아닐까요? 다윗이 탈진하여 그에게 죽을 위기에 직면한 것입니다. 이때 아비새가 다윗을 도와 그 블레셋 사람을 쳐죽이니, "왕은 다시 우리와 함께 전장에 나가지 마옵소서 이스라엘의 등불이 꺼지지 말게 하옵소서"(17) 합니다.

다윗이 어떤 의미에서 이스라엘의 "등불"이란 말인가? 이는 다윗이 이스라엘의 왕이기 때문입니다. 그러나 다윗은 예표일 뿐 다음 장은 "구원을 감사하는 다윗의 노래"인데 다윗은, "여호와여 주는 나의 등불이시니 여호와께서 나의 어둠을 밝히시리이다"(22:29) 라고 찬양하고 있음을 봅니다.

다윗 자신도 "흑암"에 쌓여있는 자라고 말합니다. 이를 밝혀달라고 간구합니다. 그렇다면 어찌 다윗이 등불이 될 수가 있단 말인가?

다윗의 흑암뿐만이 아니라 온 인류의 "흑암"을 밝혀줄 진정한 등불이 누구란 말입니까? "참 빛 곧 세상에 와서 각 사람에게 비취는 빛이 있었나니" (요 1:8) 라고 증언하는 예수 그리스도이십니다. 하나님께서는 구약시대 내내 풍전등화와 같은 상황에서도 등불이 꺼지지 않도록 보존(왕하 8:19) 하여주셨던 것입니다.

22장은 블레셋의, "이 네 사람 가드의 거인족의 소생이 다윗의 손과 그의 부하들의 손에 다 넘어졌더라" (22) 하고 마치고 있습니다. 이 말씀도 사탄을 발등상 되게 할 다윗의 자손 예수 그리스도를 지향하고 있습니다. 이것이 "여호와의 기업과 이스라엘의 등불"입니다.

나누어 봅시다

① 사울이 기브온 사람을 죽임으로 훼손된 것이 무엇인가에 대해서,

② 기브온 사람들이 "율법의 요구" 하는 자로 등장한다는 점에 대해서,

③ 저주가 임했다는 주제가 우리를 어디로 인도해주고 있는가에 대해서,

22장

왕에게 큰 구원을 주신 하나님을 찬송함

22장은, "여호와께서 다윗을 모든 원수의 손과 사울의 손에서 구원하신 그 날에 다윗이 이 노래의 말씀으로 여호와께 아뢰어"(1) 한, 하나님을 찬양하는 시입니다. 이 시는 시편 18편에도 수록이 되어있는데, 이점에서 유념해야 할 점은 다윗의 시편을 대할 때에 세 방면으로 바라보아야 한다는 점입니다.

㉠ 첫째는 시를 기록한 다윗의 입장입니다. 다윗의 시는 다윗이 직면했던 어떤 역사적인 배경과 그가 처했던 상황에서 기록한 것이기 때문입니다.

㉡ 둘째는 다윗을 예표로 하여 그의 자손으로 오실 그리스도에게서 성취될 일들을 선지자적(행 2:30)으로 예언하고 있다는 점입니다. 여기에 시편의 기록목적이 있는데 그러므로 시편에서 다윗만을 본다면 그림자만 볼뿐 실체(實體)는 보지 못하는 것이 되는 것입니다. 이 신령한 의미를 놓치지 않아야만 합니다.

㉢ 셋째는 다윗의 경험과 예수 그리스도에게서 성취될 일들을 경험하게 될 그리

스도인들에게 적용시키는 일입니다. 시편만큼 성도들에게 위로와 격려를 끼친 책도 달리 없을 것입니다. 시편에 수록된 다양한 경험들이 신앙생활의 현장에서 성도들에게도 재현되고 있기 때문입니다.

22장의 핵심은 결론적으로 진술한, "여호와께서 그의 왕에게 큰 구원을 주시며 기름 부음 받은 자에게 인자를 베푸심이여 영원하도록 다윗과 그 후손에게로다"(51)한 말씀입니다. 여기서 말하는 "기름 부음 받은 왕"은 1차적으로 다윗을 가리키지만 궁극적으로는 그리스도를 지향하는 말씀입니다. 이점이 "다윗과 그의 후손에게로다" 라는 표현에 분명히 나타납니다. 이를 다섯 단원으로 나누어 상고하겠습니다.

첫째 단원(1-7) **원수들에게서 구원하여 주신 하나님**
둘째 단원(8-20) **엄위하신 하나님**
셋째 단원(21-28) **상 주시며 갚아주시는 하나님**
넷째 단원(29-43) **대적을 발등상시키시는 하나님**
다섯째 단원(44-51) **민족의 으뜸으로 삼으신 하나님**

첫째 단원(1-20) 원수들에게서 구원하여주신 하나님

22장은, "여호와께서 다윗을 모든 원수의 손과 사울의 손에서 구원하신 그 날에"(1) 하고 시작이 되는데, 22장 전체의 주제는 "구원을 감사하는 노래"입니다. 첫 단원의 중심주제는 5번등장하는 "구원"인데, 그러면 무엇으로부터의 구원감사인가? "원수들에게서"(4) 라고 말합니다. 이 "원수"

가 1차적으로는 "모든 원수와 사울"일 수가 있습니다만, 성경이 말씀하는 궁극적인 원수는 사탄인 것입니다. 사울이 다윗을 대적한 것도 자신의 본심이 아니라, "악신(惡神)이 그를 번뇌하게"(삼상 16:14) 했기 때문입니다.

① 첫째로 다윗은 찬양하기에 앞서서 우선적으로 구원하여주신 하나님을 어떠한 하나님으로 고백하고 있는가?

> 여호와는 나의 반석이시오
>
> 나의 요새시오,
>
> 나를 위하여 나를 건지시는 자시오,
>
> 내가 피할 나의 반석의 하나님이시오,
>
> 나의 방패시오
>
> 나의 구원의 뿔이시오,
>
> 나의 높은 망대시오
>
> 그에게 피할 나의 피난처시오,
>
> 나의 구원자시라
>
> 나를 폭력에서 구원하셨도다
>
> (1-3)

이는 다윗의 생애 중에 경험했던 다양한 하나님의 구원방도를 여러 가지 비유를 들어서 진술하고 있는 것입니다. 그런데 "반석이시오, 요새시오, 건지시는 자시오, 피할 바위시오, 구원의 뿔이시오, 높은 망대시오, 피란처시오" 한 묘사 속에는 숨겨진 의미가 있는 것입니다.

왜냐하면 이러한 하나님은 우리를 구원하시기 위해서 육신을 입으시고

"임마누엘"하신 하나님이시기 때문입니다. 신명기는 모세의 유언과 같은 마지막 설교인데 32장에서 하나님을,

　⊙ "너를 낳은 반석"(18)이라 말하고,

　ⓛ "자기를 구원하신 반석"(15)이라 말하면서,

　ⓒ 마치 어머니 같이 "반석에서 꿀을, 굳은 반석에서 기름을 빨게"(13) 하셨다고 진술합니다.

　ⓔ "그런데 여수룬이 기름지매 발로 찼도다 네가 살찌고 비대하고 윤택하매 자기를 지으신 하나님을 버리고 자기를 구원하신 반석을 업신여겼도다"(15)고 하는데 이런 "반석"이 누구를 가리키는 상징이겠습니까? 신약성경은, "다 같은 신령한 음료를 마셨으니 이는 그들을 따르는 신령한 반석으로부터 마셨으매 그 반석은 곧 그리스도시라"(고전 10:4)고 해설해주고 있습니다.

이런 맥락에서 "반석이시며 구원의 뿔"이란 이는 그리스도에 대한 명백한 상징인 것입니다. 시편 132편에서, "여호와께서 다윗에게 성실히 맹세하셨으니 변하지 아니하실 지라"고 메시아언약을 말씀하면서, "내가 거기서 다윗에게 뿔이 나게 할 것이라"(시 132:11, 17)고 말씀합니다. 세례 요한의 부친 사가랴는 성령의 충만함으로, "우리를 위하여 구원의 뿔을 그 종 다윗의 집에 일으키셨다"(눅 1:69)고 하나님의 약속이 성취되었다고 진술합니다. 다윗도 동일한 영으로 찬양하고 있는 것입니다. 29절의 "나의 등불"이라는 묘사는 더욱 분명합니다.

　② 둘째로 "반석, 구원의 뿔"이신 하나님께서 어떤 구원을 주셨다고 찬양하고 있는가?

　　사망의 물결이 나를 에우고

불의의 창수가 나를 두렵게 하였으며

스올의 줄이 나를 두르고

사망의 올무가 내게 이르렀도다

(5-6)

이는 다윗이 사울에게 쫓길 때 목숨이 위경에 처했던 일을 회상함일 것
입니다. 그런데 "스올(음부)의 줄이 나를 두르고 사망의 올무가 내게 이르
렀다"는 묘사는 다름 아닌 우리 주님이 죽임을 당하시고 무덤에 갇혀있던
상황인 것입니다. 주님은 삼일 동안, "음부의 줄과 사망의 올무"에 매어있
었던 것입니다. 이점을 베드로는, "하나님께서 그를 사망의 고통에서 풀어
살리셨으니 이는 그가 사망에 매여 있을 수 없었음이라"(행 2:24)고 증언하
고 있는 것입니다. 어찌하여 임마누엘이, "사망의 올무가 내게 이르렀도
다" 한 상태에 이르게 되었는가? "죽기를 무서워하므로 일생에 매여 종노
릇하는 모든 자를 놓아주려"(히 2:15) 이런 고난을 당하셨던 것입니다.

둘째 단원(8-20) 엄위하신 하나님

둘째 단원은 우리의 "반석 · 구원의 뿔"이신 하나님의 엄위를 진술하는
내용인데, 초림과 재림의 광경이 겹쳐져있습니다. 이 두 장면을 자연계시
를 통해서 묘사하고 있는 것입니다. "그가 위에서 손을 내미사 나를 붙드심
이여 많은 물에서 나를 건져내셨도다 나를 강한 원수와 미워하는 자에게서
건지셨음이여 그들은 나보다 강했기 때문이로다 그들이 나의 재앙의 날에

내게 이르렀으나 여호와께서 나의 의지가 되셨도다 나를 또 넓은 곳으로 인도하시고 나를 기뻐하시므로 구원하셨도다"(17-20) 합니다.

이 말씀은 그리스도의 초림에서 이루어진 "구원"을 나타내고 있는데 중심점은, "나를 또 넓은 곳으로 인도하시고 나를 기뻐하시므로 구원하셨도다"(20)는 말씀입니다. "넓은 곳으로 인도하셨다"는 표현은 요나가 사흘 동안 물고기 뱃속에 갇혀 있듯이, 그가 사망의 줄에 매여 지하 감방에 갇혀 있었음을 나타냅니다. 그렇습니다. 다윗을 압둘라 굴에서 우리 주님을 무덤에서 또한 사망에 매여 있던 우리들을 "넓은 곳으로 인도", 즉 자유하게 하시고 우리를 기뻐하시므로 구원하여 주셨습니다. 이것이 "원수들에게서 구원하여 주신 하나님"이십니다.

넓은 곳으로 인도하신 하나님

그런데 "이에 땅이 진동하고 떨며 하늘의 기초가 요동하고 흔들렸으니 그의 진노로 말미암음이로다 그의 코에서 연기가 오르고 입에서 불이 나와 사름이여 그 불에 숯이 피었도다 그가 또 하늘을 드리우고 강림하시니 그의 발아래는 어두캄캄하였도다"(8-10) 하는 묘사는 심판 주로 오시는 재림의 광경인 것입니다. "빽빽한 구름(12), 광채로 말미암은 숯불"(13), 우뢰와 번개"(14-15) 등은 재림하시는 하나님의 엄위를 나타내는 묘사들입니다.

시편 29편은 다윗이 천지를 진동시키면서 가데서 광야(8)를 휩쓸고 있는 폭풍우를 통해서 하나님의 위대하심을 읊은 시인데, "여호와의 소리가 힘 있음이여 여호와의 소리가 위엄차도다"(4)고 진술합니다. 무슨 뜻인가? 다윗은 거역할 수 없는 태풍·지진·홍수·뇌성벽력 같은 천재지변 앞에서 무기력한 인간과 대조되는 하나님의 무한하신 능력을 드러내고 있는 것입니다. 29편의 극치는 "여호와께서 자기 백성에게 평강의 복을 주시리로다"(11하) 한 "폭풍과 평강"의 대조에 있습니다.

지금 다윗은 모든 사람들이 두려워 떨고 있는 "여호와의 소리가 광야를 진동하심이여 여호와께서 가데스 광야를 진동하시도다"(8) 하는 폭풍우 중에서도, 그러나 하나님을 신뢰하는 자에게는 "여호와께서 자기 백성에게 힘을 주심이여 여호와께서 자기 백성에게 평강의 복을 주시리로다" 즉 폭풍우와 같은 시련이 닥쳐온다 하여도 능히 극복할 힘을 주시고, 마음에 "평강"을 주실 것을 믿고 있는 것입니다. 그렇다면 천지의 창조자시요, 주관하시는 하나님께서 친히 임하시는 재림의 날이 어떠하겠습니까?

셋째 단원(21-28) 상 주시며 갚아주시는 하나님

셋째 단원의 중심점은, "여호와께서 내 공의를 따라 상주시며 내 손의 깨끗함을 따라 갚으셨으니"(21) 한, "상 주시며, 갚으셨도다" 하는 보상에 있습니다. "그러므로 여호와께서 내 의대로, 그의 눈앞에서 내 깨끗한 대로 내게 갚으셨도다"(25) 합니다. 이는 바울이 말씀한 "우리가 다 반드시 그리스도의 심판대 앞에 나타나게 되어 각각 선악 간에 그 몸으로 행한 것을 따라 받으려함이라"(고후 5:10) 한 것과 상통하는 말씀입니다.

자비한 자에게는 주의 자비하심을 나타내시며,

완전한 자에게는 주의 완전하심을 보이시며,

265

깨끗한 자에게는 주의 깨끗하심을 보이시며,

사악한 자에게는 주의 거스르심을 보이시리이다

(26-27)

"자비한 자, 완전한 자, 깨끗한 자"가 누구이며, 반면 "사악한 자"는 누구인가? 이에 대한 설명이, "주께서 곤고한 백성은 구원하시고, 교만한 자를 살피사 낮추시리이다(28) 한 말씀에 나타나는데, 하나님을 경외하는 자와 불신자를 가리키는 말입니다. 그래서 "사악한 자에게는 주의 거스르심을 보이시리이다", 즉 보응하신다는 것입니다.

이점을 야고보서는, "긍휼을 행하지 아니하는 자에게는 긍휼 없는 심판이 있으리라"(약 2:13) 말씀하고 사도 베드로는, "이 모든 것이 이렇게 풀어지리니 너희가 어떠한 사람이 되어야 마땅하냐"(벧후 3:11) 합니다.

넷째 단원(29-43) 대적을 발등상시키시는 하나님

"여호와여 주는 나의 등불이시니 여호와께서 나의 어둠을 밝히시리이다 내가 주를 의뢰하고 적진으로 달리며 내 하나님을 의지하고 성벽을 뛰어넘나이다"(29-30) 합니다. 넷째 단원에는, "내가 주를 의뢰하고 적진으로 달리며 내 하나님을 의지하고 성벽을 뛰어넘나이다(30), 내 손을 가르쳐 싸우게 하시니 내 팔이 놋 활을 당기도다"(35) 하는 전투적인 용어로 가득합니다.

"내가 내 원수를 뒤쫓아 멸하였사오며 그들을 무찌르기 전에는 돌이키지 아니하였나이다 내가 그들을 무찔러 전멸시켰더니 그들이 내 발 아래에 엎드러지고 능히 일어나지 못하였나이다"(38-39)고 회상합니다. 참으로 하나님께서는 다윗으로 대적 앞에서 패하게 하신 적이 없으십니다. 언제나 승리만을 주셨습니다.

핵심은 "내가 그들을 무찔러 전멸시켰더니 그들이 내 발 아래에 엎드러지고 능히 일어나지 못하였나이다"(39) 한 "내 발 아래에 엎드러지고"에 있는데 이는 다름 아니 사탄을 발등상시키시고 최후 승리를 거두실 그리스도를 전망하게 하는 말씀인 것입니다. "내가 그들을 땅의 티끌 같이 부스러뜨리고 거리의 진흙 같이 밟아 헤쳤나이다"(43)는 묘사에서는, "네가 철장으로 그들을 깨뜨림이여 질그릇같이 부수리라 하시도다"(시 2:9) 하신 메시아 예언을 연상하게 합니다. 실로 영적 다윗이신 그리스도께서는, "그들을 무찌르기 전에는 돌이키지 아니하였나이다", 즉 사탄을 발등상 시키시기까지는 결코 돌이키지 아니하실 것입니다.

여호수아는, "너희의 하나님 여호와께서 너희를 위하여 이 모든 나라에 행하신 일을 너희가 다 보았거니와 너희의 하나님 여호와 그는 너희를 위하여 싸우신 이시니라"(수 23:3)고 말씀하는데 우리가 믿는 하나님은, "대적을 발등상시키시는 하나님"이십니다.

다섯째 단원(44–51) 모든 민족의 으뜸으로 삼으신 하나님

구원에 대한 감사와 찬양을 진술하는 22장은 결론부분에 이르러서 다윗이 그리스도의 예표임이 더욱 선명하게 드러나는데, 그러므로 미래에 이루어질 예언적인 내용을 담고 있습니다.

① "주께서 또 나를 내 백성의 다툼에서 건지시고 나를 보전하사 모든 민족의 으뜸으로 삼으셨으니" 합니다. "내 백성의 다툼에서 건지시고"는 "자기 땅에 오매 자기 백성이 영접하지 아니하였으나"(요 1:11) 한 상태를 나타냅니다. 그런데 건지시고 보전해 주신 것만이 아니라, "모든 민족의 으뜸으로 삼으셨다"는 뜻이 무엇인가? 이는 "이러므로 하나님이 그를 지극히 높여 모든 이름 위에 뛰어난 이름을 주사 하늘에 있는 자들과 땅에 있는 자들과 땅 아래에 있는 자들로 모든 무릎을 예수의 이름에 꿇게"(빌 2:9-10) 하셨다는 말씀으로 인도해줍니다.

② "이방인들이 내게 굴복함이여 그들이 내 소문을 귀로 듣고 곧 내게 순복하리로다 이방인들이 쇠약하여 그들의 견고한 곳에서 떨며 나오리로다"(45-46)고 "이방인들"을 거듭 언급하고 있는데, 이방인들이 "내 소문" 곧 구원의 복음을 듣고 주께로 돌아오게 (순복하리이다) 될 것을 나타냅니다. 이점이 "내가 알지 못하는 백성이 나를 섬기리이다(44하)는 진술에 선명하게 나타납니다. 메시아 예언으로 유명한 이사야 선지자도, "보라 내가 그를 만민에게 증인으로 세웠고 만민의 인도자와 명령자로 삼았나니 보라 네가 알지 못하는 나라를 네가 부를 것이며 너를 알지 못하는 나라가 네게로 달려올 것은 여호와 네 하나님 곧 이스라엘의 거룩하신 이로 말미암음이니라 이는 그가 너를 영화롭게 하였느니라"(사 55:4-5)고 예언하고 있습니다.

③ "여호와의 사심을 두고 나의 반석을 찬송하며 내 구원의 반석이신 하나님을 높일지로다"(47) 합니다. "나의 반석"이라는 상징적인 묘사는 구약성경에 풍부합니다. "나의 반석, 내 구원의 반석"이란 누구를 가리키는 것입니까? 이는 명백한 그리스도에 대한 묘사인(고전10:4) 것입니다. 바울 사도는 이 구절을 이방인들이 구원에 초청될 예언으로 인용(롬 15:9)하고

있습니다.

④ 시편들의 구조(構造)를 보면 대부분이 서두에 명제(命題)와 같은 말씀이 나오고 마지막에 결론과 같은 말씀으로 되어 있는데, 22장의 중심점도 서두 1-3절과, 결론인 50-51절에 나타납니다. 먼저 서두에서, "여호와께서 다윗을 모든 원수의 손과 사울의 손에서 구원하신 그 날에 다윗이 이 노래의 말씀으로 여호와께 아뢰어 이르되 여호와는 나의 반석이시요 나의 요새시요 나를 위하여 나를 건지시는 자시요 내가 피할 나의 반석의 하나님이시요 나의 방패시요 나의 구원의 뿔이시요 나의 높은 망대시요 그에게 피할 나의 피난처시요 나의 구원자시라 나를 폭력에서 구원하셨도다"(1-3)고 진술합니다.

결론에 이르러서, "이러므로 여호와여 내가 모든 민족 중에서 주께 감사하며 주의 이름을 찬양하리이다 여호와께서 그의 왕에게 큰 구원을 주시며 기름 부음 받은 자에게 인자를 베푸심이여 영원하도록 다윗과 그 후손에게로다"(50-51) 하고 마치고 있는데, 다시 상기시킵니다만 "왕과 기름부음을 받은 자"가 1차적으로는 다윗이라 하여도 "다윗과 그 후손에게로다" 라는 묘사에서 다윗의 자손으로 오실 그리스도를 지향하고 있음이 분명히 나타나고 있습니다. 다윗이 블레셋이나 암몬으로부터 얻은 승리는 완전한 구원도 승리도 아니요, 궁극적인 구원과 승리는 사탄을 발등상시키는 것이기 때문입니다.

이처럼 22장은 다윗의 일생을 총 정리하는 그런 내용을 담고 있습니다. 이런 22장이 우리에게 어떻게 적용이 되는가? 우선적으로 "구원"을 얻고, "내가 주를 의뢰하고 적군에 달리며" 한 승리의 삶을 살아가며, "내 소문을 귀로 듣고 곧 내게 순복하리로다" 한 복음의 소문을 널리 전파하여 하나

269

님의 나라를 확장시켜 나가기를, "영원하도록 다윗과 그 후손에게로다" 한대로 주님 오시는 날까지 한다면, "상 주시며 갚으셨으니", 즉 보상해 주실 것이라는 믿음입니다. 이것이 "왕에게 큰 구원을 주신 하나님을 찬송함"입니다.

나누어 봅시다

① 다윗이 고백하는 하나님이 어떻게 성취되었는가에 대해서,

② 다윗이 진술하는 "넓은 곳으로 인도하셨다"는 의미에 대해서,

③ 풍문을 듣고, 민족의 으뜸으로 삼으셨다는 의미에 대해서,

23장

이는 다윗의 마지막 말이라

23장은 "이는 다윗의 마지막 말이라"(1) 하고 시작이 되는데, 과연 다윗의 마지막 말이 무엇일까요? 이점이 우리의 비상한 관심을 갖게 되는 것은 바울이 "나는 선한 싸움을 싸우고 나의 달려갈 길을 마치고 믿음을 지켰다"(딤후 4:7)고 말한 것이 바울의 마지막 말이라고 한다면 나의 "마지막 말"은 무엇이 될 것인가 하는 적실성 때문입니다.

크게 두 가지로 요약을 할 수가 있는데, 첫째는 "하나님이 나와 더불어 영원한 언약을 세우사 만사에 구비하고 견고하게 하셨으니"(5) 한 "언약"(言約)에 대한 감사입니다. 둘째는 "다윗의 용사들의 이름은 이러 하니라"(8) 한, 자신과 생사를 같이한 용사들을 못 잊어 하고 있는 것입니다.

왜냐하면 목동 다윗이 왕위에 오를 수 있었던 것은 하나님의 주권적인 언약에 기인한 것입니다만, 하나님의 뜻을 이루기 위하여 죽도록 충성한 용사들이 있었기 때문인데 이점을 임종머리에서 못 잊어 하고 있는 것입니다. 성경에 나타난 우리 주님의 마지막 말씀도, "보라 내가 속히 오리니 내

271

가 줄 상이 내게 있어 각 사람에게 그가 행한 대로 갚아 주리라"(계 22:12)
는, 죽도록 충성하라는 격려입니다. 이를 두 단원으로 나누어 상고합니다.

첫째 단원(1-7) **다윗에게 언약을 세워주신 하나님**
둘째 단원(8-39) **언약을 이루시는데 쓰임 받은 용사들**

첫째 단원(1-7) 다윗에게 언약을 세워주신 하나님

23장은, "이는 다윗의 마지막 말이라 이새의 아들 다윗이 말함이여 높이
세워진 자, 야곱의 하나님께로부터 기름 부음 받은 자, 이스라엘의 노래 잘
하는 자가 말하노라 여호와의 영이 나를 통하여 말씀하심이여 그의 말씀이
내 혀에 있도다"(1-2) 하고 시작이 됩니다. "여호와의 영이 나를 통하여 말
씀하심이여" 한다면 이는 다윗의 말이 아니라 성령이 교회들에게 하시는 말
씀이 되는 것입니다. 그렇다면 성령의 감동으로 말하는 다윗의 "마지막 말"
이 무엇인가? 첫째 내용이 3-4절인데, 자신에 대해 말하고 있는 것이 아니라
자신을 예표로 한 그리스도를 증언하고 있다는 점을 주목하게 됩니다.

  ㉠ 사람을 공의로 다스리는 자,

  ㉡ 하나님을 경외함으로 다스리는 자여(3) 하는데, 이러한 분이 누구란 말입니까?
      이는 다윗 자신을 가리키는 말인가? 다른 이를 가리키는 말인가? 이는 이사야
      선지자로 말씀하신, "한 아기가 우리에게 났고 한 아들을 우리에게 주신 바 되
      었는데 그의 어깨에는 정사를 메었고 그의 이름은 기묘자라, 모사라, 전능하신
      하나님이라, 영존하시는 아버지라, 평강의 왕이라 할 것임이라" 하면서, "또 다

윗의 왕좌와 그의 나라에 군림하여 그 나라를 굳게 세우고 지금 이후로 영원히 정의와 공의로 그것을 보존하실 것이라"(사 9:6-7) 하신 명백한 메시아예언인 것입니다.

ⓒ 그는 돋는 해의 아침 빛 같고,

ⓔ 구름 없는 아침 같고,

ⓗ 비 내린 후의 광선으로 땅에서 움이 돋는 새 풀 같으니라(3-4) 하는데 이사야 선지자는, "흑암에 행하던 백성이 큰 빛을 보고 사망의 그늘진 땅에 거주하던 자에게 빛이 비치도다"(사 9:2)고 예언하고 있으며 이 예언이, "이로써 돋는 해가 위로부터 우리에게 임하여 어둠과 죽음의 그늘에 앉은 자에게 비치고 우리 발을 평강의 길로 인도하시리로다"(눅 1:78-79) 하고 그리스도에게서 성취되었던 것입니다.

돋는 해와 아침 빛

두 번째 내용이 5-7절인데 이를 통해서는 하나님께서 언약하신 바를 반드시 이루어주실 것을 확신한다는 점을 진술하고 있습니다. "내 집이 하나님 앞에 이 같지 아니하냐 하나님이 나와 더불어 영원한 언약을 세우사 만사에 구비하고 견고하게 하셨으니 나의 모든 구원과 나의 모든 소원을 어찌 이루지 아니하시랴"(5) 합니다. 여기에는 "하셨으니" 하는 과거시제와 "어찌 이루지 아니하시랴" 하는 미래시제가 동시에 나타나고 있다는 점을 주목해야만 합니다.

ⓐ 다윗에게 "만사에 구비하고 견고하게 하셨으니" 한 과거시제로 된 것이 무엇인가? 목동 다윗을 왕이 되게 하셔서 나라를 견고하게 세워주신 일입니다. 그

런데 다윗은 여기서 멈추는 것이 아니라 "나의 모든 소원을 이제 이루지 아니하시랴" 하고 미래에 이루어주실 것으로 나아가고 있는 것입니다.

ⓛ 이는 하나님께서 다윗에게, "여호와가 너를 위하여 집을 짓고"(7:11하) 하신 메시아언약을 염두에 두고 하는 진술인데 다윗의 집에서 "돋는 해 아침 빛"같은 분이 일어나리라는 미래(未來)에 이루어주실 일인 것입니다. 그래서 "하나님이 나와 더불어 영원한 언약을 세우사"(5중) 하고, 이는 영원한 언약이라고 말씀합니다.

ⓒ 이를 위하여 "만사에 구비하고 견고하게 하셨으니"(5중) 하는데, "만사에 구비(具備)하고"란 말은 모든 일을 준비하여 부족함이 없도록 갖췄다는 뜻입니다. 이것이 중요합니다. 만일 하나님께서 언약을 세워주셨더라도 "만사에 구비하고 견고케 하심"이 없으셨다면 그 언약은 중단되거나 실패할 수 밖에 없었을 것입니다. 예를 들면 언약 당사자인 다윗이 범죄 하였을 때에도 하나님께서는, "만사에 구비하여 견고하게 하심"으로 성취해 나가셨던 것입니다. 이를 달리 표현하면 "합력 하여 선을 이루신다"는 의미입니다.

ⓔ 이를 믿기에, "나의 모든 구원과 나의 모든 소원을 어찌 이루지 아니하시랴"(5) 하고 말씀합니다. 즉 언약하신 하나님께서 또한 성취하여주실 것에 대한 확신을 나타내고 있는 것입니다.

"그러나 사악한 자는 다 내버려질 가시나무 같으니 이는 손으로 잡을 수 없음이로다 그것들을 만지는 자는 철과 창자루를 가져야 하리니 그것들이 당장에 불살리리로다"(6-7) 하는데, "사악한 자"란 다윗에게 세워주신 "영원한 언약", 즉 그리스도를 대적하는 자를 가리키는 말입니다. 그런 자는 내어버린 가시나무 같이 불타버릴 것이라고 말씀합니다.

다윗은 자신에게 세워주신 메시아언약이 성취되는 것을 보지 못하고 죽으나 이루어주실 것(6)을 확신(確信)하고 죽은 것입니다. 이는 다윗의 마지막 말만이 아니라 믿음의 조상들의 마지막 말이기도 합니다. 아브라함과 이삭과 야곱은 임종 시에 하나님의 언약을 자손들에게 계승시켜주고 있음을 봅니다. 그러니까 다윗도 믿음의 조상들처럼 "이 사람들은 다 믿음을 따라 죽었으며 약속을 받지 못하였으되 그것들을 멀리서 보고 환영"(히 11:13)한 것이 됩니다.

아브라함과 다윗이 확신한 이 약속을 하나님께서는, "우리를 위하여 구원의 뿔을 그 종 다윗의 집에 일으키셨으니 이것은 주께서 예로부터 거룩한 선지자의 입으로 말씀하신 바와 같이 우리 원수에게서와 우리를 미워하는 모든 자의 손에서 구원하시는 일이라 우리 조상을 긍휼히 여기시며 그 거룩한 언약을 기억하셨으니 곧 우리 조상 아브라함에게 하신 맹세라"(눅 1:69-73) 하고 예수 그리스도로 성취하여 주셨던 것입니다.

한 가지 남은 약속

이제 우리들에게는 한 가지 남은 약속이 있습니다. 그것은 "내가 진실로 속히 오리라"(계 22:20) 하신 재림의 약속입니다. 믿음이란 하나님의 언약을 믿는 것입니다. 성경은 하나님께서 "언약"하시고 "맹세"로 보증하여 주신 이를 가리켜, "하나님이 거짓말을 하실 수 없는 이 두 가지 변치 못할 사실"(히 6:17-18)이라고 말씀합니다. 그러므로 확신하고도 남음이 있는 것입니다.

그 날에 우리의 낮은 몸도 영화롭게 완성이 될 것입니다. 복음을 증언하다가 옥중에 갇힌 사도 바울은 이를 믿기에, "너희 속에 착한 일을 시작하신 이가 그리스도 예수의 날까지 이루실 줄을 우리가 확신하노라"(빌 1:6)고 말씀합니다. 그의 마지막 말이 무엇인가? "우리는 미쁨이 없을지라도 주는 항상 미쁘시니 자기를 부인하실 수 없으시리라"(딤후 2:13)고 말씀합니다. 무슨 뜻인가? 하나님께서 약속하신 것을 지켜주시지 않는다면 의로우시고 진실하신 하나님께서 "자기를 부인"하는 것이 된다는 말입니다. 하나님은 그러실 수가 없는 분이십니다. "주는 항상 미쁘시니", 즉 언제나 믿을만한 분이시니 "자기를 부인하실 수 없으시리라" 합니다.

"만사를 구비하여 견고하게" 하시는 하나님에게는 미완성이란 없습니다. 그러므로 마지막 책 마지막 부분에서, "이루었도다 나는 알파와 오메가요 처음과 나중이라"(계 21:6)고 선언하시는 것입니다. 다윗은 "나의 모든 구원과 나의 모든 소원을 어찌 이루지 아니하시랴"(5) 하고 확신을 나타내고 있는데, 이제 형제도 확신하게 되었습니까? "영원한 언약을 어찌 이루지 아니하시랴"! 이것이 형제의 마지막 말이 되었습니까?

둘째 단원(8–39) 언약을 이루시는데 쓰임 받은 용사들

다윗의 마지막 말은, "다윗의 용사들의 이름은 이러 하니라"(8상)로 이어지고 있습니다. "용사들의 이름"이 "다윗의 마지막 말"이라는 문맥에서 언급되고 있다는 것은 의미심장합니다. 그 의도가 무엇인가? 목동 다윗이 왕위에 오를 수 있었던 것은 하나님의 주권적인 택하심과 은혜임이 분명합니다. 그런데 하나님의 뜻을 이루어드리기 위하여 죽도록 충성한 용사들이 있었다는 점을 잊어서는 아니 됩니다.

다윗은 지금 "선한 싸움을 싸우고 달려갈 길"을 마치려 하고 있습니다. 그런데 다윗이 선한 싸움을 싸운 것이 독불장군으로 싸움을 한 것이 아니라 많은 용사들과 함께 싸운 단체전이었음을 말해주고 있습니다. 마지막 시점에서 그들 전우들을 못 잊어 하고 있는 것입니다.

㉠ 요셉밧세벳라는 용사는, "군지휘관의 두목이라 그가 단번에 팔백 명을 쳐죽였더라"(8).

㉡ 엘르아살이라는 용사는, "블레셋 사람들이 싸우려고 거기에 모이매 이스라엘 사람들이 물러간지라 세 용사가 싸움을 돋우고 그가 나가서 손이 피곤하여 그의 손이 칼에 붙기까지 블레셋 사람을 치니라 그 날에 여호와께서 크게 이기게 하셨다"(9-10) 합니다.

㉢ 삼마라 하는 용사는, "백성들은 블레셋 사람들 앞에서 도망하되 그는 그 밭 가운데 서서 막아 블레셋 사람들을 친지라 여호와께서 큰 구원을 이루시니라"(11-12) 합니다.

이 용사들이 싸운 싸움은, "육신에 속한 것이 아니요"(고후 10:4), 또한 다윗을 위한 싸움을 싸운 것이 아니라 "영원한 언약"(5), 즉 구속사역을 이루어나가는 하나님의 싸움을 싸운 용사들이라는 점입니다. 그러므로 이들은 "다윗의 용사"(8)이기 이전에 앞 단원에서 살펴본 대로 구속 주가 되시는 영적 다윗인 그리스도를 위한 용사들이요, 그분을 위하여 충성을 바친 것이라는 점을 유념해야만 합니다. 그래서 신약성경에서는 모세가 받은 고난이, "그리스도를 위하여 받는 수모"(히 11:26)였다고 증언하고 있는 것입니다.

그러므로 "여호와께서 크게 이기게 하셨으므로"(10), 또는 "여호와께서 큰 구원을 이루시니라"(12)고 말씀하는 것입니다. 그렇습니다. 우리의 싸움도 자신의 구원, 지교회를 위한 싸움만이 아니라, "그의 나라와 의를 위한" 단체전인 것입니다. 성경이, "다윗의 용사들의 이름은 이러 하니라"(8)고 그들의 이름을 일일이 언급하고 있다는 것은, 다윗이 그리고 주님이 하나님의 나라건설에 헌신하는 자들의 이름을 각각 기억하고 계신다는 점을 나타내고 있습니다. 형제의 이름도 말입니다.

누가 나로 마시게 할꼬

성경은 용사들의 충성심이 어느 정도였는가를 들어내기 위해서 한 일화를 소개하고 있습니다. 다윗은 산성에 있고 대적 블레셋 군의 영채는 베들레헴에 있을 때 이야기입니다. 전장에서 몹시 갈증을 느낀 다윗은 자신의 동리 베들레헴 성문 곁 우물물을 그리워하며, "베들레헴 성문 곁 우물물을 누가 내게 마시게 할까"(15) 하고 혼자 말처럼 중얼거렸습니다. 그런데 "세 용사"가 블레셋 군대의 진영을 돌파하고 들어가서 "베들레헴 성문 곁 우물물을 길어 가지고 다윗에게로 왔다"(15-16)는 것입니다.

이는 용맹으로만 설명될 일이 아니라 목숨을 건 "충성"이었던 것입니다. 이 이야기는 다윗은 물론 읽는 자와 듣는 자들을 감동시키고도 남음이 있습니다. 다윗은 그들에게 명한 것이 아닙니다. 뜻만 보였을 뿐입니다. 성경은 말씀합니다. "이 일에 관하여 나의 뜻을 알리노니"(고후 8:10), 또 말씀합니다. "나는 네가 순종할 것을 확신하므로 네게 썼노니 네가 내가 말한 것보다 더 행할 줄을 아노라"(몬 1:21).

그러므로 "다윗이 마시기를 기뻐하지 아니하고 그 물을 여호와께 부어 드리며 이르되 여호와여 내가 나를 위하여 결단코 이런 일을 하지 아니 하리이다 이는 목숨을 걸고 갔던 사람들의 피가 아니니이까 하고 마시기를 즐겨하지 아니하니라 세 용사가 이런 일을 행하였더라"(16-17) 합니다.

성경이 이 일화를 소개하고 있는 의도가 무엇 있을까요? 이는 앞 단원과의 결부된 문맥에서 해석할 때만이 그 의미를 찾을 수가 있는 것입니다. 세 용사는 다윗이라는 예표를 통해서, "공의로 다스리는 자, 하나님을 경외함으로 다스리는 자, 그는 돋는 해의 아침 빛 같고, 영원한 언약을 세우사 만사에 구비하고 견고하게 하시는"(3-5) 그리스도에게 충성을 바친 것이 되는 것입니다.

그런데 주님께서 십자가상에서, "내가 목마르다"(요 19:28)고 말씀하셨을 때에는 냉수 한 그릇 대접하는 자가 없었습니다. 그 주님은 지금도 영혼 구원에 목이 마르신 것입니다. 누가 생명을 돌아보지 아니하고 대적을 뚫고 들어가서 그 소원을 이루어드릴 것인가! 그를 찾고 계시는 것입니다.

이점에서 주목하게 되는 것은 용사들을 일괄해서 언급하고 있는 것이 아니라, "첫 세 사람"(8-12)의 군장들과 둘째 세 사람(13-23)의 군장들과 30인 용사들(24-39)을 구별하여 언급하고 있다는 것입니다. 같은 군사들이지만 그의 공적에 따라, "그러나 첫 세 사람에게는 미치지 못하였더라"(19) 합니다. 이는 마지막 날에 있을 상급심판 때에도 행한 대로 상 주실 것을 나타내고 있다 하겠습니다.

자기 목을 내어놓은 사람들

이 일화가 다윗의 마지막 말이라는 문맥에서 나오고 있음을 유념할 필요가 있습니다. 다윗은 마지막에 이르러 목숨을 돌아보지 않고 충성을 바쳤던 용사들을 기억하고 있는 것입니다. 바울 사도도 로마서 마지막 부분에서 자신과 함께 수고한 동역자들을 잊지 못하고 문안하는 것을 보게 됩니다. "너희는 그리스도 예수 안에서 나의 동역자들인 브리스가와 아굴라에게 문안하라 그들은 내 목숨을 위하여 자기들의 목까지도 내놓았나니 나뿐 아니라 이방인의 모든 교회도 그들에게 감사하느니라"(롬 16:3-4) 합니다. 그들은 바울을 위하여 목을 내어놓은 것이 아니라 복음을 위하여, 즉 그리스도를 위하여, 다시 말하면 "그의 나라와 그 의를 위하여" 목숨을 내어놓았던 용사들이었던 것입니다.

그런데 바울은 옥중서신에서 디모데를 이렇게 소개합니다. "이는 뜻을 같이하여 너희 사정을 진실히 생각할 자가 이밖에 내게 없음이라 그들이 다 자기 일을 구하고 그리스도 예수의 일을 구하지 아니하되 디모데의 연단을 너희가 아나니 자식이 아버지에게 함같이 나와 함께 복음을 위하여 수고하였느니라"(빌 2:20-22), 즉 죽도록 충성하는 자가 많지 아니했다는 것입니다.

또한 에바브로디도를 이렇게 소개합니다. "그가 그리스도의 일을 위하여 죽기에 이르러도 자기 목숨을 돌보지 아니한 것은 나를 섬기는 너희의 일에 부족함을 채우려 함이니라"(빌 2:30). 이는 바울이 그토록 엄청난 사역을 감당할 수 있었던 이면에는 이러한 충성스러운 동역자들이 있었음을 말씀해줍니다. 그러므로 바울은 옥중서신에서 이렇게 말씀합니다. "또 참으로 나와 멍에를 같이한 네게 구하노니 복음에 나와 함께 힘쓰던 저 여인들을 돕고 또한 글레멘드와 그 외에 나의 동역자들을 도우라 그 이름들이 생명책에 있느니라"(빌 4:3).

용사들의 이름이 성경에 기록된 것만이 아니라 "생명책"에 기록이 되었고, 그들의 행적도 심지어 냉수 한 그릇 떠준 것까지도 기록이 되어 있는 것입니다. 형제의 이름도, 수고도 생명책에 기록이 되어 있다는 점을 믿으시기 바랍니다. 마지막 날에 분명 기억될 것입니다. 그리고 수고를 결코 잊지 않으실 것입니다.

"그러므로 내 사랑하는 형제들아 견실하며 흔들리지 말고 항상 주의 일에 더욱 힘쓰는 자들이 되라 이는 너희 수고가 주 안에서 헛되지 않은 줄 앎이라"(고전 15:58)고 용기와 격려를 합니다. 이것이 "다윗의 마지막 말"입니다.

나누어 봅시다

① 마지막 말에 나타난 과거와 미래에 이루어주실 일에 대해서,
② 마지막 말의 문맥에서 용사들을 언급하는 의도에 대해서,
③ 베들레헴 우물물을 길어온 삽화에서 느낀 점에 대해서,

24장

그곳에서
번제와 화목제를 드렸더라

마지막 장에 이르렀습니다. 시작이 중요하듯이 마지막이 또한 중요합니다. 마지막 장의 구조(構造)는, "여호와께서 다시 이스라엘을 향하여 진노하사"(1) 한 "진노"로 시작되어, "그 곳에서 여호와를 위하여 제단을 쌓고 번제와 화목제를 드렸더니 재앙이 그쳤더라"(25) 하는 것으로 끝마치고 있는 구조입니다. 성경은 문제에 대한 해답입니다. "진노"라는 문제가, "번제와 화목제"라는 해답으로 주어지고 있는 것입니다.

그러므로 24장의 핵심은, 그곳에 제단을 쌓고 드린 "번제와 화목제"에 있는 것입니다. 그리고 "그 곳"은 솔로몬이 성전을 세운 곳 곧 그리스도께서 못 박히실 곳이요, 드려진 제물은 단번에 드려주실 대속제물에 대한 그림자였던 것입니다. 이러한 구속사의 맥락으로 바라볼 때 사무엘하 마지막 장의 주제가 "그곳에서 번제와 화목제를 드렸더라"가 되고 사무엘하는 독자들을, "죽임을 당하실 하나님의 어린 양"으로 인도해줌으로 끝을 맺고 있는 셈입니다. 이를 세 단원으로 나누어 상고하겠습니다.

첫째 단원(1-9) **이스라엘을 향한 하나님의 진노**

둘째 단원(10-15) **내가 큰 죄를 범하였나이다**

셋째 단원(16-25) **성전 터를 마련케 하신 하나님**

첫째 단원(1-9) 이스라엘을 향한 하나님의 진노

24장은, "여호와께서 다시 이스라엘을 향하여 진노하사 그들을 치시려고 다윗을 격동시키사 가서 이스라엘과 유다의 인구를 조사하라 하신지라"(1) 하고 시작이 됩니다. 그런데 병행 구절인 역대상 21:1절에서는, "사탄이 일어나 이스라엘을 대적하고 다윗을 충동하여 이스라엘을 계수하게 하니라"고 인구조사를 하도록 다윗을 충동시킨 것이 사탄이라고 말씀하고 있습니다. 두 말씀을 종합해보면 사탄이 충동하는 것을 하나님께서 막으시지 않고 허용하셨다는 의미가 되는 것입니다. 이는 이 사건을 통해서 말씀하시려는 계시가 있기 때문입니다.

첫 단원의 중심점은, "여호와께서 다시 이스라엘을 향하여 진노하사" 하신 "진노"에 있습니다. 무엇에 대한 진노인가는 설명이 없습니다. 학자들은 이스라엘 백성들이 다윗을 배반하고 압살롬의 반역에 가담했던 일과, 후에는 불량배 세바의 반역에 가담(20:2)한 것에 대한 진노로 여기고 있습니다. 우리는 생각하기를 반란이 진압됨으로 모든 것이 종결이 되는 것으로 여기고 있으나 죄에 대한 징벌은 뒤따르게 마련입니다.

인구조사를 한 자체는 잘못이 아닐 수가 있습니다. 문제는 "크게 이기게 하시는 하나님(23:10), 큰 구원을 이루어"(23:12) 주신 하나님보다 군사의 수를 의지하려는 마음에 잘못이 있었던 것입니다. 그래서 요압은, "이 백성이 얼마든지 왕의 하나님 여호와께서 백배나 더하게 하사 내 주 왕의 눈으로 보게 하시기를 원하나이다 그런데 내 주 왕은 어찌하여 이런 일을 기뻐하시나이까"(3) 라고 만류했던 것입니다.

그러나 "왕의 명령이 요압과 군대 사령관들을 재촉한지라"(4) 합니다. 이는 사탄이 다윗을 충동했기 때문입니다. 아홉 달 스무 날이 걸려 조사한 인구가, "이스라엘에서 칼을 빼는 담대한 자가 팔십만 명이요 유다 사람이 오십만 명이었더라"(9) 합니다. 과연 다윗이 교만할 만합니다. 하나님께서는 이토록 강대하고 견고하게 행해 주셨는데 다윗은 하나님 자신보다는 하나님이 주신 축복에 더 관심을 두는 잘못을 범했던 것입니다. 이것이 "이스라엘을 향한 하나님의 진노"입니다.

둘째 단원(10-15) 내가 큰 죄를 범하였나이다

"다윗이 백성을 조사한 후에 그의 마음에 자책하고 다윗이 여호와께 아뢰되 내가 이 일을 행함으로 큰 죄를 범하였나이다 여호와여 이제 간구하옵나니 종의 죄를 사하여 주옵소서 내가 심히 미련하게 행하였나이다"(10) 합니다. 하나님께서도 "이 일을 악하게(괘씸히) 여기셨다"(대상 21:7)고 말씀합니다. 다윗도 아차 했던 것으로 여겨집니다. 이점을 신약성경에서는, "그들로 깨어 마귀의 올무에서 벗어나 하나님께 사로잡힌바 되어 그 뜻을 따르게 하실까 함이라"(딤후 2:26)고, 사람은 누구나 사탄이 충동하는 올무에 걸려들 수 있음을 말씀합니다.

다윗이, "내가 이 일을 행함으로 큰 죄를 범하였나이다, 내가 심히 미련하게 행하였나이다"고 자백함으로 "깨어 마귀의 올무에서 벗어나는", 이 점이 사울 왕과 다른 점입니다. 하나님께서는 갓 선지자를 다윗에게 보내셔서, "내가 네게 세 가지를 보이노니 너를 위하여 너는 그 중에서 하나를 택하라 내가 그것을 네게 행하리라" (12) 하십니다.

①"왕의 땅에 칠년 기근이 있을 것이니이까?

②혹은 왕이 왕의 원수에게 쫓겨 석 달 동안 그들 앞에서 도망하실 것이니이까?

③혹은 왕의 땅에 사흘 동안 전염병이 있을 것이니이까 왕은 생각하여 보고 나를 보내신 이에게 무엇을 대답하게 하소서" (13) 합니다.

이상한 일이 아닌가? 잘못에 대해 그냥 징벌을 하시는 것이 아니라 3가지 중에 택일을 하라고 선택권을 잘못을 범한 자에게 맡기시다니, 성경 상 이런 예가 달리 없는 것입니다. 이렇게 하시는 하나님의 의도가 무엇인가? 이를 통해서 계시하시려는 중요한 메시지가 있기 때문인 것입니다. 성경은 "너라면 무엇을 택하겠느냐" 라고 묻고 있는 셈입니다. 그렇다면 이것은 징벌을 하시려는 것인가? 아니면 해답을 주시려는 의도에서인가? 이것이 본문에서 추구해야 할 과제입니다.

다윗이 갓에게 이르되, "내가 고통 중에 있도다 청하건대 여호와께서는 긍휼이 크시니 우리가 여호와의 손에 빠지고 내가 사람의 손에 빠지지 아니하기를 원하노라" (14) 합니다. 이렇게 대답하는 다윗은 몇 번을 택한 것입니까? 다윗은 명시적으로 말을 하지 않았음에도 갓 선지자는, 그리고 하나님께서는 다윗이 세 번째인 "전염병"을 택한 것으로 알았다는 점입니다.

어찌하여 기근이나 전쟁은 여호와의 손에 빠지는 것이 아니고, 전염병이 여호와의 손에 빠지는 것이란 말인가? 엄밀히 말하면 모든 징계가 여호와의 손에 빠지는 것입니다. 그런데 다윗의 말 중에 핵심은, "여호와께서는 긍휼이 크시니" 한 "긍휼"에 있습니다. 이 "긍휼이, 전염병"과 관련이 있기 때문인데 그 의미가 무엇인지 아시겠습니까? "이에 여호와께서 그 아침부터 정하신 때까지 전염병을 이스라엘에게 내리시니 단에서부터 브엘세바까지 백성의 죽은 자가 칠만 명이라"(15) 합니다.

긍휼과 전염병의 관련성

이점에서 통찰력이 필요하게 되는데, 이에 대한 열쇠가 출애굽기 30:12절입니다. 하나님께서는, "네가 이스라엘 자손의 수효를 조사할 때에 조사받은 각 사람은 그들을 계수할 때에 자기의 생명의 속전을 여호와께 드릴지니 이는 그들을 계수할 때에 그들 중에 질병이 없게 하려 함이라", 즉 인구조사를 할 때에는 "생명의 속전"을 드려야만 전염병이 없게 된다는 말씀입니다. 다윗은 이를 염두에 두고 "여호와께서는 긍휼이 크시니 우리가 여호와의 손에 빠지겠다"고 말했고, 갓 선지자도 그 뜻을 인식했던 것입니다.

이는 "이스라엘 자손의 수효"를 계수 할 때 이렇게 해야 한다는 것입니다. 이스라엘은 하나님께서 택하셔서 자기 백성을 삼으신 선민입니다. 그런 하나님의 백성의 수 가운데 들기 위해서는 "생명의 속전(贖錢)을 지불해야만 가능해진다"는 뜻입니다. 왜냐하면 죄 값에 팔린 자가 자유함을 얻고, 하나님의 거룩한 백성의 수에 참여하기 위해서는 "생명의 속전"이 필요하기 때문이라는 것입니다. 이점이 "너희의 생명을 대속하기 위하여 여호와께 드릴 때에 부자라고 반 세겔에서 더 내지 말고 가난한 자라고 덜 내

287

지 말지며"(출 30:15) 한 말씀에 분명하게 드러나는데, 모든 영혼이 동일하게 소중함을 말씀하십니다. 얼마나 분명한 계시인가?

ㄱ 첫째로, 다윗과 갓 선지자는 인구조사로 말미암아 제기된 "여호와의 진노"를 멈추게 할 방법은 오직 속전(贖錢)을 지불하는 방법 외에 다른 방도가 없음을 안 것입니다.

ㄴ 그런데 둘째로 더욱 놀라운 것은 그 "속전"을 궁극적으로는 여호와께서 대신 지불하여 주실 것, 다시 말하면 자기 아들을 속전으로 내어주실 것까지 알았다는 놀라운 결론에 이르게 됩니다. 이것이 "여호와께서는 긍휼히 크시니"(14중)라는 말씀 속에 함의되어 있는 것입니다. 그래서 "우리가 여호와의 손에 빠지고 내가 사람의 손에 빠지지 않기를 원하노라"고 말했던 것입니다.

이처럼 그림자와 예표로 주어진 계시가, "그가 모든 사람을 위하여 자기를 대속물로 주셨으니 기약이 이르러 주신 증거니라"(딤전 2:6)고 그리스도의 대속을 통해서 성취가 되었던 것입니다. 하나님께서는 다윗을 그리고 독자들인 우리를 이 대속교리로 인도하시기 위해서 3가지 중 택일하라는 특별한 방법을 제시하셨던 것입니다.

이런 맥락에서 사무엘하 마지막 장(24장)의 주제가, "인구조사"를 함으로 발생하게 된 "진노"라는 문제(問題)가, 마지막 절에서 "그곳에서 여호와를 위하여 제단을 쌓고 번제와 화목제를 드렸더니 … 재앙이 그쳤더라"는 해답(解答)으로 주어지고 있다는 점은 경이로운 일이요, 읽는 자들에게 크나큰 감동으로 다가오는 것입니다. 번제와 화목제는 다름 아닌 하나님의 아들 그리스도께서 우리의 "생명의 속전"으로 드려주실 것에 대한 그림자였기 때문입니다. 이점이 이어지는 말씀에 더욱 분명하게 나타납니다.

셋째 단원(16-25) 성전 터를 마련케 하신 하나님

다윗이 백성을 치는 천사를 보고 곧 여호와께 아뢰어 이르되, "나는 범죄하였고 악을 행하였거니와 이 양 무리는 무엇을 행하였나이까 청하건대 주의 손으로 나와 내 아버지의 집을 치소서"(17) 라고 탄원합니다. 다윗이 범죄하였는데 어찌하여 죄책(罪責)이 백성들에게 미친단 말인가? 이점에서 또 하나의 중요한 교리가 등장하는데 그것은 "대표성"입니다. 아담이나 다윗은 사사로운 개인이 아니라 "대표하는 자요, 시조요, 왕"이었기 때문에 대표자가 범한 죄책이 온 백성에게 미치게 되었던 것입니다. 이점을 신약성경에서는, "한 사람으로 말미암아 죄가 세상에 들어오고 죄로 말미암아 사망이 들어왔나니 이와 같이 모든 사람이 죄를 지었으므로 사망이 모든 사람에게 이르렀느니라"(롬 5:12)고 말씀합니다.

그러면 이 재앙에 대한 해답이 무엇인가? "이 날에 갓이 다윗에게 이르러 그에게 아뢰되 올라가서 여부스 사람 아라우나의 타작마당에서 여호와를 위하여 제단을 쌓으소서"(18) 하고, 제단을 쌓을 장소를 지정(指定)해주고 있다는 점에서, "아라우나의 타작마당"의 의미가 무엇인가 하는 또 다른 주제가 등장하게 됩니다.

다윗은 그냥 쓰시라는 아라우나의 말을 거절하고, "그렇지 아니하다 내가 값을 주고 네게서 사리라 값없이는 내 하나님 여호와께 번제를 드리지 아니하리라 하고 다윗이 은 오십 세겔로 타작마당과 소를 샀다"(24) 합니다. 훗날 "솔로몬이 예루살렘 모리아 산에 여호와의 전 건축하기를 시작하니 그 곳은 전에 여호와께서 그의 아버지 다윗에게 나타나신 곳이요 여부스 사람 오르난의 타작마당에 다윗이 정한 곳이라"(대하 3:1) 합니다. 그렇다면 다윗의 마지막 사명은, "성전 터"를 마련한 것이었다고 말할 수가 있는 것입니다.

우리는 좀더 나아가야만 합니다. 왜냐하면 다윗은 성전 터만 마련한 것이 아니라 그곳에 "여호와를 위하여 제단을 쌓고 번제와 화목제를" 드렸기 때문입니다. 다시 강조합니다만 "터"라는 장소에 해답이 있는 것이 아니라, 그 터에서 드려진 "번제와 화목제"라는 생명의 속전에 해답이 있다는 점입니다. 그런데 바로 그곳은 천 년 전 하나님께서 아브라함에게, "네 아들 네 사랑하는 독자 이삭을 데리고 모리아 땅으로 가서 내가 네게 일러준(지시하는) 한 산 거기서 그를 번제로 드리라"(창 22:2) 하신, 하나님께서 정해주신 곳이라는 점이요, 그로부터 천 년 후에 다윗은 그곳에서 번제와 화목제를 드리고 있는 것입니다. 다시 천 년 후 하나님의 어린 양 되시는 그리스도께서 그곳에서 대속제물로 드려졌던 것입니다. 이점을 시편 87편에서는,

> 그의 터전이 성산에 있음이여
> 노래하는 자와 뛰어 노는 자들이 말하기를
> 나의 모든 근원이 네게 있다 하리로다
> (시 87:1, 7)

무슨 뜻인가? 구원의 근원은 여기도 있고 저기도 있는 것이 아니라 오직, "그의 터전이 성산에 있고 근원이 네게 있다" 한, 갈보리 십자가에만 있다는 말씀입니다. 그래서 하나님께서는 모세에게도 "유월절 제사를 네 하나님 여호와께서 네게 주신 각 성에서 드리지 말고 오직 네 하나님 여호와께서 자기의 이름을 두시려고 택하신 곳에서"(신 16:6) 드리라고 명하였던 것입니다.

질문을 드려보겠습니다. 그렇다면 "그 곳"이라는 장소가 중요합니까? 아니면 그 곳에서 드려지는 "제물"이 중요합니까? 그렇습니다. 이점에서 명심해야 할 점은 핵심이 "그 곳"이라는 땅에 있는 것도 아니요, 그 곳에 세워질 성전이라는 건물에 있는 것도 아니라 대속제물에 있는 것입니다. "모리아산, 오르난의 타작마당, 갈보리"는 같은 장소요, 동일하게 번제가 드려진 곳입니다. 다른 점은 구약시대는 예표로 드려진 것이 새 언약에 이르러서는 실체이신 하나님의 아들이 드려졌다는 점이 다른 것입니다.

단을 쌓고 번제와 화목제를 드리소서

그러므로 하나님의 진노가 임한 것은 다윗이 인구조사를 한 죄만은 아닌 것입니다. 이를 깨닫게 하시려고 첫 절에서 "여호와께서 이스라엘을 향하여 진노하사" 라고 말씀했던 것입니다. 이 "진노" 안에는 구약시대의 죄, 신약시대의 죄, 너와 나의 죄에 대한 진노까지가 포함되어 있다 하겠습니다. 그 곳에서 드려진 번제와 화목제는 이 모든 죄를 대속함으로 진노를 거두시고 "재앙"은 그쳤던 것입니다. 왜냐하면 제물이 대신 진노를 받아 죽임을 당했기 때문입니다.

그러나 양과 송아지의 제사로는 진노를 보류하신 것일 뿐 온전하게 하지는 못했던 것입니다. 성경은 말씀합니다. "이로 말미암아 그는 새 언약의 중보자시니 이는 첫 언약 때에 범한 죄에서 속량하려고 죽으사" (히 9:15), 즉 구약시대(첫 언약)에 범한 죄도 "오직 나를 위하여 한 몸을 예비하셨도다" (히 10:5) 한 예수 그리스도의 대속을 통해서만 해결될 수가 있었다는 점을 인식한다는 것은 중요한 요점입니다.

이 터 위에 다윗의 자손 솔로몬은 여호와의 이름을 위하여 전을 건축하게 되고(7:13), 먼 훗날 다윗의 자손으로 오실 그리스도는 "내가 이 반석 위에 내 교회를 세우리니" (마 16:18) 하고 하나님의 교회를 세우셨던 것입니다. 이것이 하나님께서 주권적으로 이루어 오신 구원계획이요 하나님의 나라 건설인 것입니다. 우리가 "여호와의 손에 빠지기를 원하기만 한다면, 긍휼이 크신" (14) 하나님께서는 우리가 받아야 할 진노를 자기 아들에게 대신 쏟으심으로 구원하여 주실 것이라는, 여기에 〈사무엘하〉 마지막 장에 감추어진 비밀이 있는 것입니다.

㉠ 다윗은 칼을 빼는 담대한 자의 수(군사의 수)로 자랑하고자 하는 교만한 마음을 품었지만, 하나님은 칠 만을 감(減)하심으로 낮추셨습니다.

㉡ 첫 절에서 "이스라엘을 향하여 진노하사" 했는데 이는 다윗이 인구조사하기 이전에 하나님의 진노를 살만한 일이 있었다는 것이 됩니다. 그렇습니다. 성경은 "전에는 우리도 다 그 가운데서 우리 육체의 욕심을 따라 지내며 육체와 마음의 원하는 것을 하여 다른 이들과 같이 본질(本質)상 진노의 자녀였다"(엡 2:3)고 말씀합니다.

㉢ 다윗이 인구조사를 했다는 것은 분명한 "악"이었습니다. 그런데 하나님께서는 이 악을 "선으로 바꾸사 오늘과 같이 많은 백성의 생명을 구원하게 하시려"(창 50:20)는 생명의 속전교리를 계시하셨던 것입니다.

이처럼 하나님께서는 진노 중에서도 "만사에 구비하여" (23:5), 즉 합력하여 선을 이루시어 다윗 생전에 성전 터를 마련하게 하셨으니 참으로 경탄할 수 밖에 없는 섭리입니다. 이것이 "그곳에서 번제와 화목제를 드렸더라"입니다. 〈사무엘하〉는 우리를 그리스도에게로 인도해줌으로 마치고 있습니다. 여기에 문제에 대한 해답이 있기 때문입니다. 아멘.